# 南亚学

姜景奎 主编

第1辑

中国大百科全书出版社

图书在版编目（CIP）数据

南亚学．第1辑 / 姜景奎主编．-- 北京：中国大百科全书出版社，2022.10

ISBN 978-7-5202-1222-9

Ⅰ．①南… Ⅱ．①姜… Ⅲ．①南亚—研究 Ⅳ．①D735

中国版本图书馆 CIP 数据核字（2022）第 190390 号

出版人 刘祚臣
策划人 曾 辉
责任编辑 鞠慧卿
责任印制 魏 婷
封面设计 黄 琛
版式设计 程 然
出版发行 中国大百科全书出版社
地　址 北京市阜成门北大街 17 号　邮政编码 100037
电　话 010-88390969
网　址 http: //www.ecph.com.cn
印　刷 北京君升印刷有限公司
开　本 710 毫米 × 1000 毫米　1/16
印　张 15
字　数 236 千字
印　次 2023 年 1 月第 1 版　2023 年 1 月第 1 次印刷
书　号 ISBN 978-7-5202-1222-9
定　价 79.00 元

# 《南亚学》编辑委员会

# 目 录

## 特稿



## 南亚文学与文化



## 南亚社会与政治

# 特稿

# 南亚学

# South Asian Review

# 新时代区域国别研究刍议

姜景奎[①]

**摘要：** 随着区域国别学成为新的一级学科，区域国别研究愈显重要。区域国别学是一门交叉学科，是基于地域的领域之学，地域指地理类内容，地理在文明文化的形成发展过程中往往起着决定性作用；领域指学科类或专业类内容，如文学、历史学、宗教学、法学、社会学等。可以把一个地区或一个国家比作一个荷塘，水和泥是荷塘中最重要的部分，因为其上决定荷花和荷叶的长势、下决定莲藕的质地。因此，对于区域国别研究者来说，在清楚地域因素的前提下，需要重点研究水和泥类的内容，否则，相关成果必失偏颇。古代先辈如张骞和玄奘等都曾进行过非常成功的区域国别研究，其贡献功在当世、利在当下，影响深远。我国新时代的区域国别研究具有鲜明的时代特征，集中表现在基础研究前提下的学科交叉、以对象地区语言为主要工具的田野研究以及具有中国视域和对方视角、拥有中国情怀和全球视野、兼有人类命运共同体意识等方面。概言之，在美西方遏华制华、冷战思维抬头、诸多疫情持续及局部战争不断的消极情势下，身为第二大经济体的中国应该进行全覆盖式的区域国别研究，以实践与相关地区和国家的“亲诚惠容”“共商共建共享”以及“人类命运共同体”等理念和倡议，保持发展势头，最终实现中华民族伟大复兴的中国梦。

关键词：区域国别研究；水和泥；新时代

---

① 姜景奎（1967～），清华大学国际与地区研究院和外国语言文学系教授、博士生导师，主要研究方向为印度文学文化、印度宗教和南亚区域国别问题等。

2022年9月13日，国务院学位委员会和教育部联合发布了《研究生教育学科专业目录》（2022），其“交叉学科”目录下列出了“区域国别学（可授予经济学、法学、文学、历史学学位）”一级学科，“区域国别学”正式成为新的一级学科。至此，关于“区域国别学”是否能成为独立学科的辩论画上句号。十年磨一剑，“区域国别学”一级学科的设立，意味着国家相关主管部门已经把区域国别研究提升到一级学科的高度，并与其他相关学科，如外国语言文学、政治学（国际政治 / 国际关系）、历史学（世界史 / 国别史）等区分开来，并行建设。

本文拟以国家设立区域国别学一级学科为背景，初步探讨新时代我国区域国别研究的相关问题，如历史、内容、目的、特征等。

## 一、概念界定

探讨新时代区域国别研究之前，需要对“新时代”和“区域国别研究”这两个概念进行界定和议论。首先是新时代。党的十八大以来，中国特色社会主义进入了新时代。经济方面，我国继2010年国内生产总值（GDP）超过日本成为世界第二大经济体之后，2014年GDP为日本的两倍，2021年为日本的三倍，与美国的差距进一步缩小。对外方面，十八大明确提出，“要倡导人类命运共同体意识，在追求本国利益时兼顾他国合理关切”；随后，人类命运共同体理念逐渐成为我国对全球合理关切的表述，这表明我国比以前更加重视人类的整体利益，而非一己私利。2013年，习近平总书记提出“一带一路”倡议以及“亲诚惠容”的周边国家外交新理念，首次把中国的发展与“一带一路”沿线国家和周边国家联系起来，以共同发展、互惠互利为原则，倡导相关国家在友好合作的前提下共商、共建和共享，以达到共同繁荣的目的。2019年，亚洲文明对话大会在北京隆重召开，“亚洲文明互鉴”成为唯一关键词，我国与亚洲国家之间的人文交流得到进一步拓展和夯实。2013年之后，“中非合作论坛”的活动更加频繁和有效，2013年和2017年中非外长在纽约举行联大政治磋商会，2015年于约翰内斯堡、2018年于北京举行两次领导人峰会，2016年于北京、2019年于约翰内斯堡举行峰会成果落实协调人会议，2021 年以线上视频会议形式举办“中非合作论坛——减贫与发展会议”；此外，随着中非合作不断拓展和深化，中非民间论坛、中非青年领导人论坛、中非部长级卫生合作发展研讨会、中非媒体合作论坛、中非减贫与发展会议、中非合作论坛——法律论坛、中非地方政府合作论坛、中非智库论坛等中非合作论坛分论坛陆续成立，由此，中非合作迈上新台阶。2022 年 4 月 21 日，习近平又提出“人类安全共同体”理念，他指出：“治国常富，而乱国常贫”，安全是发展的前提，人类是不可分割的安全共同体。这表明，我国虽然稳居世界第二大经济体位置，但并没有固步自封，而是常思常新，始终保持开放、发展、合作、互利、包容的心态，视野比以前更开阔，认识比以前更深刻，不仅为本国，也为他国乃至全球考虑，为全人类提出了共赢的未来蓝本。这也表明，中国经由新中国成立初期的站起来到 20 世纪末 21 世纪初的富起来，现在已然走上了强起来的道路。与此同时，中国没有骄傲自满，对其他国家不仅没有颐指气使，还希望与他们一起共商共建、共同繁荣。这是已然走到世界舞台中心的中国气魄和自我定位。

然而，国际情势却不容乐观，我国适逢百年未有之大变局。美国在奥巴马时期提出“重返亚太”计划即“亚太再平衡”战略，开始在军事部署和投入方面向亚太地区倾斜；特朗普执政时期，美国又提出“印太战略”，开始制定并实施遏华政策；拜登上台之后，美国政府更加肆无忌惮地遏华制华，不仅亲自操刀，还与西方盟国联手，并与日本、澳大利亚和印度一起建立所谓的“四方机制”（QUAD），与英国和澳大利建立所谓的新“三边安全伙伴关系”（AUKUS），从经济、军事和安全等各个方面打压中国，唯恐天下太平。笔者推测，在可预见的未来，美西方不会改变这类遏华制华政策，甚至会进一步强化，对我国会更加不利。加之，新冠疫情的持续影响和俄乌战争的不利局面，美西方会进一步转嫁矛盾，会不断强化新冷战思维，我国面临的相对恶劣的国际环境在短期内不会改善。

因之，我国必须加快构建以国内大循环为主体、国内国际双循环相互促进的新发展格局，在努力实施国民经济发展和社会发展第十四个五年规划和实现 2035 年远景目标的大背景下，反对冷战思维、霸权主义和强权政治，反对集团对抗，反对破坏全球和平框架，以争取最大的发展空间。实际上，这也是习近平总书记新时代中国特色社会主义思想的一种体现。

我国已然成为世界强国，已然成为世界舞台中央的重要成员，任务自然更重，责任自然更大。鉴于此，我国不得不直面现实，为了自身发展，也为了人类和平，我们也就更加需要了解这个世界，了解其他国家和地区。如此，区域国别研究便自然而然地成为必需。但正如前文所说，在我国实行学科制的情况下，区域国别研究的学科归属很难把握，它与文学（外国语言文学）、历史学（世界史/国别史）、政治学（国际政治/国际关系）、社会学、地理学等学科都有关联。在这些相关学科中，唯有外国语言文学一级学科设置了“国别与区域研究”方向，但又不是二级学科之一；相关高校也以此研究方向为依托，自行设置了外国语言文学一级学科目录下的二级学科，如北京大学、上海外国语大学自设了“国别与区域研究”，北京外国语大学自设了“亚洲研究”等。另有高校如云南大学在“政治学”一级学科目录下、华侨大学在“交叉学科”目录下设置了“国别与区域研究”二级学科，华南师范大学则在“教育学”目录下自设了“东南亚学”二级学科，等等。从这些“自行设置”可以看出，“区域国别研究”不属于任何一个现有学科，又与许多学科有着紧密的联系。事实也如此，要想深入了解某一个国家或某一个地区，我们不可能只研究其语言文学或历史文化、宗教哲学，我们需要的一定是该国家或该地区的全面知识，甚至包括其地理气候及农牧生产等情况。这必然对现有的学科制提出挑战。庆幸的是，经过十余年的磨练，国家相关主管部门终于确认了交叉学科目录下的“区域国别学”一级学科，长期纠结教育界和科研界的问题迎刃而解。

由此，区域国别研究成为区域国别学一级学科的具象化符号。那么，如何给区域国别学一个准确的定义呢？笔者以为，虽然任何一个定义都会有其局限性和相对性，但仍然可以有某种表述：区域国别学是关于某一国家或某一地区的综合性研究，属于多学科、跨学科及交叉学科研究范畴，其成果既可以是基础研究性质的，也可以是应用研究性质的或咨政、咨经性质的。可以说，区域国别研究是基于某一地域的领域之学。地域指的是空间，与地理相关，比如印度及南亚地区，其地域决定了其“热”的特点，继而决定了以防暑避热为原初出发点的瑜伽是其文化的基本特征之一。领域指的是知识类型，与学科相关，比如对印度及南亚地区的研究，首先得研究深入其骨髓的宗教，而宗教大处与历史、文化、哲学、神话、社会等学科相关，小处与语言、种姓、职业、婚姻等背景相连。研究印度，宗教是纲，种姓、历史、文化、神话等是目，纲举目张；纲目结合既可以解释其社会、习俗，也可以解释其政治、政党乃至其政府的对外关系等。概言之，区域国别研究是对一个国家或一个地区的全面研究，透过它，我们能够知彼；否则，该研究就不算成功。

## 二、我国古代区域国别研究

有观点认为，区域国别研究始于19世纪末20世纪初的西方。不确。其实，我国古代先辈就进行过相当成功的区域国别研究。比如西汉时期张骞的凿空西域、唐朝时期玄奘的西天取经以及明朝时期郑和的七下西洋等，都是非常重要的区域国别研究范例，值得大书特书。

笔者在《顶层设计之于中印文化交流》(《衡阳师范学院学报〈社会科学〉》，2020年第4期）一文中有关于张骞出使西域的比较详细的论述。西汉初年，北方的匈奴部落占据了黄河以南的大片土地，控制了中国北部、东北部和西部的广大地区，成为北方最强盛的游牧势力，是朝廷的最大威胁之一。他们经常进犯，有时甚至会迫近长安抢掠。由于国新力弱，西汉朝廷不得不忍气吞声，被迫“通关市，妻以汉女，增厚其赂，岁以千金”（《汉书·匈奴传》)。到汉武帝时期，西汉已历六帝，经过惠帝、吕后、文帝和景帝的休养生息，经济得到恢复和发展，国家的硬实力空前雄厚，呈现一片富庶景象：“非遇水旱之灾，民则人给家足，都鄙廪庾皆满，而府库余货财。京师之钱累巨万，贯朽而不可校。太仓之粟，陈陈相因，充溢露积于外，至腐败不可食，众庶街巷有马，阡陌之间成群。”(《史记·平准书》）于是，汉武帝决心从根本上消除匈奴威胁，开始谋划抗击匈奴之策。“是时天子问匈奴降者，皆言匈奴破月氏王，以其头为饮器，月氏遁逃，而常怨仇匈奴，无与共击之。”(《史记·大宛列传》）武帝计出，决定联合大月氏，结成东西抗匈联盟。“汉方欲事灭胡，闻此言，因欲通使，道必更匈奴中，乃募能使者。”（《史记·大宛列传》）好的决策需要优秀的执行者，郎职小官张骞应召，成为帝国高层决策的积极实施者，先后两次出使西域，成为凿空西域之人。“骞以郎应募，使月氏，与堂邑氏（故）胡奴甘父俱出陇西。”（《史记·大宛列传》）史料记载，张骞两次出使西域，第一次始于公元前139年，他带着100余人从长安出发，但在河西走廊被匈奴人抓获，受控10年之后才有机会逃出并继续出使行程。他先到大宛，经康居，至大月氏。然而，其时大月氏已经成为大夏的主人，无意再东向与匈奴人为敌，张骞一行只得回转；无奈途中又被匈奴人抓住，受制一年多之后才脱离控制，于公元前126年抵达长安复命。可惜去时100余人，此时只剩他和堂邑父二人。第二次出使规模更大，使团300人有余，也更为顺利，因为其时西汉已经控制了河西走廊。公元前119年，张骞率团再次踏上出使之路，他亲至乌孙，另遣副使去了大宛、康居、月氏、大夏、身毒等国。此次目的虽有游说乌孙共击匈奴之意，但交友和了解情况也是重要目的。果然，乌孙婉拒东返抗匈，却派几十人与张骞一起到了长安（公元前115年），与西汉交好。此后，汉朝多次遣使，路径也不唯北道一路。西汉使者还到过更远的安息（波斯）、奄蔡（在咸海与里海间）、条支（安息属国）、犁轩（附属大秦的埃及亚历山大城）等地。

凿空西域在中国历史上无疑是一件大事，对中国的发展具有里程碑式的意义。张骞第一次出使就对西域诸国/部落多有了解，对葱岭以西之地乃至与之毗连的南亚地区也进行了某种思考类的推测：“臣在大夏时，见邛竹杖、蜀布，问：‘安得此？’大夏国人曰：‘吾贾人往市之身毒国。身毒国在大夏东南可数千里。其俗土著，与大夏同，而卑湿暑热，其民乘象以战。其国临大水焉。’以骞度之，大夏去汉万二千里，居西南。今身毒又居大夏东南数千里，有蜀物，此其去蜀不远矣。今使大夏，从羌中，险，羌人恶之；少北，则为匈奴所得；从蜀，宜径，又无寇。”在大夏市场上看到邛竹杖和蜀布，经过与大夏国人的问答，张骞得出结论，中国西南有大国印度，并由此深入分析，下次再出使大夏，可以改走西南道，以免受匈奴人和羌人滋扰。“天子既闻大宛及大夏、安息之属皆大国，多奇物，土著，颇与中国同俗，而兵弱，贵汉财物；其北则大月氏、康居之属，兵强，可以赂遗设利朝也。诚得而以义属之，则广地万里，重九译，致殊俗，威德遍于四海。天子欣欣以骞言为然。乃令因蜀、犍为发间使，四道并出：出駹，出莋，出徙、邛，出僰，皆各行一二千里。其北方闭氐、莋，南方闭嶲、昆明。昆明之属无君长，善寇盗，辄杀略汉使，终莫得通。然闻其西可千余里，有乘象国，名滇越，而蜀贾间出物者或至焉，于是汉以求大夏道始通滇国。初，汉欲通西南夷，费多，罢之。及骞言可以通大夏，乃复事西南夷。"(《史记·大宛列传》)汉武帝有雄才大略，他从张骞的汇报中嗅到了诸多利好，产生了与中亚、西亚和南亚诸国交往通商的愿望，并积极实施，其后，西汉朝廷在西域地区设置"西域都护府"，并"复事西南夷"。据《汉书·西域传》载，西域都护统辖西域48国，"自译长、城长、君、监、吏、大禄、百工、千长、都尉、且渠、当户、将、相至侯、王，皆佩汉印绶"，都是汉朝的官员。"西南夷"即今西南川渝滇之地。由此，华夏版图初步定型。

凿空西域另有副产品，即海上丝绸之路。张骞在确认丝绸之路北道、建议开辟西南道的同时，还使西汉朝廷意识到有海路可以抵达南亚、西亚诸国。朝廷派员跟进，确认了他的推测。于是，我国与东南亚、南亚乃至西亚、北非的海上往来自汉代始便持续不断。想来，如果没有西汉高层的出使西域决策，如果没有张骞这样的聪慧实施者，陆上丝绸之路和海上丝绸之路也许要晚出很多年，这其中，张骞的相关调研或者区域国别研究成果起到了极为关键的作用。

从某种角度说，玄奘之西天取经是偷渡出境。但他的偷渡行为产生了泽被后世的影响。唐朝初年，中外关系并不密切。玄奘于公元629年从长安出发，经姑臧出敦煌，过今新疆及中亚等地，历尽艰辛，辗转到达印度王舍城，进入当时的佛教中心那烂陀寺，师从戒贤大师学习《瑜伽师地论》《俱舍论》《大毗婆沙论》《因明论》《声明论》等论典，着重钻研《瑜伽师地论》，兼学梵书《声明记论》等。不久便有大成，受到当地人的普遍认可。接着，他遍游印度东部、南部、西部、北部数十国，增长见识，拓宽视野。之后，他又回到那烂陀寺，主讲《摄大乘论》《唯识决择论》，并与诸多左见者进行辩论，于大乘界获"大乘天"、于小乘界获"解脱天"的美誉。不过，在取得成就获得名声的同时，他不忘初心，更没有忘记祖国，婉拒印方挽留之后踏上了回归的路程，于公元645年抵达长安。

其时，唐太宗的贞观之治已初见成效，唐朝走在国富民强的正道上。太宗不仅没有追究他“偷渡”的“罪行”，反而对他大加褒扬，给予他很高礼遇。实际上，太宗其时“有求于他”，希望借助他了解域外之事并实施友外之策。他受命著书，介绍域外情况，《大唐西域记》由此出。“以绝伦之德，属会昌之期，杖锡拂衣，第如遐境。于是背玄灞而延望，指葱山而矫迹，川陆绵长，备尝艰险。陋博望之非远，嗤法显之为局。游践之处，毕究方言，镌求幽赜，妙穷津会。于是词发雌黄，飞英天竺；文传贝叶，聿归振旦。”这段话出自《大唐西域记》“序二”，作序者把玄奘之行与张骞“凿空西域”和法显西天取经相比，认为张骞西域出使行路不远，断言法显印度之行见识不多。这从另一侧面表明，玄奘对域外的了解和研究更广、更深。“亲践者一百一十国，传闻者二十八国，或事见于前典，或名始于今代。”这句话出自《大唐西域记》“序一”，说明玄奘先后到过110个国家，听说过28个国家，这些在《大唐西域记》中都有详记。该书由玄奘口述、其弟子辩机记录，记载了玄奘西行过程中的所见所闻，对西域及南亚各国各民族的生活方式、建筑、婚姻、丧葬、宗教信仰、医疗和音乐舞蹈等均有记述，从不同层面、不同角度、不同深度反映了西域和南亚的风土民俗，是研究我国西域地区及印度、尼泊尔、巴基斯坦、孟加拉国、斯里兰卡等地古代历史地理的重要文献，具有很高的学术资料价值，为各国学者所重视。

当然，玄奘只是代表，他之前的朱士行、法显以及之后的义净等都是某方面的开创者。朱士行是内地第一位受具足戒的和尚，也是第一位去西域（我国新疆地区）取经之人。法显是第一个成功到印度取经之人，他陆路去海路回，他写的《佛国记》对中亚、南亚、南洋约30个国家的地理、交通、宗教、文化、物产、风俗乃至社会、经济等都有述及，是中国和印度间陆、海交通的最早记述，也是中国古代关于中亚、南亚、南洋的第一部完整的行记，在中国和南亚地理学史和航海史上占有重要地位。义净是玄奘之后的又一位成功取经之人，玄奘是陆路去陆路回，他是海路去海路回，他著有《南海寄归内法传》和《大唐西域求法高僧传》，并首传印度拼音之法。两部著作详细记载了印度及南海诸国僧人的生活、风俗、习惯等，是了解彼时南亚、东南亚的重要资料。

有赖于玄奘、义净等人的介绍，唐王朝与域外诸国取得了联系，王玄策一个人就先后出使印度三次，第一次还奉旨请来了印度的制糖工匠，帮助中国提升了制糖术；第三次出使之后写就了《中天竺国行记》，内容涉及宗教、地理、政法、艺术和民俗等方面，很有文献价值。同样，在这些人的感召下，本就有国际化意识的印度佛教僧人，不远万里，翻山越岭、乘舟渡洋，来到中国内地，与中国高僧大德一起成就了汉传佛教。也是在这种精神的影响下，盛唐现世，长安成为世界的中心大都市之一，成为诸多外国人往来聚集之地，中外关系也达到了前所未有的水平。这主要表现在两个方面：一者唐朝与当时的诸多国家都有来往，官方民间并举；二者世界各国文化如宗教、音乐、舞蹈及雕刻、绘画等于长安荟聚，并于中国生根发芽，乃至发展繁荣。

郑和下西洋也是古代中国的壮举之一，是我国官方与海外主动交流的重大事件。这是明代永乐、宣德年间的一场海上远航活动，首次航行始于永乐三年（1405 年），末次航行结束于宣德八年（1433 年），共计七次，使团正使由郑和担任。在七次航行中，郑和船队远航西太平洋和印度洋，拜访了 30 多个国家和地区，其中有爪哇、苏门答腊、苏禄、彭亨、真腊、古里、暹罗、榜葛剌、阿丹、天方、左法尔、忽鲁谟斯、木骨都束等地，已知最远到达东非、红海等地。这一壮举虽伴有极少数武力事件，但总体和平，开拓了海外贸易，加深了我国与南洋诸国的沟通、交往和理解，丰富了我国对海外的系统知识，相关著述《瀛涯胜览》《星槎胜览》《西洋番国志》等介绍了船队途经诸国的情况。值得一提的是，郑和下西洋还留下了《郑和航海图》，海图中记载了 530 多个地名，其中外域地名有 300 个，最远的东非海岸有 16 个；海图标出了城市、岛屿、航海标志、滩、礁、山脉和航路等，其中明确标示了南沙群岛（万生石塘屿）、西沙群岛（石塘）、中沙群岛（石星石塘）。该图是世界上现存最早的航海图集，其范围广，内容丰富，实用性强，是远洋航行的宝贵资料。这类文献，自然是区域国别研究之成果，是时人和后人了解广义之南洋（包括西太平洋和印度洋）诸国、诸部落的最好“向导”。相较于西方殖民扩张过程中“血与火”的野蛮征服，郑和在七下西洋的过程中，与沿途大多数国家建立起了相对友好的关系；在促进中国与西洋诸国的友好交往，将中华文化传之四方的同时，也让中华民族爱好和平的形象在西洋诸国深入人心。这也就是今天所说的“讲中国故事”。对这一壮举，有很多评价。梁启超说，“郑和以后，竟无第二之郑和”(《祖国大航海家郑和传》)。翦伯赞认为，“郑和下西洋加强了中国与南洋各地的联系，很多国家都在和他的接触之后派使者来中国贸易。郑和下西洋也开拓了中国人的视野，在他的影响下，中国人到南洋去的也日益增多。郑和的历史功绩是不能磨灭的”(《中国史纲要》)。白寿彝也持近乎一致的观点：“郑和的出使远航，在古代中国对外关系史和航海史上都是罕见的壮举，它增强了中国同亚非各国的友好交往和经济文化的交流。”(《中国通史》)

需要明确的是，不论是张骞的汇报，还是玄奘的《大唐西域记》，抑或郑和的《航海图》以及其他诸多文献，都是当时区域国别研究的重要成果，为当朝的持续发展提供了外部动力，对当世乃至后世都有积极影响。

## 三、西方近现代区域国别研究

就学术史而言，学者们习惯了“西方中心论”的语境，认为区域国别研究非始于西方不可，上文已有一定破解，此处不议。笔者不否认，在古代时期，比如亚历山大帝国时期、罗马帝国时期乃至15世纪历史大航海时代，西方进行了可称得上为某种形式区域国别研究的相关探索。这与笔者不持“西方中心论”的观点不矛盾。

笔者此处要着重强调的西方所做的相关研究与中国有关，即1793年的马戛尔尼访华事件及前情后续。几乎在整个18世纪，中国都是世界上最强大的国家，康乾盛世指的就是这个时期。但是，1757年，清乾隆帝一道圣旨，由北京发往沿海各城市，责令除广州一地外，其他港口一律停止海外贸易，实施“一口通商”，实行“闭关锁国”政策。1759年，英国商人和外交家洪任辉进京告状，希望清政府改变外贸制度，开放宁波港，保护洋商正常贸易，结果被抓挨关，而后被驱逐出境。清政府持续反对开放，对域外几无兴趣，以致1784年成书的《大清一统志》中关于欧洲的记载仍沿袭明末清初的认知，认为西班牙、法国、意大利等是欧洲强国，对当时强国新锐英国只字未提。既是新锐，便有特别之处，英国并未气馁。1793 年，于乾隆 83 岁生日之机，马戛尔尼持英王国书正式访华，一者给乾隆祝寿示好，二者希望与清廷谈判通商。结果，清廷收下了示好，拒绝了通商。乾隆以天下大帝下诏，“天朝物产丰盈，无所不有，原不借外夷货物以通有无”，并责令使团离京回国。失望之余，马戛尔尼改道运河，自北京至广州，行程三个月，几乎纵穿中国腹地，考察了我国华北、华东、华南等地区的重要区域，并得出结论：“清朝不过是一个泥足巨人，只要轻轻一抵，就可以把他打倒在地。清政府的政策跟自负有关，他很想凌驾各国，但目光如豆，只知道防止人民智力进步。当我们每天都在艺术和科学领域前进时，他们实际上正在变成半野蛮人。”该分析可谓一针见血。1816 年，英王又派阿美士德率团访华，结果因礼仪之争未果，使团连嘉庆帝的面都没有见到就被责令回国。阿美士德使团同样进行了相关考察。值得一提的是，马戛尔尼访华时，其副使斯当东之子小斯当东即乔治·托马斯·斯当东也是团员之一；小斯当东会汉语，因与乾隆直接交谈而一举成名；这次他是阿美士德使团的副使。小斯当东可谓著名的英国旅行家、东方文化研究者及政客，算是英国最早的“中国通”，他曾于 1810 年将《大清律例》译成英语出版，后来长期从政，担任英国议会下院议员，于 1840 年下院讨论中极力主张对华动武，遂愿，稍后鸦片战争爆发，中国由此逐渐沦为半殖民地半封建社会。

笔者之所以长篇赘述英人访华事件，用意不在事件本身，真实目的有二：其一，当时中国处于世界之巅，本可以持续开拓，进行相关区域国别研究，向世界敞开胸怀，与世界新锐强国英国对接，即如 2001 年中国主动加入世界贸易组织一样，开放、改革、学习、进取。如若那样，清朝必不会走下坡路，更不会成为“泥足巨人”，之后很可能不会有鸦片战争，也便不会成为“东亚病夫”，更不会沦为半殖民地半封建社会。也就是说，康乾盛世时期的清王朝，非常需要进行区域国别研究，需要制定并实施改革开放、持续发展的策略。只可惜，朝廷在关键时刻（1757 年）以一道圣旨关了门、锁了国，拒绝域外一切新生事物。该“闭关锁国”政策的长期推行，阻断了中外联系，影响了中国吸收先进文化和科学技术，致使中国与世界隔绝，严重阻碍了资本主义的萌芽发展，使得中国和世界脱轨，慢慢落后于世界，以致开始下坡、持续下坡，直至王朝灭亡，同时把中国人民拖入了深渊。其二，英国当时只是新锐，实力没有中国强大，但它自17世纪初就积极与域外世界接触，通过“发现”—占领—殖民，至18世纪末成为了“日不落帝国”。工业革命之后，它更加外向，在占领南亚东南亚诸多地区之后，企图打开中国市场，多次放低姿态，力图促使中国开放港口，进行正常贸易，可谓屡战屡败，屡败屡战。其使团在任务失败后对中国进行的相对系统的田野考察以及中国通的出现和《大清律例》英译本的出版都证明了其对区域国别研究的重视。经过研究，他们确认中国是巨人，却是泥足巨人，外强中干。这是导致其对中国动武并确信能战胜中国的直接原因。不仅如此，19世纪下半叶之后，英国转而以印度为基地，侵略占领我西南地区特别是藏南大片土地，也是其长期进行区域国别研究的结果。如此，东方老牌巨人与西方新锐巨人相遇，前者不进行区域国别研究，闭关锁国，败了；西方新锐巨人积极进取，不远万里奔波，进行区域国别研究，胜了。闭关锁国害死人，正体现了区域国别研究的重要性。

由于尝到了甜头，西方一直没有放弃区域国别研究。二战之后，美国后来居上，对区域国别研究进行巨大投资，成为本领域中的领头羊。需要指出的是，以美国为首的西方国家进行区域国别研究的目的非常明确，抑或殖民的需要，抑或控制的必须，另有较少份额为猎奇心态所驱使。目前，美西方同样愈发重视区域国别研究，比如在南亚、东南亚、太平洋岛国等，他们不仅研究，还有胁迫；他们鼓噪“中国威胁论”，力图拉拢相关国家组成遏华制华同盟。可以预判，如果我们对此不能高度重视，后果将不堪设想。

## 四、区域国别研究的条件、内容、方法和工具

从某种意义上说，区域国别研究近乎奢侈品，并非所有国家都需要，也并非什么时候都需要。根据前文论述及历史经验，笔者以为，需要进行区域国别研究的国家需具备下述四个条件：其一，大国强国。国家体量越大，国际交往越密切，从事区域国别研究的必要性就越强。这里所说的区域国别研究指全方位的区域国别研究，即对世界大多数地区和大多数国家进行的几乎全覆盖式的研究，而

非对一两个国家或地区的研究。比如中国，在新中国成立初期，乃至改革开放之后的很长一段时间内，并不需要对世界全域进行研究，只需对“以经济建设为中心”有大助益的地区和国家进行研究即可，也是物力、财力、人力所限之故。其二，进取精神。没有进取精神者无力进行区域国别研究，比如处于世界巅峰之时的清朝，当政者得意于一时之强盛，沉浸于天朝无所不有之自娱之中，不思进取，没有不进则退的认知，对西方新锐视若不见、听若不闻，不仅不对域外世界进行研究，反而实行闭关锁国政策，多次拒绝英国的主动接触，直至激发了后者的兽性，动起武来。相反，英国则是当时的后来居上者，工业化的大机器声音响彻英伦三岛上空，货船战舰游弋于大西洋、印度洋和太平洋，可货则货，不可货则战，成就并持续了日不落帝国的“辉煌”。自然，中华文明没有殖民意识，也不需要这类意识及行为，但当时自我陶醉、自诩天朝的清朝当政者骄傲、自大、目中无人的固步自封行为却是大害，使中华文明丧失了继续前行的机会，使中华民族陷入了持续100余年的痛苦深渊。其三，忧患意识。俗话说，没有远虑必有近忧，一个没有忧患意识的国家必然不会有国际视野，便也不会进行区域国别研究。还以清朝为例，康乾盛世时期，朝廷和王孙贵胄坐井观天，以为天下大定，太平无事，因而躺在老祖宗的功劳簿上享受所有。他们拒绝了解域外世界，拒绝对巨变中的外部世界进行研究。岂不知，在地球另一端的英国早已奋起直追，工业革命成功，军事力量大增，海外意识超强，虽为“弹丸”之国，却能“心怀全球”，向着太阳“前行”，建了国际型大工厂，建了世界级军队，征服了南亚，瞄准了中国。他们经过考察研究，认识到了清朝的问题所在，得出了“清朝是泥足巨人”的结论，进而实施了野蛮侵略。其恶劣行径虽不为文明世界所齿，但其不进则退的忧患意识确实使其成为当时最强大的国家。清朝正与其相反，成为挨打者和失败者。其四，精英及大众的超前意识。以中国加入世界贸易组织一事为例，20世纪80年代开始，中国申请加入世贸组织，前后进行了无数次谈判和磋商，历经十五六年，最终于2001年获得成功。这说明，我国的精英阶层早在20世纪80年代已然具有了解西方世界、融入世界主流经济机制的意识，随后便是研究、谈判，这种“明知山有虎偏向虎山行”的精神换来了2001年的加入WTO和2010年的世界第二大经济体。所以，假如没有当时对西方世界的深入研究和持续不断的改革勇气，就不会有现在的持续发展势头。可以想见，区域国别学一级学科的设立正因应了当下的局面。近十年来，教育界一直在试图突破相关学科制壁垒，补足之前缺失的对相关地区和国家的研究，以便形成全覆盖式的区域国别研究规模，以实践前述提及的相关理念。

就区域国别研究的内容而言，笔者更愿意做一个比喻，即把一个地区或国家比作一个荷塘，荷塘中有荷花、荷叶、莲藕及水和泥。一般情况下，人们会评论荷塘中的荷花与荷叶，抑或好看，抑或不好看；也有人会预测秋后的莲藕，或等收获之后评价莲藕的质地；很少有人会提及水和泥。而笔者以为，水和泥最为重要，其上有花和叶，其下有藕，水和泥是它们的根本，是它们成长与否、长势如何、质地优劣的决定性因素。需要注意的是，同样的水和泥在不同的地区并不能长出同样质地的花、叶和藕，比如在北京可以培育出质量上乘的花、叶和藕的水和泥在昆明或广州就不可以，这便涉及地理因素。所以，我们不仅要研究水和泥，还要研究荷塘所处的地域。由此，笔者认为，面对一个荷塘，我们需要研究的主要是地理因素以及荷塘里的水和泥，这也便是区域国别研究的主要内容。在研究一个地区或一个国家时，地理因素相对容易，比如印度主体在热带地区，其气候类型主要为热带季风气候；乌克兰在温带地区，其气候类型为温带大陆性气候。但除此之外，我们如何判断哪些东西是它的花和叶，哪些东西是它的藕，哪些东西又是它的水和泥呢？比如研究印度，我们经常对我们看到的东西进行评判，即如在现下的疫情期间，印度河流中出现了不少浮尸，国内大众甚至所谓的专家便以此断言，印度社会即将崩溃，印度执政党可能有下台危险。但实际情况是，印度甚至没有人因为疫情肆虐而上街抗议，而印度人是很喜欢上街抗议的。其实这并不奇怪，因为80%以上的印度人是印度教徒，是有神论者，其终极关怀理念是解脱，解脱之前必须经过圣水洗涤灵魂才能升天，所以，其葬仪讲究“入水为安”，入水之前或烧或不烧，普通信众都能接受；而绝大多数中国人讲究“入土为安”，自然不明白不理解印度的相关情况。另外，关于疫情，普通信徒认为这是天灾，甚至是大神对人类行恶的某种惩罚，自然不会归咎于政府。相反，就印度前两年农业方面的法案而言，印度农民认为那是人祸，是政府的错误，因而会进行持续一年多的抗议，甚至封锁首都新德里的部分道路，直至政府最终取消相关法案才肯罢休。再比如印度人喝牛尿、涂牛粪的习俗，绝大多数中国人认为该行为愚昧、落后、迷信、不可理喻，但实际情况仍然与印度宗教信仰有关，即印度教经典中有明确信条，牛堪比大神，牛尿具有消毒杀菌之功效，牛粪具有圣化肉体、净化心灵之功能。不仅如此，具有地理常识的人应该能够意识到，牛粪的主要成分是草，在印度次大陆上其水分很快就会被热浪蒸发掉，进而变成可以作为燃料的牛粪饼，而不会像在中国内地一样腌臜不堪。我国藏民族地区也用干牛粪充当燃料，情况与此类似。牛尿的情况稍有不同，印度商店会有提纯消毒之后的瓶装牛尿售卖，尽管有人仍然使用日常牛尿。2021 年 11 月 13 日，印度中央邦首席部长希夫拉杰·辛格·乔汉在一次活动中表示，牛的粪便和尿液可以在加强国家经济建设方面发挥重要作用。他表示，牛粪和牛尿可以制成一系列重要的东西，包括杀虫剂和药物等。他还声称，用牛粪代替木头作为燃料是火葬场一个不错的选择。因此，当我们在嘲笑印度人愚昧落后的时候，印度人也许会因为我们不理解他们而恼怒，甚至反过来嘲笑我们不信仰宗教和不崇拜神明。通过这类例子，我们似乎能够明白，除地域因素外，什么是区域国别研究的水和泥了，水中浮尸及喝牛尿、涂牛粪都是表象，其背后的宗教信仰和文化观念才是实质。因此，笔者以为，研究印度，首在研究印度的宗教文化，而非一些短时间的表面呈现，尽管这些表面呈现也值得关注和探讨，却不是最重要的。

区域国别研究方法很多，笔者只强调一种方法，即以田野考察为依托的在地研究方法。该方法实际上是一种观察法，是古代人使用的研究世界的方法，最为原始，也最为有效。当然，现代田野研究方法较之古代人的观察法已有天壤之别，现在有各种理论支撑，有各种咨询、调研、实践类的实操。不过，不管研究者理论知识多么丰富，也不论其专业基础知识多么扎实，其在地时间长短非常重要。一般而言，田野研究的在地时间应该是持续的，不应短于一个自然年，甚至需要两个自然年或更长时间。因为，对于研究者而言，在短时间内根本感受不到对象地区或对象国家的很多本质内容，或者在城市里观察不到，或者在农村中发现不了，情况各异，不一而足。以印度的种姓制度为例，如果研究者只待在印度城市的大学校园里，就很难体认到种姓歧视问题，甚至根本觉察不到种姓制度的存在。但如果走出校园，进入农村，就会发现，在信众心目中，种姓意识根深蒂固，其日常生活、职业、婚姻、生死等都与种姓身份相关，其中微妙，不参与不可得。即便在城市里，只要时间够长，观察够仔细，研究者也能发现信众有关种姓的奥妙，它表现在政府大楼里，体现在街头巷尾中，政府大楼里看厕所打扫卫生的往往属于不可接触者群体，抑或属于表列种姓，抑或属于表列部落，街头巷尾的卑微低眉者也往往是这类存在。因此，田野不应该观光化，在地不应该表面化，研究者需要进行深耕，需要融入当地，融入其人其民，考察其风俗习惯，观察其喜怒哀乐。否则，田野和在地会成为浪费时间的最好方式。

再说工具，也有很多，笔者也只议论一种工具，即语言。南非已故前总统纳尔逊·曼德拉曾经说过，如果你用一个人听得懂的语言与他交流，他会记在脑子里；如果你用他的母语与他交流，他会记在心里。作为一个以外语为工具的教学研究者，笔者深以为然。仍以印度为例，大多数国人，甚至世界上的大多数人都认为印度通行英语，对，也不对。《印度宪法》规定，印地语是印度的联邦级官方语言；《印度语言法》规定，英语是印度的联邦级辅助官方语言。根据印度 2011 年的人口统计，以印地语为母语的人口约有 5 亿多，加上第二语言和第三语言使用人数，其使用人口占印度总人口的 57.1%；而以英语为母语的人口仅有约 25 万，加上第二语言和第三语言使用人数，其使用人口仅占印度总人口的 10.6%。根据印度《读者调查》的数据，自 2015 年至 2020 年，印度发行量最大的 20 份报纸中，英语报纸只有《印度时报》（*The Times of India*）列于其中，为第 11 位；印地语则有 8 份，分别为第 1–4、第 6、第 13、第 16 和第 18 位。这种情况至今未变。国内学者和媒体经常有“印度主流媒体某某报云”之类的表述，不实，很值得商榷。在印度，上述数字已然说明问题，而由于印度娱乐产品，特别是宝莱坞电影及其副产品印地语歌舞的风行，绝大多数非印地语地区的人听得懂印地语，可以用印地语进行日常交流。从某种意义上说，印地语是全体印度人的语言。可以断言，不懂印地语等印度本土语言，奢谈印度研究。实际上，这种情况同样存在于诸多发展中地区和国家，即如在非洲，国人一般以为法语、英语和阿拉伯语最为重要，却不知斯瓦希里语、豪萨语和祖鲁语等的影响；再如，在南亚的孟加拉国和斯里兰卡等国，英语还不如在印度普及。所以，对于区域国别研究而言，对象国或对象地区的语言绝非可有可无，有和无具有本质区别。

张骞出使西域，看似堂邑父是翻译，但张骞等人边走边学，他前后被匈奴圈禁 11 年，其间娶妻生子，不可能不懂当地语言；他与乌孙人、大月氏人进行交流，不可能只靠堂邑父；他在大夏国市场上见到中国的丝绸和竹杖，进而进行深入了解和考察，不可能单靠翻译进行。“张骞，汉中人，建元中为郎”“骞为人强力，宽大信人，蛮夷爱之”是《史记·大宛列传》对他的介绍和评价，言简意赅。《汉书·张骞李广利传》也有类似评述，同样简洁明了。如果单靠翻译，“宽大信人，蛮夷爱之”如何理解？他必定是一个爱好观察和爱好学习之人，说蛮语、懂蛮人，能融入“蛮夷”，能获得“蛮夷”的信任。如果“蛮夷”不信任他，如何相信汉朝并与汉朝交好？也就不会出现乌孙使者随他入长安、乌孙王与西汉女和亲的故事。玄奘也一样，他于印度生活十多年，先是聆听当地高僧大德讲经说法，后是自己开坛讲经，与诸多外道婆罗门学者以及小乘僧人辩论，以至获得了“大乘天”和“解脱天”的美誉，并与戒日王和孟加拉王称兄道弟。试想，如果不掌握当地语言，别说讲经说法、争论辩驳，就是日常生活也难以为继。虽然在相关文献中看不到他们学习当地语言的相关记载，但他们精通当地语言、融入当地生活却千真万确。否则，也不会出现张骞对于汉武帝的“臣闻”“以骞度之”等汇报内容以及《大唐西域记》等区域国别研究类成果，更不会出现汉武帝采纳与西域各族加强友好往来的建议以及唐太宗、唐高宗等多次遣人西使的咨政类结果。

可以说，对象国和对象地区语言是区域国别研究的最重要工具之一。

## 五、新时代区域国别研究的特征

前文说过，区域国别研究的内容包含两个方面，即地域与领域：前者指的是地理类内容，地理在文明文化的形成发展过程中往往起着决定性作用；后者指的是学科类或专业类内容，比如文学、历史学、宗教学、法学、社会学等。当下，我们研究一个国家或一个地区，必不会只研究其某一方面，而会进行综合性研究，因此，此处的领域必定是多学科、跨学科乃至交叉学科的内容。正如前文所说，区域国别学是基于地域的领域之学，是重视基础研究的交叉学科类研究。这是新时代区域国别研究的第一个特征，也是首要特征。

在相关研究中，地域因素往往不受重视，比如我们通常会说中国的GDP总量是印度的五倍，但我们很少关注中国和印度的消费差异，比如北京和德里，住在北京，人们冬天需要暖气、羽绒服、靴子、帽子等保暖设施和衣物，住在德里则不一样，暖气用不着，毛衣搭配披肩足够保暖。两相对比，开销之差何止五倍。再如，前文比喻中提及的荷塘，德里地区的水和泥可以长出漂亮的荷花、荷叶及莲藕，同样的水和泥在北京地区则长不出同样质量的荷花、荷叶及莲藕。可以说，忽视了地域因素，区域国别研究成果一定会大打折扣。

比起地域，领域更加重要，但文学专业学者往往重视语言文学，历史学专业学者往往重视历史事件，政治学专业学者往往重视外交政策，这都不是完整的区域国别研究。即如前文所说，水和泥比花和叶及莲藕重要，因为水和泥是决定性因素，花、叶、藕由水和泥而成。语言文学、历史事件和外交政策等都重要，可谓某一研究论题的子课题内容，在这中间，真正值得研究的水和泥必定是最基础性的，是综合性的。仍以印度教为例，20世纪的印度独立运动离不开它，21世纪的印度民族主义离不开它，印度政治选举离不开它，印度社会的种姓制度离不开它……循印度教发展历程，印度文学文化、印度历史哲学、印度政治外交等都有迹可查、有源可寻。事实证明，2019年印度发生的几件大事，如全国大选、政府通过总统令废除宪法第370条以取消克什米尔的特殊地位、最高法院裁定在阿约提亚原巴布里清真寺遗址上修建印度教罗摩庙、议会两院通过《公民身份法（修正案）》允许来自阿富汗、孟加拉国、巴基斯坦三国非穆斯林群体加入印度国籍等诸多历史性事件的原动因都与印度宗教相关，就连影响中印关系的印度因素也包含色彩浓重的印度教民族主义情结。不过，这里的宗教并非严格意义上的宗教学，它与印度社会、印度政治、印度政党、印度经济等密切相关，研究印度只研究印度宗教自然是不够的，理应同样重视社会学、文学、历史学、政治学等学科，在多学科、跨学科及交叉学科的大系统中进行全方位、综合性的研究，否则，研究成果必有偏颇。

以对象国或对象地区语言为主要工具的田野研究是新时代区域国别研究的第二个特征，这与研究方法相关。也就是说，精通当地语言、深耕当地社会是新时代区域国别研究成功与否的关键所在。不懂对象国语言，只能借助二手材料，不去对象国田野，融入不了当地社会，这是区域国别研究的大忌，会使研究成果成为纸上谈兵、口中虚言。

拥有中国视域和对方视角应该成为新时代区域国别研究的第三个特征。前者指知己，后者指知彼。俗话说，观人易、察己难；《吕氏春秋·察今》也云，“故察己则可以知人”。研究域外，不自知是大忌之一，其结果往往有二：抑或自我矮化，妄自菲薄；抑或坐井观天，目中无人。不知彼同样有害，容易导致误解误判，甚至酿成大祸。举例说明，印度几乎每年都会出现因拜神拥挤而引起的伤亡事件，不少国人往往对此冷嘲热讽，什么信神是无知的表现，什么神仙不灵等。而另一方面，我们却习惯于我们自己春节返乡路上的拥挤、无助和无奈。岂不知，看到人山人海乃至令人悲悯的回乡状况，印度人也会疑惑，甚至鄙夷不屑。这种时候，国人会说，春节是大多数中国人最重要的节日，大家都要回乡团聚，看望老人、走亲访友，这是传统，是信仰。但我们忘了，我们也没有去理解他们拜神时候的拥挤不堪，而拜神对有神论者和宗教信徒来说是天大的事情。这里牵涉有神论和无神论、信仰宗教和不信仰宗教的问题，需要正确对待。笔者一贯以为，两者无所谓对错，都是认识世界和经营人生的方式，我们不应该把有神论和无神论对立，更不应该把宗教和科学对立。中国传统重视世俗世界，看重世俗生活，绝大多数人是无神论者，不信仰现有的几大宗教；知己即是拥有中国视域，懂得中国自己的历史文化，感知中华文明的博大精深和宽容大度。相比较而言，世界上的大多数人是有神论者，是某一宗教的信仰者；知彼即拥有对方视角，在看待对方、与对方相处、处理与对方相关的事务时以理解包容的态度行事，学会站在对方的角度考虑问题，以便斟酌自己的决策并更好地予以实施。以饮食为例，中国人习惯肉食，待客没有大鱼大肉、山珍海味不足以表达情谊，但印度人惯于素食，待客几乎不见荤腥；如此，如果不相互了解，只吃饭一项就会致使双方发生误解乃至冲突。这只是最表面化的例子，中外关系中明显潜在着无数比饮食更为重要的不同和多元，没有中国视域会失去参照对象，没有对方视角会迷失行动方向，都不可取。

新时代区域国别研究的第四个特点应该是抱有中国情怀和拥有国际视野。这理解起来相对简单，中国情怀与爱国相关，全球视野与开放相连。问题是如何爱国，曾几何时，闭关锁国是爱国，宁愿要社会主义的草也不要资本主义的苗是爱国，反对学习外语是爱国；这类爱国实际上是假爱国，更谈不上中国情怀。笔者倒认为，迎难而上、勇于应召出使异域的张骞、“偷渡出境”学习域外文化的玄奘以及毫无个人私欲、一生致力航海的郑和是真爱国。张骞位卑官小，并不知道朝廷要他出使的大月氏在哪里，但他却勇敢地走向沙漠戈壁，其间两次被匈奴抓捕，被迫结婚生子，最终还是伺机脱离看管，回到长安复命。玄奘也一样，他一心想解决中原佛教典籍缺失不全、不利众生的问题，在申请遭到否决后，混入流民群中离开长安，历生死之险，经正邪之验，修成正果；印度国王留，佛教高僧挽，但他执意东归，返回中原，为国效力。郑和是太监，他执行皇命，交好南洋诸国，传布华夏文化，把一生交给了大海，甚至逝于海外，为国家赢得了南洋诸国的敬畏，换来了南海地区长久的和平。张骞、玄奘和郑和的中国情怀和报国之志可歌可泣，历久弥新。之所以这样，是因为他们的中国情怀包含全球视野，他们不狭隘，更不排外，他们眼界开阔，虚怀若谷，主动学习对方语言文化，尊重对方，也赢得了对方的尊重，同时为国家赢得了敬仰。张骞在域外娶妻有子，玄奘在印度受到供养，且回国存在不测风险，张骞需伺机逃离，玄奘面临高山流沙，如果他们没有中国情怀，他们绝不会在那么艰难的情况下决然回国；果真那样，中原王朝设立西域都护府和稳定西南夷之大业很可能被迫推迟，中国传统佛教的形成也可能会晚上不短时间。郑和的情况稍有不同，但他孤身一人，无家无子，无私无欲，如果没有中国情怀，他不会在晚年依然义无反顾，继续奔向茫茫大洋；果真那样，大明王朝南海地区两百余年的和平可能也会存疑。所以，中国情怀和全球视野并行不悖，似孪生儿，似并列结构的四字词语，分不开、掰不断。也就是说，在新时代的区域国别研究中，在外田野也罢，在内钻研也行，心怀祖国、眼望全球必须且必要；没有了全球视野的中国情怀可能流于表面，少了中国情怀的全球视野可能迷失家园，二者缺一不可。张骞精神、玄奘精神以及郑和精神是区域国别研究者恒定的学习内容。

当下，世界已经进入一个非常特殊的阶段，科技发展快，人类进步快，灾难降临也快，有天灾，也有人祸。从宇航员拍摄的视频看，地球悬在不知深浅的宇宙中，似一叶轻舟茫茫无依，很有随时可能“翻船”的感觉。可以认为，人类已经到了必须相互关照、携手共进的阶段。令人遗憾的是，美西方冷战意识抬头，世界局部地区战火重起；而进入新时代后，习近平总书记提出了诸多有利于人类持续发展的可资实践的理念和倡议，即如前文提及的“人类命运共同体”理念、周边国家外交“亲诚惠容”理念、亚洲文明互鉴理念、“人类安全共同体”理念以及中非合作、“一带一路”倡议等。新时代的区域国别研究正是冲破并摆脱美西方冷战思维、实施并实践中华理念和倡议的重要措施之一。区域国别研究者应该吸收、消化这些理念和倡议，从我国现实出发，以十八大“要倡导人类命运共同体意识，在追求本国利益时兼顾他国合理关切”的精神为指导，对域外进行相关综合研究，争取对方与我国共商共建共享。因此，“人类命运共同体”意识是新时代区域国别研究的又一重要特征。

可以说，在中国古代，我们的先辈张骞、玄奘和郑和等已经进行了区域国别研究方面的科学实践，陆地或海洋，访问或游学，他们走进西域、南亚、南洋等地区，利用扎实的当地语言，从一个国家到另一个国家，既探究具体国别，也考察整个地区，打报告、记笔记、著行记、写专著，以政治服务为动机的也考察文化，以宗教精进为目的的也考察国情；无论出于政治动机还是文化目的，无论在出行之前还是之后与官方顶层建立联系，研究者都没有以服务国家战略为唯一追求，但所产生的知识却都对国家战略大有裨益，甚至泽被后世，影响深远。因此，“区域国别学”作为一个整体性的学科命名，既不是单纯的区域研究，也不是单纯的国别研究，而是二者的融会贯通。对研究者来说，一方面，要在区域的宏观视野中研究具体的国别，其前提在于，任何国别的行为和状况大多与本区域中其他国别有着某种或明或暗的联系，这是一种联系的情境化的研究视角；另一方面，要在扎实的国别研究基础上考察区域，其前提在于，任何区域都不是抽象和悬浮的，而是由域内国别的具体问题构成的，这是一种在地的微观的研究视角。此外，从先辈们的实践看，区域国别研究还是自上而下和自下而上两种路径的完美结合，这在当下具有极强的借鉴意义。

总之，我国新时代区域国别研究既利己也利他，追求知己知彼，为中外互动添砖加瓦，为文明交流创造条件，以使人类共同发展，共享繁荣。

［特约编辑：贾岩］

# 南亚文学与文化

南亚学

South Asian Review

# 唐代滥波国和罽宾国

## ——7、8 世纪中国阿富汗交流谈

薛克翘[①]

**摘 要：** 阿富汗位于中亚、西亚和南亚的交界处，是古代丝绸之路的重要中转站和商贸中心。从张骞出使西域到玄奘取经，阿富汗都是必经之地。7、8 世纪是中国与阿富汗文化交流的活跃时期。玄奘在此期间进入阿富汗。《大唐西域记》中记载了阿姆河以南的吐火罗地区，以及分散于兴都库什山山谷间诸多部落国的概况。阿富汗人李无谄于 7 世纪末 8 世纪初在中国洛阳参与佛经翻译工作，他的故国叫滥波国，大体相当于今阿富汗的拉格曼省。唐代的罽宾国是今阿富汗以喀布尔为中心的广大地区。唐代最著名的使者王玄策也曾到访过罽宾国。约 723 ～ 727 年，僧人慧超到次大陆访问，游历了阿富汗的很多部落国，其中包括滥波国和罽宾国。僧人悟空本是唐玄宗派往罽宾国的使者，后来在罽宾国出家，又于 765 年回祖国翻译佛经。

**关键词：** 玄奘；李无谄；慧超；悟空；中国阿富汗交流

阿富汗位于中亚、西亚和南亚的交界处，是古代丝绸之路的重要中转站和商贸集散地。从张骞通西域到玄奘取经，阿富汗都是必经之地。至今，阿富汗的战略地位依然重要。

---

① 薛克翘（1945 ～），中国社会科学院亚太与全球战略研究院研究员、中国玄奘研究中心研究员，主要研究方向为中国—南亚文化交流史、印度文学、密教等。

本文要讨论的是7、8世纪中国阿富汗文化交流中的几个人和几件事，其中李无谄的事迹几乎未曾引起过学界的重视。

## 一、玄奘所记今阿富汗之地

玄奘西行，于628年进入今阿富汗境内，时年29岁。[①]如《大慈恩寺三藏法师传》卷二所说，玄奘先经今中亚塔吉克斯坦、哈萨克斯坦和乌兹别克斯坦等地，然后到“睹货罗国”（又称吐火罗国），在考察游历了几个地方之后，走出睹货罗国，进入梵衍那国（在今阿富汗巴米扬省），又由梵衍那国进入迦毕试国（在今阿富汗卡皮萨省），夏坐后，“东进六百余里，越黑岭（阿富汗东部的锡雅克山），入北印度境，至滥波国。”[②]

### （一）睹货逻国故地

这里要特别说说吐火罗国。所谓“吐火罗国”，梵语为Tukhara，玄奘在《大唐西域记》卷一称之为“睹货逻国故地”，并介绍其概况说：“其地南北千余里，东西三千余里。东阨葱岭，西接波剌斯。南大雪山，北据铁门。缚刍大河中境西流。自数百年王族绝嗣，酋豪力竞，各擅君长，依川据险，分为二十七国。虽画野区分，总役属突厥。”[③]意思是说，这个“故地”相当广大，东边挨着葱岭（帕米尔高原），西边连接波剌斯（波斯，今伊朗），南边是大雪山（兴都库什山），北边是铁门关（在今乌兹别克斯坦铁尔梅兹之北），缚刍河（阿姆河）从东向西横贯其间。

那么，玄奘说的这个“故地”究竟是何人何时之故？中国学者王欣先生曾

① 杨廷福：《玄奘年谱》，中华书局，1988，第127页。
② 〔唐〕慧立、彦悰：《大慈恩寺三藏法师传》，孙毓棠、谢方点校，中华书局，1983，第30～36页。
③ CBETA, T51, no. 2087, p.872, a5-17。

经指出："从睹货逻国故地的范围来看，只与吐火罗人在中亚所建立的第一个国家——大夏国相合，所以玄奘所谓的'睹货逻国'实际应指大夏。"[①]也就是说，这个吐火罗国是古代大夏国的故地，在阿姆河中上游的南北两侧，其北侧包括今塔吉克斯坦、乌兹别克斯坦和土库曼斯坦三国的南部地区，其南侧即今阿富汗的北部地区。玄奘又说，数百年前吐火罗的王族断了香火，无人继承这庞大的国家，各地的酋长便纷纷自立，到玄奘到来时已有"二十七国"，都归突厥人统治。其中相当一部分在今阿富汗境内，《西域记》卷一和卷十二各有介绍，有的是玄奘亲践，有的得自于传闻（此处从略）。

### （二）"五印度"和"北印度"

值得注意的是，中国古代的西天取经者都是佛教徒，他们都是奔着"五天竺"或"五印度"去的，这是很自然的。至于其他地方，他们有另外的说法。

关于"五印度"，笔者曾著《从法显的五天竺到玄奘的五印度》[②]一文，提出过以下两个观点：第一，古代"印度"（或称天竺）这一概念不是指一个国家，而是一个地区，即次大陆。所以从很古的时候起，印度人就把次大陆分为东、南、西、北、中五部分。第二，"五印度"或"五天竺"这个词是中国佛教徒最先使用的，因为在古代印度语言中没有这个复合词。

下面，我们重点谈"北印度"这个概念。法显是第一个到印度去并走过很多地方的朝圣者和取经者。他在《佛国记》中说：

> 自葱岭已前，草木果实皆异。唯竹及安石榴、甘蔗三物与汉地同耳。从此西行向北天竺国，在道一月，得度葱岭。葱岭山冬夏有雪，又有毒龙，若失其意，则吐毒风，雨雪，飞沙砾石。遇此难者，万无一全。彼土人即名为雪山也。度岭已，到北天竺。始入其境，有一小国名

---

① 王欣：《吐火罗史研究》（增订本），商务印书馆，2018，第116页。

② 其繁体字版发表于《华林国际佛学学刊》电子期刊第2卷第1期（2019年5月）。

陀历。[①]

他的说法简洁明确，“度岭已，到北天竺”，意思是葱岭以南即北印度。这显然是当时印度人和中国人对北印度界限的一般认知。

西汉张骞通西域未达印度，其二次西使曾派副使出访印度。在张骞死后，法显之前，已有很多人到过北印度，如《后汉书 · 西域传》说：

> 天竺国一名身毒，在月氏东南数千里。俗与月氏同，而卑湿暑热。其国临大水。乘象而战。其人弱于月氏，修浮图道，不杀伐，遂以成俗。从月氏、高附国以西，南至西海，东至磐起国，皆身毒之地。身毒有别城数百，城置长。别国数十，国置王。虽各小异，而俱以身毒为名，其时皆属月氏。[②]

文中第一和第二个“月氏”指阿姆河以南、阿富汗北部的广大地区；“高附”指今阿富汗喀布尔河流域；“西海”即地中海；“磐起”即今阿萨姆（一说缅甸）。其中囊括了今日阿富汗的全部，将身毒国的北境推至阿姆河。但引文中明确，尽管这些地方“皆身毒之地”，“其时皆属月氏”。文中最后一个“月氏”指贵霜，也就是说，这里所画的是贵霜帝国强盛时期的版图，不是人们通常“五印度”的概念。

我们再看看玄奘是怎么说的。他先总说“五印度”：

> 五印度之境，周九万余里。三垂大海，北背雪山，北广南狭，形如半月。画野区分七十余国。时特暑热，地多泉湿。北乃山阜隐轸，丘陵舄卤。东则川野沃润，畴垄膏腴。南方草木荣茂，西方土地硗确。斯大概也。可略言焉。[③]

① 〔东晋〕法显：《佛国记》，《大正藏》第51册，新文丰出版公司，1983，第857页。
② 〔南朝宋〕范晔：《后汉书》，李贤等注，中华书局，1965，第2921页。
③ 〔唐〕玄奘、辩机：《大唐西域记校注》，季羡林等校注，中华书局，1985，第164页。

玄奘说五印度“三垂大海，北背雪山”，指的是东、南、西三面濒海，北面靠的是雪山。总体上说，这个表述与法显的表述是一致的。玄奘说的雪山具体指的是兴都库什山脉和喜马拉雅山脉，法显所说的葱岭虽然通常解释为帕米尔高原，但那仅仅是狭义的葱岭，还有广义的葱岭，即五大山脉（喜马拉雅山脉、喀喇昆仑山脉、昆仑山脉、天山山脉、兴都库什山脉）的汇集处。玄奘在《西域记》卷十二也是这样定义葱岭的：

> 葱岭者，据赡部洲中，南接大雪山，北至热海、千泉，西至活国，东至乌铩国，东西南北各数千里。[①]

总之，划分北印度的界限是山脉，是由自然地理条件决定的。

## （三）吐火罗与“北印度”之间

至于玄奘亲践的梵衍那国和迦毕试国，在佛教徒看来，既不包括在古吐火罗国范围内，也不包括在“北印度”的范围内。而是如《慈恩传》中所说，自滥波国“以北境域，皆号蔑戾车（此言边地）”[②]。蔑戾车，又作蜜利车、弥离车等，梵文为 Mleccha，是印度古人对边地不开化民族的称呼。

通过玄奘的记载，我们知道，当时中亚地区盛行波斯文化，吐火罗地区的突厥人受波斯文化影响较大，主要信仰琐罗亚斯德教。梵衍那国和迦毕试国的人受印度文化影响较大，信仰佛教和印度教的较多。

至此，我们可以得出结论：阿富汗在玄奘的描述中大致分为三部分：第一部分为睹货逻国故地，即阿姆河以南至兴都库什山以北的广大区域；第二部分为梵衍那和迦毕试等受佛教影响的边远地区，处于兴都库什山中；第三部分是被划归北印度的滥波国、那揭罗曷国等“北印度”，亦处于兴都库什山中。

---

① 〔唐〕玄奘、辩机：《大唐西域记校注》，季羡林等校注，中华书局，1985，第 964 页。

② 〔唐〕慧立、彦悰：《大慈恩寺三藏法师传》，孙毓棠、谢方点校，中华书局，1983，第 36 页。

关于玄奘在阿富汗的旅行考察，内容非常丰富，具体当另文讨论。下面要重点讨论的是滥波国。

## 二、玄奘滥波国之行

《大唐西域记》卷一末句写道："自此东行六百余里，山谷接连，峰岩峭峻。越黑岭，入北印度境，至滥波国。北印度境。"①句末小字夹注表明，滥波国是"五印度"最北面的国家，进入了滥波国才算进入了"北印度"。文中"自此东行"指从迦毕试国东行。

《大唐西域记》从卷二开始记叙"五印度"各国情况，直至卷十一。卷二开头先综述印度概况，然后开始分国别介绍。其第一个国家即滥波国：

> 滥波国，周千余里，北背雪山，三垂黑岭。国大都城周十余里。自数百年，王族绝嗣，豪杰力竞，无大君长，近始附属迦毕试国。宜粳稻，多甘蔗，林树虽众，果实乃少。气序渐温，微霜无雪。国俗丰乐，人尚歌咏。志性怯弱，情怀诡诈，更相欺诮，未有推先。体貌卑小，动止轻躁。多衣白氎，所服鲜饰。伽蓝十余所，僧徒寡少，并多习学大乘法教。天祠数十，异道甚多。
>
> 从此东南行百余里，逾大岭，济大河，至那揭罗曷国。北印度境。②

据学者们考证，滥波的梵文为Lampaka，又作岚婆、览波等。"今名Laghman，在喀布尔河北岸，东西以Alingar及Kunaer河为界，是一狭小地带，近人实测该地带每边约长40英里，四周约160英里，与玄奘的记载颇相吻合。"③滥波国在今阿富汗拉格曼省，这一考定鲜有异议。

---

① CBETA, T51, no. 2087, p.875, b4-6。

② CBETA, T51, no. 2087, p.878, b17-26。

③〔唐〕玄奘、辩机:《大唐西域记校注》，季羡林等校注，中华书局，1985，第219页注释（一）。

玄奘的这段记载还透露出一个信息，即当时滥波国没有国王，甚至没有“大君长”，被迦毕试国统治。这个地方相当富庶，佛教寺院仅有十来所，僧人很少，都属大乘信徒。但是，信仰印度教湿婆派的教徒很多，有数十所礼拜大自在天（湿婆）的庙宇——天祠。这说明，当时滥波国受印度文化影响很深。这也许正是将滥波国划归“五印度”的主要原因之一。

在《大唐西域记》成书之后，道宣的《释迦方志》成书，时在唐高宗永徽元年（650 年）[①]。其卷上记滥波国曰：

> 越雪山，度黑岭，至北印度界。已前诸邑，并名胡国，至此方合中间道也。其地名曰滥波国。（北印度所摄地，入天竺婆罗门地。）……滥波国者，在无热池西，倚北胡活国东南，三垂黑岭，北约雪山。都城周十余里。寺十余所，僧数亦少，多学大乘。天祠数十，异道特多。[②]

道宣曾作为 9 名“缀文大德”之一，参加过玄奘的译经活动[③]。他不仅熟悉玄奘，也熟悉《大唐西域记》。《释迦方志》中采用了很多《大唐西域记》提供的信息。但从这段引文看，他的资料来源不止于《大唐西域记》。他在介绍滥波国方位时，前加“在无热池西，倚北胡活国东南”字样。其中的“无热池”，梵文为 Anavatapta，又译阿耨达池、无热恼池、清凉池等。实际上，这是佛经中一个想象的诸河之源。玄奘在《大唐西域记》卷一的《序论》中称之为“阿那婆答多池”，也是源自佛经的传说。而道宣提到的“活国”，玄奘在《大唐西域记》卷十二介绍说：“活国，睹货逻国故地也，周二千余里。无别君长，役属突厥。……多信三宝，少事诸神。”[④]学者们考定其地为今阿富汗昆都士城一带[⑤]。说明道宣虽然没有去实地考察过，但对滥波国和活国的位置是经过核对和确认的。

---

① 王亚荣：《道宣评传》，宗教文化出版社，2017，第 173 页。
② 〔唐〕道宣：《释迦方志》，范祥雍点校，中华书局，1983，第 27 页。
③ 〔唐〕慧立、彦悰：《大慈恩寺三藏法师传》，孙毓棠、谢方点校，中华书局，1983，第 131 页。
④ 〔唐〕玄奘、辩机：《大唐西域记校注》，季羡林等校注，中华书局，1985，第 963 页。
⑤ 〔唐〕玄奘、辩机：《大唐西域记校注》，季羡林等校注，中华书局，1985，第 964 页。

玄奘离开滥波国以后，继续东南行，到达那揭罗曷国。学者们考察核定该国的梵名为 Nagarahara，位置在今阿富汗楠格哈尔省贾拉拉巴德，文中的大岭即黑岭，大河即喀布尔河。[①] 也就是说，那揭罗曷国在喀布尔河南岸，沿着喀布尔河向东，可直抵开伯尔山口。过此山口，即今巴基斯坦境内。

然而，玄奘的描绘更细、更具体。按他的说法，梵衍那国“在雪山之中”，而迦毕试国“北背雪山，三垂黑岭”，其实也在雪山之中，所以它们都不在北印度的范围内。但现在的问题是，滥波国也“北背雪山，三垂黑岭”，为什么就被划入北印度了呢?

我们将玄奘描绘的迦毕试和滥波两国情况做对比后可知：迦毕试虽然“宜谷麦，多果木”，但“气序风寒”，而滥波国是“宜粳稻，多甘蔗，林树虽众，果实乃少。气序渐温，微霜无雪”。自然地理差异反映在气候上，一寒一温，还是很明显的。

但是，玄奘还主观地加上了社会人文条件，认为“自滥波国至于此土，形貌粗弊，情性猥暴，语言庸鄙，礼义轻薄。非印度之正境，乃边裔之曲俗”[②]。也就是说，他一方面遵从传统的划分方法，勉强把滥波等国算作北印度，但又根据自己的观察，觉得那些地方的人不够文明，觉得那些地方还不能算作真正的印度。其实，这也不完全是玄奘个人的看法，印度一些佛教典籍里也把滥波国视为边地。如《佛母大孔雀明王经》卷二就说，“爱斗诤药叉，住在滥波城”[③]。这里的药叉本是传说中北方天王毗沙门的随从，但在佛教人士看来，他们都是些性情暴躁、争勇斗狠的野蛮民族，滥波国是他们的居住地。

不管怎样，玄奘游行寻访了阿姆河南岸的吐火罗故地，以及梵衍那、迦毕试、滥波国和那揭罗曷等国，并予以记载，这是中国阿富汗文化交流史上的重要事件。此后不久，一位来自阿富汗的译经家便出现于唐朝的皇家寺院，续写了中阿文化交流的篇章。

---

① 〔唐〕玄奘、辩机：《大唐西域记校注》，季羡林等校注，中华书局，1985，第221页。

② CBETA, T51, no. 2087, p.888, a24–26。

③ CBETA, T19, no. 982, p.423, a5。

## 三、译经家李无谄

提起这位译经家李无谄，几乎可以说是名不见经传。确实，按照他所处的时代，他如果被立传，他的名字应该在赞宁的《宋高僧传》里出现，但却没有。因为他不是主译，而是主译的助手，或者叫作辅译。只有主译才能在僧传中单独立传。幸好汉译佛经有好几种“经录”，李无谄这种辅译人员都能被一一记录在案，乃至厥功未没。如智升的《续古今译经图纪》和《开元释教录》就记载了李无谄的身份。

《续古今译经图纪》中说：

> 婆罗门李无谄，北印度岚波国人，识量聪敏，内外该通，唐梵二言，洞晓无滞。三藏阿你真那、菩提流志等翻译众经，并无谄度语。于天后代圣历三年庚子，为新罗僧明晓于佛授记寺翻经院译《不空羂索陀罗尼经》一卷，沙门波仑笔受并制序。①

从这里得知，李无谄是岚波（滥波）国人，婆罗门种姓，精通梵语和汉语。三藏法师阿你真那（Manicinta，意译宝思惟，？－721）和菩提流志（Bodhiruci，意译觉爱，？～727）主译的佛经，都由他来担任“度语”（或称“译语”，即口头传译）。武则天统治时期，他在洛阳佛授记寺翻经院工作，曾为新罗僧翻译《不空羂索陀罗尼经》一卷，这也是他主译的唯一一部经。沙门波仑（不知何许人）为此经写了篇短序，其中提供了李无谄的信息，说他是“北天竺岚波国婆罗门大首领”②。

根据《开元释教录》卷九和《贞元录》卷十三等，李无谄参与译经的时间大约是从武后长寿二年（693年）到中宗神龙二年（706年），此后再无消息。有可能已经去世。

---

① CBETA, T55, no. 2152, p.369, c17–22。

② CBETA, T20, no. 1096, p.409, b4–c2。

今考李无谄之姓名。其姓李，根据唐朝怀柔边远民族的习惯做法，当为唐朝皇家赐姓，表示李无谄归化大唐，尊贵有加。此既不会由他自行取李姓，亦不似武后所恩赏，而很可能在高宗时即赐加此姓，但《全唐文》中未见有关诏制。其名无谄，梵文中有一词，kuhana，有谄曲、虚诳等意，加前缀 a 予以否定，并将其变为抽象名词，为 akuhanata，佛经中便将它译为“无谄”或“无谄曲”等。[①] 无谄一名当取此意，表示他归化之赤诚。

再考李无谄的头衔“婆罗门大首领”。婆罗门是其种姓，表示他尚属居士，有的文献则指明他为居士。但“大首领”之号颇有含义。“大首领”一词在唐宋时代史书中使用较多，如两《唐书》及《宋史》等。《旧唐书》卷六十七《李勣传》：“二十年，延陀部落扰乱，诏勣将二百骑便发突厥兵讨击。……其大首领梯真达官率众来降，其可汗咄摩支南窜于荒谷……”又卷一百二十一《仆固怀恩传》：“贞观二十年，铁勒九姓大首领率其部落来降……”[②] 都提到“部落”和“大首领”。可知，唐代称部落领袖为大首领，他们既不是国王也不称可汗。

我们还注意到，在唐代的译经队伍里还有位“东天竺国婆罗门大首领臣伊舍罗”[③]，曾协助金刚智、菩提流志等译经，其生平不详，大约是来自孟加拉地区的某部落领袖。至于滥波国，正如玄奘所说，其王族绝嗣已经数百年，“豪杰力竞，无大君长”，后来附属迦毕试国。玄奘说的大君长应该和大首领是一个意思。李无谄也许是在玄奘走后若干年成为大首领的。巴基斯坦已故学者达尼（Ahmad Hussan Dani）先生曾提出，古代巴基斯坦在中世纪时有诸多酋长，“当地称这些首领为封君（Samanta），地位更高的称为大封君（Mahasamanta）”[④]。如此看来，李无谄或许曾为滥波国的一方酋长，获得过“大首领”（即大封君）的称号，但他却到中国来参加佛经翻译了。

---

① 林光明、林怡馨、林怡廷编：《梵汉佛教语大辞典》，嘉丰出版社，2011，第 105 页。

② 〔五代〕刘昫等：《旧唐书》，中华书局，1975，第 2487、3477 页。

③ CBETA, T11, no. 310, p.1, c20–b26。

④ 〔巴〕A.H. 达尼著、〔巴〕I.H. 库雷希主编：《巴基斯坦简史》（第一卷），四川大学外语系翻译组译，四川人民出版社，1974，第 333 页。

## 四、王玄策访问罽宾

唐贞观十七年（643 年）农历三月，唐太宗诏令朝散大夫行卫尉寺丞上护军李义表作为正使，融州黄水县令王玄策作为副使，带领 20 人的使团送印度摩揭陀国（Magadha）戒日王的使者回国，于当年农历十二月（即 644 年初）到达。随同出访的还有书写大觉寺碑文的典司门令史魏才和匠人宋法智等。归国时间在 645 年农历二月十一日之后，历时一年多。这是唐太宗的使臣第二次访问印度，也是太宗朝最重要的外交往来，持续时间长，出使活动多，留下的史料也相对丰富。

据《旧唐书》卷一九八、《新唐书》卷二二一上等，使团先随大夏国（今阿富汗北部）使臣前往大夏，分别赠国王及僧侣等绫帛千余段。后又至泥婆罗国（今尼泊尔），受到国王那陵提婆的欢迎。使团抵达戒日王首都曲女城时，受到热烈的夹道欢迎。之后，李义表、王玄策等观礼了位于摩揭陀国阿育王精舍中的佛足迹石并留下拓片。贞观十九年（645 年）正月二十七日使团到达王舍城，又登上耆阇崛山（即鹫峰山），礼拜佛迹，并留下铭文。同年二月十一日，去摩诃菩提寺（即大觉寺）观礼，在菩提树下塔西立碑，碑文由魏才书写。根据皇上的敕令，使团从大菩提寺带回两名擅长制作石蜜（白砂糖）的工匠和 8 名僧人，他们后来在中国制作出了上好的石蜜。

又据《集古今佛道论衡》卷丙：李义表归国后曾上奏太宗，说东天竺童子王（鸠摩罗王）那里外道流行，请中国帮助翻译《道德经》为梵文。后太宗下令翻译《道德经》，玄奘与道教法师合作完成了翻译。

此后，王玄策又曾两度作为正使率领代表团出访印度。王玄策在第三次访印期间撰写了《中天竺国行记》（又名《中天竺行记》《西国行传》《西国行记》等），共 10 卷，已散佚，仅有片段保存于他书中。但从保存下来的片段可知，王玄策的记载涉及宗教、地理、政法、艺术、民俗等方面。

王玄策的事迹，自 1900 年法国学者烈维（Sylvain Levi）发表《王玄策使印度记》以来，中外学者进行了热烈讨论。学者们综合中国古代文献中的记载，对王玄策出使印度进行了深入研究。有的学者认为王玄策一共出使 3 次，也有学者认为出使过4次。本文采纳3次说。学者们一致认为，王玄策曾经到过次大陆的许多地方，其中包括乌仗那、犍陀罗和咀叉始罗，这三个地方都在今巴基斯坦境内。烈维还指出，王玄策于657年奉使印度，去大菩提寺送佛袈裟。时有中国法师玄照在印度，后由王玄策携之归国。那次是先经过泥婆罗国，于660年到达摩诃菩提寺；当年十月西北行，661年到达罽宾国。此罽宾国即迦毕试（Kapisa）。[①] 关于王玄策访问罽宾事，史料虽不够充实，却足可置信，而且尚与僧人玄照访问罽宾有关，具体可参见孙修身先生的考证[②]，此处不予细论。而关于罽宾国，详见后文。

## 五、慧超记滥波和罽宾国

新罗僧慧超大约于开元十一年至开元十五年（约723～727年）间巡礼“五天竺”，比玄奘访问次大陆晚了将近百年。慧超回到唐朝后曾写下《往五天竺国传》一书，虽其规模与意义都无法与《大唐西域记》相比，但也具有一定的史料价值。

下面将其游览波国（滥波国）和罽宾国的见闻录出，既可以作为玄奘记载的补充，又可加深我们对古代阿富汗的认识。

> 又从此建驮罗国西行，入山七日，至览波国。此国无王，有大首领，亦属建驮罗国所管。衣着言音，与建驮罗国相似。亦有寺有僧，敬信三宝，行大乘法。
>
> 又从此览波国西行入山，经于八日程，至罽宾国。此国亦是建驮罗王所管。此王夏在罽宾，逐凉而坐，冬往建驮罗，趁暖而住。彼即无雪，暖而不寒。其罽宾国冬天积雪，为此冷也。此国土人是胡，王及兵

① 〔法〕烈维：《王玄策使印度记》，冯承钧译，商务印书馆，1995，第3页。
② 孙修身：《王玄策事迹钩沉》，新疆人民出版社，1998，第208～210页。

马突厥，衣着言音食饮，与吐火罗国大同少异。[①]

慧超是从犍陀罗（建驮罗）国西行进入览波国的，其记载与玄奘的记载有相同处也有不同处。明显的不同在于，玄奘说滥波国是迦毕试国的属国，而慧超说其地归建驮罗（犍陀罗）国管辖。慧超又从览波国继续西行，进入罽宾国。据学者张毅考证，此罽宾国即迦毕试国[②]。慧超说罽宾国也为犍陀罗所管辖。说的是其国王和军队都是突厥人。这显然是玄奘离开那里之后发生的变迁。然而，更大的变迁还刚刚开始，大食阿拉伯人已经带着《古兰经》进入次大陆了。

## 六、悟空出访罽宾

据《宋高僧传》卷三、《大唐贞元新译十地等经记》等，悟空（731～812年）又名法界，为京兆云阳（今陕西泾阳县云阳镇）人，俗姓车，名奉朝，为后魏拓跋氏的后裔。他自幼聪明好学，爱读书，孝悌之名传遍乡里。

唐玄宗天宝九载（750年），罽宾国（此处指迦毕试国，今阿富汗喀布尔和卡皮萨省为主的地区，但也包括今巴基斯坦北部一些地区，详见下文）遣其大首领萨波达干（Sarvadarkhan）与法师舍利越摩（Srivarma）来唐朝访问，表示愿意归附大唐，请派使节前往巡按。次年，玄宗皇帝派中使张韬光携国书率40余人使团西行。车奉朝以左卫泾州四门府别将的官职受命随行。使团取安西路（此处指吐鲁番至库车，再至喀什噶尔的路线），到疏勒（喀什噶尔），次度葱山（塔什库尔干附近的雪山），穿过瓦罕走廊，到护密国（今阿富汗伊什卡什姆）。然后经过拘纬国（今巴基斯坦北境之奇特拉尔）等地，到乌仗那国（今巴基斯坦斯瓦特河谷地区）。再向南渡过喀布尔河，于天宝十二载癸巳（753年）二月抵达乾陀罗城（即犍陀罗，指今巴基斯坦白沙瓦一带），此地当时是罽宾国的东都。

---

① CBETA, T51, no. 2089, p.977, c15–24。

② 〔唐〕慧超：《往五天竺国传笺释》，张毅笺释，中华书局，1994，第88页。

在乾陀罗城，张韬光一行受到国王的礼遇。在完成使命后，张韬光等回国时，车奉朝因患病，滞留当地。他发愿：若能痊愈，必当出家。他一病三年多，待痊愈后，于唐肃宗至德二年（757年）拜大德舍利越摩门下，落发为僧，法号达摩驮都（Dharmadhatu，意为法界），时年27岁。两年后，他在迦湿弥罗国受具足戒，学习根本说一切有部律仪及梵语4年，并巡礼附近诸佛寺。后又南游中天竺，亲礼佛祖诞生、成道、初转法轮、涅槃，以及驻锡和传法等处的八大灵塔和其他圣迹，居留那烂陀寺三载。

至广德三年（765年），因久羁外国，思念君亲，欲返中土。舍利越摩初不同意，经他再三请求，舍利越摩方才同意，并亲自授其梵本《佛说十地经》《佛说回向轮经》《佛说十力经》和佛牙舍利一颗，洒泪相别。法界初拟泛海而归，因虑沧波险阻，仍改北向陆路返国，途经吐火罗（今阿富汗北部、乌浒河南一带）、疏勒、于阗（今新疆和田地区）等多国，走走停停，到达龟兹（今新疆库车）。此时，遇“语通四镇，梵汉兼明”的三藏法师勿提提羼鱼，法界请他将《佛说十力经》一卷翻出。再经焉耆，到北庭（治所在今新疆吉木萨尔北破城子）。在此应节度使杨袭古与龙兴寺沙门大震之邀，与于阗三藏尸罗达摩（Siladharma，意译戒法）合作，译出《佛说回向轮经》1卷和《佛说十地经》9卷。达摩读梵文并译语，大震笔受，沙门法超润文，善信证义，法界证梵文并译语。他们合作译出的诸经在贞元十五年（799年）奉敕编入《贞元新定释教目录》。当时适逢四镇北庭宣慰使中使段明秀来北庭，法界遂于唐德宗贞元五年（789年）随他东行，次年返抵京师长安（有说贞元五年是到达时间），敕于跃龙门使院安置。所译佛典汉本随身带来，而梵文原本则留藏龙兴寺。段明秀将佛牙舍利及佛经进奉朝廷。不久蒙敕住长安章敬寺，赐名悟空。后返云阳探望双亲，其双亲坟树已拱。

1991年第4期《文博》曾发表刘随群短文《悟空禅师塔及相关问题》，言悟空塔在陕西省泾阳县北的嵯峨山巅，初建于唐大中十四年（860年），明嘉靖二十年（1541年）由僧人如通等重建石塔，并勒铭。刘文笔录塔铭很有价值，可补文献之不足。由塔铭得知，悟空为京兆云阳（今陕西泾阳县云阳镇）人，为后魏拓跋氏之远裔，父姓张，母姓车，字朝奉，号晋沛，“谥”悟空。黄盛璋据以发表《关于悟空禅师塔铭主要问题辨正》一文，补足铭文，订正刘文之误，并考证出悟空生年为731年，又据塔铭记载，悟空元和七年（812年）卒于嵯峨山巅护法寺，享年82岁。[①]

## 七、唐代的罽宾国

继上文张韬光和悟空访问罽宾国的话题，我们注意到，这个时期，罽宾国和唐朝的关系非常密切，所以这里要特别解释一下"罽宾国"这个词，解释一下唐代罽宾国的地理位置问题，因这个问题直接关系到唐代中阿文化交流的实质内容。

罽宾，这是一个历史遗留下来的概念，是中国古人对巴基斯坦北部（包括阿富汗）某些地区的一个习惯性称呼。不同历史时期，其具体指向不同。

例如，《汉书·西域传》中的罽宾国，往往指今巴基斯坦北部的喀布尔河中下游地区，也包括今阿富汗的部分地区。而《魏书·西域传》中的罽宾国，则往往指的是今克什米尔地区。《隋书·西域传》中的罽宾概念则有点混乱，有时指克什米尔，有时又说是"漕国，在葱岭之北，汉时罽宾国也"[②]。

到了唐代，《旧唐书·西戎传》和《新唐书·西域传》中的罽宾国概念又大体恢复到汉时的概念，同时又出现了一个"箇失密"或"迦湿弥罗国"（克什米尔）。而唐代之后，中国的正史中就不再有罽宾国这个地方了。

两《唐书》对罽宾国的记叙基本一致。《旧唐书·西戎传》中说：

> 罽宾国，在葱岭南，去京师万二千二百里。常役属于大月氏。其地暑湿，人皆乘象，土宜秔稻，草木凌寒不死。其俗尤信佛法。[③]

---

① 黄盛璋：《关于悟空禅师塔铭主要问题辨正》，《文博》1992年第6期，第13～17页。

② 〔唐〕魏征、令狐德棻：《隋书》，中华书局，1973，第1857页。

③ 〔五代〕刘昫等：《旧唐书》，中华书局，1975，第5309页。

《新唐书·西域传》所记稍有差异：

> 罽宾，隋漕国也，居葱岭南，距京师万二千里而赢，南距舍卫三千里。王居循鲜城，常役属大月氏。地暑湿，人乘象，俗治浮屠法。……天宝四载，册其子勃匐准为袭罽宾及乌苌国王。[1]

两《唐书》中的葱岭，是指兴都库什山，罽宾国在葱岭南，应指今阿富汗喀布尔及其周边地区，既包括迦毕试国（今阿富汗卡皮萨省一带，其遗址的今贝格拉姆），也包括漕国（即今阿富汗加兹尼省一带）。不仅如此，除了上面《新唐书》中提到的罽宾王兼管乌苌国（今巴基斯坦斯瓦特河谷地区）外，还有犍陀罗地区。据《宋高僧传·悟空传》，唐玄宗天宝年间（742～756年）犍陀罗国的都城（今巴基斯坦白沙瓦）也属于罽宾国，是“罽宾东都城”，罽宾王在那里接见中国的使团。[2]据说当时的罽宾王冬天居住在今白沙瓦，夏天居住在西都罽宾，即所谓“此即罽宾东都城也。王者冬居此地，夏处罽宾”[3]。这最后一个“罽宾”，指的是一个城市，应即迦毕试（Kapisa）的对音，其地在贵霜帝国迦腻色迦时代就是帝国的夏都。

总之，唐代的罽宾国在喀布尔河流域，包括今阿富汗东部和巴基斯坦北部的很大一片区域。所以，唐朝与罽宾的文化交流，在很大程度上既是中国与阿富汗文化交流的一部分，同时又是中国与巴基斯坦文化交流的一部分。

［特约编辑：曾琼］

① 〔宋〕欧阳修、宋祁：《新唐书》，中华书局，1975，第6240、6241页。
② 〔宋〕赞宁：《宋高僧传》，范祥雍点校，中华书局，1987，第50页。
③ 《大正藏》第17册《佛说十力经·译记》，新文丰出版公司，1983，第715页。

# 当代旅印游记中的女性书写

王春景[①]

**摘　要：** 游记文学研究中的性别差异日益受到国内外学者的关注，女性游记在作者身份、旅行动机和所记述的内容方面都表现出了独特性。在历史上，中国的旅印游记大部分由男性写就，2000年之后，女性作者才逐渐增多。旅印游记的女性作者在身份上多突出表现为个体性，社会角色模糊；在旅印动机上，这些赴印旅行的女性大致都存在对现实生活的不满或厌倦，去印度是为了摆脱某种纠葛，体验新的人生，并希冀获得精神的启示。女性游记塑造了不同于男性游记的新的印度形象。在她们笔下，印度是美丽的、浪漫的，印度人善良而热情，同时女性作者体会到强烈的性别差异以及作为女性的弱势地位。女性游记既塑造了新的印度形象，也呈现出当代中国女性的解放和独立。女性塑造的印度形象与集体描述是一种离心的关系，在很大程度上是一种个人性的描述，超越了当代中国人对印度的普泛理解，是对印度形象的刷新。女性游记作者在看待印度时，其情感态度处于崇拜和友善之间，几乎不存在憎恶和反感，印度的正面形象反映出女性在面对异域文化时的积极态度，她们对印度文化表现出充分的尊重和友善。女性笔下的印度形象更接近乌托邦的性质，其对印度的美化也隐含着对现实的批判，但在建构中国的印度形象及促进中印友好交流方面都具有积极的价值。

**关键词：** 印度游记；女性书写；比较文学；形象学

---

① 王春景（1973～），深圳大学人文学院教授，主要研究方向为印度英语文学、中印文学关系史、印度游记等。

中国历史上的印度游记大多由男性写就，如法显的《佛国记》、玄奘的《大唐西域记》等。近代以来涉及印度的游记创作也几乎是男性作者一统天下，新中国成立之初，中印友好交流频繁，一些女性作家、艺术家有机会参与中印文化交流，随之产生了女性作者书写的印度游记，其中以冰心的《印度之行》为代表，但总量较少，不成规模，在主题上主要与当时的中印友好主旋律相应和，具有浓厚的时代色彩。女性书写的印度游记到21世纪之后才出现繁荣局面，不仅报刊上发表的单篇游记、散文不计其数，据笔者统计，单是著作，2005年至2015年间就有20多种，且呈逐年递增的态势。在考察中国旅印游记的过程中，笔者发现其中存在着不可忽视的性别差异，女性对印度的记述与男性相比具有明显的不同，体现在对印度的感受、所记述的内容以及作者与印度的关系等方面。女性作家们在游记作品中描绘了所观察到的印度风土人情，表达了她们对印度复杂社会现象的看法，但更多地呈现出一个积极、正面、具有新意的印度形象，同时还塑造了在其他文学类型中未曾出现的中国当代女性形象。这些特征体现了女性在跨文化交流中的独特意义。

## 一、游记文学研究的性别视角

游记文学作为传统文学研究的边缘领域，在比较文学兴起之后受到越来越多的关注。巴斯奈特（Susan Bassnett）在其《比较文学批评导论》中提出，比较文学是“近期研究中最重要的发展之一，是改变对游记、日记、信件、翻译及旅行者他者文化经历故事的阅读方式”[①]。这种改变更多的是从跨文化对话这一比较文学的意义出发，追寻文本背后复杂的性别、政治、身份乃至民族文化问题，及其对跨文化认识的影响。从性别角度考察跨文化游记，是异域游记研究的思路之一。

从历史上看，因为社会对男女两性不同的规范和要求，很长时间内旅行的

---

① 〔英〕苏珊·巴斯奈特：《比较文学批评导论》，查明建译，北京大学出版社，2015，第107页。

主体都是男性，因此18世纪以来的旅行文学主要由男性创作而成。随着社会的发展、女性地位的提高，特别是女性主义的兴起，女性逐渐进入这个由男性主宰的领域，在此基础上，才慢慢地出现了女性创作的游记文学。女性游记文学的兴起，使得国内外学者逐渐认识到游记文学中的性别差异，并在这方面展开了丰富深入的研究。20世纪90年代，巴斯奈特在《比较文学批评导论》中就比较了男性作者金雷克与女性对东方所做的不同描述，她认为：金雷克的创作“同那些女性作家为了反驳男性对东方的幻想性描述而展开的有意识的努力相比，形成了鲜明反差，这种反差也体现了游记写作的性别化”①。

游记文学在写作内容上表现出明显的性别差异，女性为游记带来了新的主题和内容。在面对异域文化时，女性不仅仅能感知文化上的他者，也能直接体会到女性在特定社会文化系统中的地位，其关注点与男性有所不同。霍特菲尔德（Peter Whitfield）在游记史的梳理中就注意到了这一差异：“20世纪70年代以来，游记写作中的第二个新生力量来自女性主义。女性主义创作改变了传统的游记的主题。如戴维森（Robyn Davidson）1980年出版的《足迹》（*Tracks*），描述了她骑着骆驼穿越澳大利亚的经历，这类游记的传统主题是物质上的窘迫与个人的孤独，但戴维森开辟了新领域，她用故事来批评澳大利亚根深蒂固的对女性和种族的偏见”②。女性身份使她注意到被男性旅行者忽视的内容，而这一身份本身不仅仅是生物学意义上的，更多的是文化意义上的。社会地位和生活境遇决定了女性会关注特定的生活层面，这一既定视角也会影响到她们对异域文化的观察。“确实，女性游记的作者经常专注于家庭琐事，如衣服、食物；她们表现出对家庭结构和抚育子女的兴趣；有时，她们带着同情来描写同性，把自己与她们联系在一起，而不是将自我置于被观察的客体的对立面。”③从西方异域游记的历史来看，男性作家的写作一般带有公共目的，是为了完成某个社会集团或者机构的任务，而女性作家大多作为随行者，因此她们的记述多会侧重个人体验。“虽然丈夫和

① 〔英〕苏珊·巴斯奈特：《比较文学批评导论》，查明建译，北京大学出版社，2015，第130页。

② Peter Whitfield, *Travel: A Literary History*, Oxford: Bodleian Library, 2012, p.274.

③ Shirley Foster and Sara Mills eds., *An Anthology of Women's Travel Writing*, Manchester: Manchester University Press, 2002, p.11.

妻子说着同样的语言，运用同样的词汇，但他们不见得对周围的新世界有相似的反应。他们的个人目的有所差异；他们所恐惧的也有所不同。对男人来说，旅途中的危险可以被旅行结束之后经济上的奖赏所抵消，对女人来说，伴随着诸多险境的陆上旅行更强化了对家庭安全和生存的日常关切。”① 对家庭、个人的关注，对女性的共情并非是女性天生就有的自然属性，而是女性社会化过程中被规范的结果，因此，女性游记中的差异反映的是不同性别社会身份上的差异。

已有多位理论家指出，分析旅行文学中的性别差异时要注意其背后的社会文化内涵，不能简单化性别差异，应警惕对游记写作进行性别本质主义的判断。如著名的后殖民理论家斯皮瓦克（Gayatri C. Spivak）就反对把女性看作一个“集体”的概念，她在《一门学科之死》中指出：“曾一度有过，而且现在依然有一些宏伟的尝试，就是人们力图把世界上所有的妇女置于同一法律之下，同一市民社会当中，这些又是由国际间彼此分散开来同时占据主导地位的妇女掌控着，这两种集体却被视为一个整体。”② 游记文学中出现的性别差异不仅仅来自于性别，而是与构成性别文化的历史、文化、政治等纠结在一起。正如希吉尔（Kristi Siegel）所指出的：“不对种族、阶级、空间、历史境遇及权力这些决定性因素给予充分的注意，任何对女性游记的结论都是毫无意义的。”③ 福斯特（Shirley Foster）与米尔斯（Sara Mills）在此基础上提出：“男性游记与女性游记的不同不仅存在于文本的内容，更多地存在于读者群体根据各自的社会与历史立场评价和阐释这些文本的方式。”④ 米尔斯在《差异话语——女性游记与殖民主义的分析》中提出，社会制度及殖民主义的双重压力决定了女性游记与男性游记不同的内容。“女性游记可看作对制度压力的反应，倾向于通过表达自我来展示她们所关

① Shirley Foster and Sara Mills eds., *An Anthology of Women's Travel Writing*, Manchester: Manchester University Press, 2002, p.257.

② 〔美〕加亚特里 · 查克拉沃蒂 · 斯皮瓦克：《一门学科之死》，张旭译，北京大学出版社，2015，第 54 ~ 55 页。

③ Kristi Siegel ed., *Gender, Genre & Identity in Women's Travel Writing*, New York: Peter Lang, 2004, p.1.

④ Shirley Foster and Sara Mills eds., *An Anthology of Women's Travel Writing*, Manchester: Manchester University Press, 2002, p.9.

注的问题。"[①]由此看来，女性游记的独特性来自历史传统和社会语境，值得深入挖掘。

中国的研究者也注意到游记文学中的性别差异。在《旅行故事：空间经验与文学表达》一书中，李萌昀研究了中国古典小说中的旅行书写，在《妇人旅行故事》一节中提出："旅行是一种等级森严的社会行为。人们根据各自身份的不同，享有不同的权利。一般来说，男性的身份由职业决定……对女性来说，性别就是她们的身份。"[②]作者分析了中国古代小说中的女性旅行书写，认为：因为男尊女卑的传统，女性的旅行受到严格限制，首先面对的是贞节的危机，再次是女性的能力和知识的欠缺，女性只有在符合男性中心主义价值的情况下才会有合法的旅行，那就是为了男性旅行和作为男性旅行。这一认识与西方学者的看法是一致的。希吉尔在分析美国电影中的女性旅行主题时，也指出了合法的女性旅行必须是为了男人的，或者是作为男人的，也就是女扮男装，假扮男人旅行。[③]

总之，无论从文本、作者还是读者的角度，女性的游记书写确实表现出与男性游记不同的特征。国外学者对女性游记的研究多在殖民话语研究的大背景之下，因此其看法不能直接移植到对当代中国的女性游记特别是旅印游记的研究中，但也具有一定的启发意义。从性别的角度来看，女性进入跨文化的语境，其自然性别及社会性别的特征与男性相比都具有很大差异，在性别文化较为传统的印度，女性更深切地体会到作为女性的局限，她们对印度的感受与男性必然出现很大不同，这在游记书写中就呈现为不同的叙事内容与主题。

## 二、女性游记作者的身份及旅印动机

印度与其他旅行目的地有着天然的不同，其悠久的历史、复杂的文化、纷繁

① Sara Mills, *Discourses of Difference: An Analysis of Women's Travel Writing and Colonialism*, New York: Routledge, 1991, p.19.

② 李萌昀：《旅行故事：空间经验与文学表达》，人民文学出版社，2015，第 159 页。

③ Kristi Siegel ed., *Gender, Genre & Identity in Women's Travel Writing*, New York: Peter Lang, 2004, p.55.

的现实是世界其他地方所无法比拟的。中国人对印度的想象受传统佛教观念的影响，认为那是佛国印度，其神秘的宗教文化让人心存向往，而混乱芜杂的现实又不免让人心生惧怕。不论男性或是女性，赴印的中国人都有对印度的集体想象，同时也会感受到印度现实所带来的冲击。但总体看来，女性游记作者在身份和旅印动机方面与男性存在着差异。

从游记文本对作者的介绍来看，这些女性作者虽然有着不同的性格和爱好，对印度的感情也有差异，但她们在教育背景、文化水平和经济基础方面具有诸多共同之处，一般都具有良好的高等教育背景，事业上小有成就，经济上基本独立。如《印度，去十次都不够》的作者袁田的自我介绍："复旦大学经济学士，英国曼彻斯特商学院金融学硕士，曾就职于财经媒体、私募基金，拿着与自己能力不符的高薪。"[①]对《菩提树下太阳雨——印度心之旅》的作者尹岩的介绍是："本书作者尹岩是国内著名媒体人，留法学习工作9年，归国后在包括影视、杂志和广播等国际媒体中担任要职，其中包括著名国际女刊《ELLE——世界时装之苑》主编职务。"[②]《印度瑜伽圣地密码》的作者红尘，曾做过《新女性》杂志执行总编、《希望》杂志总编助理，出版有小说和旅行文学作品。同时，她还有一个身份是大学教授。笔名阿驴的谭斯颖，曾在西藏媒体工作，在泰国留学两年。《去印度学倒立》的作者吴苏媚是"来自苏州、热爱自由的水瓶座女子，爱看电影爱看书，专职游手好闲"[③]。《复制·爱——一个单身女子的尼泊尔与印度之旅》的作者禹莎是某机关的内部刊物编辑，曾出版《将梦想装进行囊》一书。

可以看出，女性游记作者大多有着很好的文化背景、较高的工作能力、独立的经济基础。她们的文化背景和经济状况反映了中国女性地位的提高，这使得她们可以选择各种工作，有经济条件和心理能力四处游走，并且，较高的文化水平给了她们开放的心胸，去观察、欣赏甚至接受异域文化。

与同时期的诸多旅印游记的男性作者相比，这些女性游记作者虽然衣食无忧，但她们不像男性作者那样具有明确的社会角色，得到相关机构的支持并带着

---

① 袁田：《印度，去十次都不够》，江苏人民出版社，2012，第3页。
② 尹岩：《菩提树下太阳雨——印度心之旅》，中国青年出版社，2005，第4页。
③ 吴苏媚：《去印度学倒立》，江苏人民出版社，2012，第5页。

某种社会身份来到印度，如外交官、访问学者、交流的作家等，甚至于她们还卸下了妻子、女儿、母亲这些家庭角色，仅仅作为独立的人主动选择进入印度，观察与体会印度文化。她们赴印旅行更多地是作为个人去印度进行文化体验和精神上的追寻。

除了社会身份及旅行角色方面的差异，旅印游记女性作者与男性作者的最大不同是这些女性作者在印度更突出地感受到了作为女性的特殊性，体会到性别差异。印度文化的核心是宗教文化，其男权中心主义观念根深蒂固，尽管在信仰领域存在诸多女神，但现实生活中女性的地位仍普遍低于男性。无论是在私人生活领域还是在公共社会生活中，女性都处于第二性的位置。中国也不同程度地存在性别歧视，但男女平等的思想在一定程度上已经深入人心，特别是接受过高等教育的女性更是崇尚平等。在这样的背景下，女性进入印度与男性进入印度必然是不同的事件，实践者也必然有着完全不同的体验。当女性旅印作者被印度男人凝视、追逐时，她们更深切地体会到了印度文化作为异域文化的不同。

在面对陌生的印度时，她们首先体会到作为女性的自然身份，体会到作为女性独自出游印度的危险。不止一位女性作者描述了自己在印度遭遇的骚扰和不适，这是许多男性作者不会涉及的内容。如《走得越远，离自己越近》的作者洪梅在“疯狂小色鬼”一节中写道：“来印度之前，就听说一些印度男爱骚扰外国女性，所以建议女子不要单独行走，最好有个伴，最好是男伴，并以夫妻相称，我和汤姆就是。在印度只有已婚妇女才会受到尊重，单身女子柔弱无助，这就成了他们的机会。”①她描述了自己在街上行走时被一群印度少年尾随的经历。禹莎也写到自己在购物时被一群男人包围，其中不乏不怀好意的咸猪手，她只好尽快挑选，夺路而逃。②《非常印度》的作者黄景路记述了自己在汽车站看到的景象：“从他们饱经风霜的面庞里射出一道道直勾勾的目光，目不转睛地注视着我这个在沙漠高速公路上独行的东方女子的一举一动。”③这种突然被凝视的境遇让女性游记作者感受到不适和危险，感觉到作为女性的弱势。这是男性作者所无法体会到

① 洪梅：《走得越远，离自己越近》，新星出版社，2014，第 38 页。
② 禹莎：《复制·爱——一个单身女子的尼泊尔与印度之旅》，人民交通出版社，2014，第 152 页。
③ 黄景路：《非常印度》，东方出版中心，2010，第 193 页。

的。然而，这种特殊遭遇并没有影响女性作者对印度文化的探索以及对印度社会的综合评价，它表现了中国当代女性在对待异域文化时的宽容态度和强烈的求知欲。

从旅行的动机来看，这些赴印旅行的女性也有着大致相似的一面。她们都存在对现实生活的不满或厌倦，去印度的目的是为了摆脱某种纠葛，体验新的人生，并希冀获得精神的启示。或者说，这些女性游记作者不满足于现状，对生活和未来充满了好奇，具有毫不畏惧的冒险精神。这一点或许是女性旅行者的普遍特征，她们选择旅行，就是选择了不同于普通女性的生活方式。巴斯奈特在《旅行写作与性别》一文中指出："与通过旅行发现男性霸权的男性旅行者不同，女性旅行者都是为了逃离家庭或社会的某种处境而选择旅行。"[①]这一点在中国女性印度游记作者身上也有所体现。

袁田是因为在26岁撞上一座叫作"不满"的墙，便决定远走印度；红尘是因为自己所经历的生活太过舒适和安逸，耽于享乐而不思进取，看了福斯特的《印度之行》后，感受到来自印度的神奇力量的召唤；尹岩则是在失去爱情、遭遇婚姻的变故之后，在"懵掉""失重""无所适从"的心理状态下，去印度寻求"滋润生命的慈霖"；吴苏媚也是在社会生活中感受到"无方和迷茫"，掉进欲望的怪圈，"心灰透了"时，在困惑中决定去印度寻求改变……

可以看出，这些女性在去印度之前，都遭遇了生活中某些情绪的冲击，人生陷入困境，她们旅印的目的就是为了寻求摆脱困境的方法。她们中的大多数人对印度都怀有精神上的期待，期待获得智慧的启迪以摆脱现实中的苦闷。这一动机决定了她们看待印度的视角：挑剔少、欣赏多，批判少、神化多。

因为有了与男性作者不同的身份和体验，女性游记在所记述的内容和情感态度方面都表现出了某种差异。从女性游记的题目就可看出，女性对印度的感受更偏向正面的因素，如《印度，去十次都不够》《菩提树下太阳雨——印度心之旅》，这些题目本身表达了她们对印度的向往和喜爱之情，与《千年一叹》《印度走着瞧》等男性作者的印度游记名称相比，这种正面积极的情感倾向显得更加清

① Peter Hulme and Tim Youngs eds., *The Cambridge Companion to Travel Writing*, Cambridge: Cambridge University Press, 2002, p.226.

晰。在这样的动机和积极的情感态度下，她们或长或短的（吴苏媚写印度游记时已去过印度三次，袁田在印度近三个月，谭斯颖两个月，尹岩 21 天）印度之旅的记录，呈现出独特的女性体验，勾勒出不同的印度形象。

## 三、女性笔下的印度之美

男性游记作者经常记录的印度的贫穷、混乱、肮脏，女性游记作者同样要面对，与此同时，她们还要面对来自男性的骚扰和危险。但即便如此，女性游记作者依然记述了她们所看到的印度美的一面：美丽的自然、热情善良的印度人、神秘的灵性世界以及深不可测的印度智慧。

女性的旅印游记大部分集中在个人体验，对印度历史、宗教的知识性介绍较少。布兰顿（Casey Blanton）在《旅行写作：自我与世界》一书中，认为游记分为两种类型，即科学的与情感的。科学型的游记以记录某地的历史、习俗等知识为主要内容，情感型的游记更注重作者的感受。作者回顾了西方古代以来的游记作品，认为到了 20 世纪，"社会和心理的问题比地方和事件的描述占有更重要的地位"[①]。这一特点在当代中国女性的印度游记中也有突出体现，作者们记述的情感型内容远远多于知识型内容。从所记述的旅行路线来看，女性游者走过的也大多是印度的名胜古迹、宗教圣地及现代化的大都市，如德里、加尔各答、瓦拉纳西、斋浦尔、泰姬陵、甘地墓、印度门，所经历的大多数事件是印度的宗教节日、祭拜仪式、婚礼和葬礼等。在这 20 多部游记作品中，只有黄景路的文字以知识性、写实性见长，其他的都表现出强烈的主观色彩甚至抒情色彩，如尹岩的《菩提树下太阳雨——印度心之旅》充满爱的憧憬和温情，禹莎的印度游历一路伴随着 S 的爱情，她每天都会收到 S 的短信，在困境中 S 突然出现，表白自己的爱情，整部作品俨然成了爱情小说。这种主观性和情感性是女性游记的突出特征，反映出女性作者与男性作者对印度不同的情感态度。她们极少抱怨印度的

① Casey Blanton, *Travel Writing: The Self and the World*, New York: Routledge, 1995, p.4.

脏乱差，看待印度有着更为积极和宽容的心态，因此她们看到的、描绘出的是美与善的印度、富于智慧的印度。正如尹岩所说："如果你问我，印度是否穷、脏、乱，我可以回答你：完全是的。但是，我要讲述的不是这些，因为，这真的不是印度最本质的，也不是我们所最要在意的。"①

## （一）美丽的自然与城市

印度在女性作者笔下呈现出一种诗意的美。其中自然景观本身的美是重要的组成部分。读者在她们的游记中，随处可见对美丽自然的描写，在充满情感色彩的描述中，印度披上了一层浪漫的色彩。洪梅记述了印度人生活中随处可见的芬芳的鲜花："女子头上爱戴白色的大串茉莉，从头到脚飘着香气。礼神也用鲜花，诸如红色的玫瑰、橘黄的万寿菊等。人死后，遗体同样会裹上花环。"②禹莎则描写了德里街头的动物王国："悠闲的牛、懒散的马、拖沓的骆驼、痞气的猴子、泰然的大象，还有草地上四处奔跑的松鼠、树枝上跳跃的啄木鸟、隐天蔽日的鸽子乌鸦……"③这些描述呈现出印度生活自然和谐的一面，植物、动物的多元共存反映出印度人对传统生命观的坚守及其在现代化进程中的主体性，多样生命形式的展现给观者以丰富的美感。

在描绘印度的美这方面，吴苏媚的游记最具代表性。她细致记录了自己三次赴印度的经历，人文景观内容极为丰富。吴苏媚去了几十个地方，除了旅游名城，还有一般游客不会去的古城遗址。比如古代维查耶纳伽尔王国（Vijayanagar）的首都遗址，现在的南印度城市亨比（Hampi），艾哈迈达巴德（Ahmedabad）的地下贮水建筑达达·哈里台阶井（Dada Hari Nivav）等。她笔下的印度，古老与现代并行，文明与信仰同在，处处充满艺术色彩。她去了孟买，赞叹老城的繁华和历史感："我被戈拉巴（Colaba）这个孟买南端最繁华的街区给迷住了：它有着梦一样的电影场景，处处都是宏大叙事风格的殖民时期古老建

① 尹岩：《菩提树下太阳雨——印度心之旅》，"书前的话"，中国青年出版社，2005。

② 洪梅：《走得越远，离自己越近》，新星出版社，2014，第43～44页。

③ 禹莎：《复制·爱——一个单身女子的尼泊尔与印度之旅》，人民交通出版社，2014，第126页。

筑，缓慢从容地诉说着沧桑传奇，似乎它随时可以穿越回过去的时空，种种美妙的事物都音容完好，说得出来历。”[①]她记录了海边城市果阿（Goa）的美：“在粗犷黝黑的岩礁外面，直接就是浪卷千堆雪。”[②]书中还有对美丽的达尔湖的细腻描绘：“自然的力量在这里纵横生长，欢跃的飞鸟不断地在天空中划出痕迹，成群的野鸭若无其事地梳理着粼粼波光。深绿色莲叶似乎存有吞噬一切的雄心，又有一种悄然的抵死缠绵。散漫的云堆与水波微澜像一对偶然相遇的恋人般轻轻吻着，细诉衷肠。”[③]

女性对印度自然景象和生活场景的描述批判和挑剔较少，更多的是沉浸其中的欣赏和共享。这些文字具有丰富的情感色彩，体现出女性作者对印度风景的欣赏和对印度生活方式的认同。

## （二）善良的印度人

除了自然和人文景观，印度之美的构成也少不了善良热情的印度人。在这方面女性作者虽然也记述了一些负面信息，但依然呈现出很多善良、热情的印度人形象。

吴苏媚以赞美的笔触描写了她遇到的印度人。在拉达克（Ladakh），她看到了温柔、和谐的一家人；在去黑美寺的时候，一直在搭顺风车，未碰到任何危险，同意她搭车的大叔还专门多跑了几公里把她送到目的地，回程的时候，三个印度人又带她回来。她甚至感慨道：“在拉达克旅行，真的可以刷脸卡过日子啊，只要往路边一站，就一定会有‘雷锋’停下来载一程。”[④]在她的心中，印度人都是性情温良的：“印度人的脾气太好了，我都想不起来有什么印度人凶过我。”[⑤]吴苏媚让我们看到了印度人的善良、友好、宽容。与很多男性作者所记述的充斥着

① 吴苏媚：《去印度学倒立》，江苏人民出版社，2012，第 5 页。
② 吴苏媚：《去印度学倒立》，江苏人民出版社，2012，第 8 页。
③ 吴苏媚：《去印度学倒立》，江苏人民出版社，2012，第 120 页。
④ 吴苏媚：《去印度学倒立》，江苏人民出版社，2012，第 109 页。
⑤ 吴苏媚：《去印度学倒立》，江苏人民出版社，2012，第 206 页。

骗子与小偷的印度相比，她的游记让我们看到了印度美好的一面。《印度，改变一生的旅行》的作者贺泽劲也记述了印度人的善良和热情。在去金奈前，饭店老板为让她赶上班车热情地帮忙叫车，还对司机切切叮嘱。“司机载着我一路狂奔，刚好赶上去金奈的车。他帮我把行李扛上车，转身离去时留给我善良而可爱的笑容。有些错愕，我怎么老在印度遇到好人啊？”[①]她还记述了在科钦参加当地人婚礼的情景，虽然都是全然陌生的人，但因为她参加了婚礼，就被很多印度人认作朋友。“被认作朋友的巨大好处是，总有陌生人停下来跟你打招呼，总能在口袋里没零钱的时候赊账，无论在哪儿都可以得到友善的微笑。”[②]

印度人的善良和热情给她们留下了深刻的印象并被大量书写在游记中，这使得她们在旅途中曾遭受的异性凝视显得不那么突出，因此总体上呈现给读者的仍是一个安全的印度。她们在看似脏乱差的印度形象之上增添了明亮的色彩。

## （三）记录印度的女性文化传统和现实变革

作为女性，这些游记作者在印度生活期间有接触印度女性的便利，对印度女性也表现出更多的关注、同情和欣赏，这是她们的游记在记述内容上与男性游记相区别的部分。她们记述了历史上印度女性的遭遇、现实中印度女性的成长，让读者了解到印度女性文化的丰富内涵。

印度女性文化有其特殊性，古老传统中的萨蒂制（寡妇自焚）、嫁妆制都是束缚女性的枷锁。当代印度女性的生活状况如何？那些古老的律令还起作用吗？这是很多女性游记作者关注的问题。就像贺泽劲在后记中指出的：“我的旅行故事中大多写的是与古怪有关的故事，种姓和妇女是我最关注的，也是这个国家最无法解释的方面。”[③]

黄景路对印度流传已久的萨蒂传统表达了深切的同情。对历史上印度女性以自焚反抗外敌的壮举所产生的同情与感动共存的复杂心理，使得她不是简单地将

① 贺泽劲：《印度，改变一生的旅行》，广东旅游出版社，2014，第53页。
② 贺泽劲：《印度，改变一生的旅行》，广东旅游出版社，2014，第53页。
③ 贺泽劲：《印度，改变一生的旅行》，广东旅游出版社，2014，第215页。

之解释为奇风异俗。在《自焚者的红手印》中，作者叙述了寡妇自焚在印度历史中形成的过程，对那些无奈自焚的女性表现出深深的同情："比卡内尔号称'红色之城'，它的红宫墙如同红红的大火燃烧着血肉之躯的红手印，烧得我的心中一阵难言的悲哀。"[①]拉贾斯坦（Rajasthan）的寡妇自焚与历史上的抵抗外敌有直接联系，从14世纪初一直到16世纪中期，拉贾斯坦长期遭受穆斯林的入侵，印度教徒的失败造成女性集体自焚的诸多悲剧，最后成为一种风俗。"丈夫一旦去世，她们依然要履行寡妇自焚的义务。一如大难临头的前辈贵族妇女，她们要把自己打扮一新，穿上新婚时的盛装，向熊熊大火迈出庄严的步伐。临上篝火前，她们把手掌重重地按在准备好的湿塑泥上，给后人留下瞻仰的崇拜物。这些手掌印最后都会被风干染红，高高地悬挂在城堡的出入口示众。"[②]虽然作者认为印度的寡妇自焚跟中国女人的小脚鞋一样落后，但是这段描写依然带有某种悲情色彩。

还有作者关注到印度特殊的性别群体海吉拉（非男非女的第三性别者），其记叙的态度也是平等、开放且富于情感的。在去贡德尔的路上，吴苏媚巧遇一位海吉拉，由此她介绍了印度史诗中的故事，让读者了解海吉拉的历史。她与名叫索菲亚的海吉拉交流，称其为"神的新娘"，表现出平等意识和文化上的开放心态。索菲亚在下车时吻了她一下，作者讲述自己经历了"突如其来的眩晕之美"，将这一行为看作"一种友善的祝福"[③]。可见，作者怀着开放的心胸，以尊敬和喜悦的心态来描写被主流社会鄙视的性边缘群体。

女性游记作者还通过记录印度当代女性的生活，让中国读者了解到印度当代社会已经发生的很多变化：女性虽然依然是低于男性的第二性，但她们已经走出家庭，进入社会，开始为主宰自己的生活而努力。马宇歌在《去印度成长》中记述了印度女硕士露娜的故事，呈现了一个接受高等教育、勇敢追求爱情的印度当代女性形象。露娜来自阿萨姆邦（Assam），在尼赫鲁大学攻读硕士学位。作为露娜的同学，马宇歌得以近距离深入地了解这个印度女性的生活和内心世界。露

① 黄景路：《非常印度》，东方出版中心，2010，第112页。
② 黄景路：《非常印度》，东方出版中心，2010，第117页。
③ 吴苏媚：《去印度学倒立》，江苏人民出版社，2012，第17页。

娜和丈夫是“私奔”结婚的，她不顾自己父母的强烈反对，甚至不惜与他们断绝关系，执意坚持与自己选择的婚姻伴侣一起生活，她的娘家几次试图把她抢回去，但最后都没有成功。同时，她不像大多数女性一样结婚后以家庭为重，而是选择继续读书深造。她在重点大学读硕士，丈夫在农村老家开着一个小复印店。她希望以学习成绩证明自己的选择是正确的，也希望得到家人的认可，因此学习压力很大。露娜的经历赢得了马宇歌的尊敬，“由于背叛主流价值观，‘私奔’被塑造成了行为不检点的代名词。而露娜的‘私奔’却让人肃然起敬，又陷入沉思”①。假期里，她跟随露娜到她的家乡做客，亲眼目睹了露娜如何改变了自己的命运。露娜回到了婆家，她的父亲听说后就气势汹汹地来兴师问罪，露娜面对父亲虽然非常紧张，但最终她用自己对爱情的执着打动了父亲，得到他的认可，并最终顺利地举办了婚礼。露娜的故事让读者看到了印度社会包办婚姻的传统，同时也呈现了印度当代女性独立自主的一面，露娜所代表的年轻一代印度女性正通过自己的努力改变社会上的流行观念，也改变着自己的生活。

在露娜的家乡，马宇歌还近距离观察了村庄里劳动妇女的生活，记述了印度劳动妇女的勤劳能干和美丽，并对其中一位劳动妇女进行了特写：“她……把儿子往腰间一挎，一只胳膊托住他的小屁股，两手伸在前面麻利地洗衣服。”②作者观察她的一颦一笑，感觉到她的美有种震慑人心的力量。

在观察印度女性时，女性作者也自然而然地比较了中印女性地位的差异，认识到中国女性解放的成绩，中国女性在个人生活和公共生活中已经获得了很大的自由，与印度女性相比，这一点就更加突出。印度当代女性虽然在受教育和参与社会生活方面有很多进步，然而在个人生活方面还存在很多无法逾越的禁区，在日常生活中，行为举止、服饰打扮都受到更多的约束，“女人穿得稍微暴露一些（比如膝盖以上的裙子）走在街上，就会被人指点、说闲话”③。印度女性在婚后大多回归家庭，选择做职业妇女的还是少数。印度社会中男性中心主义比中国严重很多，印度女性的解放之路迢迢远也。

---

① 马宇歌：《去印度成长》，漓江出版社，2013，第45页。
② 马宇歌：《去印度成长》，漓江出版社，2013，第81页。
③ 马宇歌：《去印度成长》，漓江出版社，2013，第60页。

## （四）浪漫的印度

与男性游记作者不同，女性游记作者更容易与异性接触。这些接触中有令人不快的纠缠骚扰，也有充满浪漫气息的传奇故事。其中所表达的欲望和激情呈现出女性游记作者对印度的另一种想象。

很多女性游记作者都记录了亲身经历的激情一刻，如贺泽劲在游记中写了“突如其来的求婚”；孙佳描述了乌代布尔男子的迷人：“原以为只是 MAX 一家姿色不凡，等到日头高升、行人渐多时在街上一转，一下被乌代布尔男子的风度勾住了魂。……乌代布尔的男子几乎个个出落得水边柽柳般清雅可爱，身姿挺拔，语音柔和，清洁的棕色皮肤，浓得像夜色的头发，眉眼又像乌墨画上去那般黑。”[①]阿驴描述了穷追不舍的瓦拉纳西印度青年“突如其来的爱情表白”。“我不是个疯狂的旅者，我有征服山路的勇气和野心，对于这种路上的艳遇，我坚决说不！”[②]殷若衿也记述了经常遇到的街头搭讪：“印度男人还是蛮浪漫多情的，他们虽然地处东方，性格其实更像西方人。”[③]她还遇到了浪漫的“屋顶餐厅的告白”[④]。

在记录印度带给女性的浪漫情愫方面，以尹岩的《菩提树下太阳雨——印度心之旅》最为突出。尹岩的印度之旅从瑜伽圣城瑞诗凯诗（Rishikesh）开始。在印度文化中，瑜伽是一个宗教哲学体系，其本意指向解脱的途径。印度文化中的解脱就是认识到世俗生活的虚幻本质并从中解放出来，去追求与抽象的梵的结合，即梵我合一。但很少有中国游客是为了真正的宗教解脱而去往印度，瑜伽也仅仅成为他们健身以及实现身心放松的一种方式。尹岩在描写和记录自己学习瑜伽的场景时，流露出来的是个人的浪漫期许与自然生长的欲望。瑜伽导师莫汉，就不仅仅是一个指导老师，而成为她浪漫幻想的对象：

① 孙佳：《印度七城行记——时光中的吉檀迦利》，重庆大学出版社，2014，第 156 ～ 157 页。
② 阿驴：《呀！印度》，华夏出版社，2012，第 194 页。
③ 殷若衿：《印度拾尘记》，上海文化出版社，2015，第 26 页。
④ 殷若衿：《印度拾尘记》，上海文化出版社，2015，第 150 页。

下午，冥想课。我们是在花园中房子的屋顶做的。……我很被这个男人吸引。他个子不高，却有一种折服人的沉着。眼睛很黑、很深，微微呈椭圆。他总是穿得非常干净，似乎飘着皂香味走近。[①]

我按照他的指令去做。我感受着风的轻拂。……是否风已经把领口吹开；是否脖颈已经裸露在光斑中；是否脖颈下露出了更多的风情；是否莫汉也会偶然地睁开眼睛？在这种暧昧的想象中，我顺从地做着我的练习。[②]

在以上的描写中，我们看到作者强烈的自我意识与女性意识，她在瑜伽中感受到的是欲望的自由流动。瑜伽，不是通往解脱之途，而是带来爱的体验。印度之行帮助她走过了人生的困顿时期，走出痛苦和困惑，同时，也让她体会到一段浪漫的爱情。最终，她把自己的瑜伽老师莫汉请到了中国，两人共同创办了瑜伽中心并组成了家庭。因此，她的印度之行不仅仅是瑜伽之旅，还是爱之旅。在其所描述的瑜伽练习的整个过程中，除了瑜伽本身所带来的心灵宁静，还有异性之间的自然吸引。异域的男子，激发了很多浪漫的想象，在她笔下，瑜伽老师莫汉是个情人的形象，浸透着作者浓郁的情感。

除了描摹瑜伽老师带给自己的浪漫体验，尹岩还记录了她所遇到的其他印度男性，如在旅店里主动示爱的比奇，他甚至在月光下的花园里直接表白。“月光下，比奇的酮体发着光。他有着和印度处处可见的佛祖一样的体形，修长，腰很高，没有很明显的胯的曲线，仿佛从腰间一下子就掉到直直的长腿上。”[③]她把这个人称为“男人中的尤物”[④]。她对比奇的描写突出了他的身体官能的美，像一个观赏者，她冷静地描写了这个身材伟岸被欲望冲动的男人，用这样的方式让自己从被追逐的客体变为注视的主体。

女性游记作者在印度更突出地感受到了自己的性别，遭遇了印度多情男子

① 尹岩:《菩提树下太阳雨——印度心之旅》，中国青年出版社，2005，第53页。
② 尹岩:《菩提树下太阳雨——印度心之旅》，中国青年出版社，2005，第54页。
③ 尹岩:《菩提树下太阳雨——印度心之旅》，中国青年出版社，2005，第204页。
④ 尹岩:《菩提树下太阳雨——印度心之旅》，中国青年出版社，2005，第205页。

的追逐，她们或冷静地拒绝，或安然地欣赏。这些艳遇故事一方面表现出印度社会将女性作为欲望对象、歧视女性的传统，另一方面也反映出中国女性的独立和强大。

## 四、印度：自我认识的镜子

跨文化的旅行是一场文化的对话，其中包含着自我与他者的多层次互动，自我在接触异文化的过程中同时也在重新认识和塑造自己。布兰顿在《旅行写作：自我与世界》一书中指出，英雄的旅行伴随着个人的成长，也伴随着对世界新的认知。波伏瓦（Simone de Beauvoir）在记录自己的美国旅行时写道："我将展开冒险之旅，变成一个不一样的我。"[①]对于女性游记作者来说，印度也是她们开启自我认知的钥匙，或者说是认识自我的镜子。去印度旅行，成为女性认识自我，并从中成长的重要"事件"。开始时的印度是无法描述的，是难以认知的，当她们从印度归来，回溯性地描述印度时，她们对印度的理解加深的同时对自我在旅行过程中的变化也有了深入的认识。

殷若衿在《印度拾尘记》后记中写道："从印度回来的日子，我变得更独立，更有勇气找寻自己真正想要的东西"[②]，她描述印度之旅是一场丰富的精神之旅，是深度灵魂之旅，亦是情感发现之旅。更重要的，是她重新找回了自己："像是一场重生，我发现自己深藏在体内的热爱自由的潜质，又找回了年轻时代的那个自己——那个可以背起背包独自闯荡天下的孤行女侠，那个鲜活的生命体。"[③]她认为在印度所感悟到的人生智慧，会让自己受益一生。尹岩更是以富有诗意的笔触，描写了印度给她带来的脱胎换骨的变化，似乎一个旧我消失了，一个新我诞生了，过去的痛苦烦恼也随之消失，内心充满了喜悦。"正是在这里，我奇妙地一天一天变化着，久违的天性、久违的喜悦又重新复归。瑞诗凯诗的太阳雨洗涤

① 〔法〕西蒙娜·德·波伏瓦：《波伏瓦美国纪行》，何颖怡译，海南出版社，2004，第2～3页。
② 殷若衿：《印度拾尘记》，上海文化出版社，2015，后记。
③ 殷若衿：《印度拾尘记》，上海文化出版社，2015，后记。

了我常年的都市滞埃，生命的美好，万物的轻盈开始在身体中流动。”[①]在这种变化中，个人的情感烦恼慢慢消失，她重新感受到世界的美好，走出了心理的困境。在印度的经历让游记作者对爱的理解发生了变化，不再执着于个人的得失，而是更加宽容。贺泽劲在《出版前言》中写道：“这里有一种力量，让踏上这片土地的人从自以为是的自我中走出来，真实地面对自己的内心，对于贫穷、生死更有了一种全新的审视。”[②]

印度之旅让这些女性作者接触到一种新的文化，并从中吸取了生活的智慧，在对生活的认识上发生了改变。同时，她们对自己也有了新的认知。

总之，女性的印度游记展示给读者一个不一样的印度，一个美丽、浪漫、充满尊重和爱的国度，其正面形象反映了女性在面对异域文化时的积极态度。这似乎印证了巴斯奈特等人对于跨文化游记与性别关系的看法，她曾经指出：“女性游记更倾向记录各种关系，而男性游者更多地使用公共话语……19世纪，男性的游记具有更多的科学性，而女性游记反映出她们对仁爱行为的关注。”[③]当代中国女性在跨文化的游历中，侧重记录个人与他人的关系以及情感和心理的体验，在她们的记述中，公共性的“文化成见”似乎很少起作用，她们以个人性的书写营造了不一样的印度。

## 五、女性塑造的印度“乌托邦”

异域形象在塑造过程中不可避免地融合了作者的想象和观念，因此，塑造出的形象本身也表现了塑造者的形象，这就是比较文学学者巴柔（Dnniel-Henri Pageaux）提出的：“我看他者，但他者的形象也传递了我自己的某个形象。”[④]从

① 尹岩：《菩提树下太阳雨——印度心之旅》，中国青年出版社，2005，书前的话。

② 贺泽劲：《印度，改变一生的旅行》，广东旅游出版社，2014，出版前言。

③ Peter Hulme and Tim Youngs eds., *The Cambridge Companion to Travel Writing*, Cambridge: Cambridge University Press, 2002, pp.226–228.

④〔法〕达尼埃尔 – 亨利 · 巴柔：《从文化形象到集体想象物》，载孟华主编《比较文学形象学》，北京大学出版社，2001，第123页。

比较文学形象学的理论来看异国形象，异国形象所体现出来的具有普遍性的跨文化交流中的问题是被关注的重点，比如异国形象如何成为一种广为人知的有关外国的神话并成为一种集体想象物？而作家的创作又在多大程度上反映了这种社会集体想象物，在多大程度上更新了异国形象而表现出个人性的内容？

综观国内新时期以来的印度游记，大部分为男性所写，除去少部分印度学学者的游记，大部分人在描述印度的时候会凸显印度的脏乱差、迷信、落后、野蛮。女性的印度游记出现较晚，但她们的创作并没有受到已有的印度描述的局限，反而是以与已有描述对话、对其诘问的姿态来描述自己所理解的印度。一方面，她们以女性特有的敏锐感受力，描绘了生动鲜活的印度生活，为中国读者提供了了解印度的新视角；另一方面，这些游记还表现了女性在对待异族文化时的特殊心态。此外，跨文化的游历也体现了她们重新认识自我、塑造自我的过程。她们的文本给读者带来了新的信息，一定程度上改变了中国对印度的固有认识，建构了新的印度形象。法国学者莫哈（Jean-Marc Moura）在《试论文学形象学的研究史及方法论》中，对作家、作品与集体想象的关系进行了总结，认为："一个作者可帮助将神话强加给公众舆论……也可以传播一个已产生的神话……作者与集体描述的关系也可以是完全离心的。"[①]对照来看，女性塑造的印度形象与对印度的集体描述是一种离心的关系，在很大程度上是一种个人性的描述，超越了当代人对印度的普泛理解，是对印度形象的刷新。女性游记作者在看待印度时，其情感态度处于崇拜和友善之间，几乎不存在憎恶和反感。因此，她们更多地表现出对印度文化的尊重和友善，在此基础上，创造出了与集体想象物相异的印度形象，她们所塑造的印度的异域形象具有乌托邦色彩。

比较文学的意义上的"乌托邦式"形象并非强调政治意义上的空想，而是强调其在异域描写中与已有形象的差异。乌托邦式的异国形象反映的，是作者对异国文化具有更多的认同感，同时对自身文化有更多的反思。"比较文学形象学的最高原则是：形象学不是一种先入为主的意识形态，而更多地是为了反意识形态

① 〔法〕让-马克·莫哈：《试论文学形象学的研究史及方法论》，载孟华主编《比较文学形象学》，北京大学出版社，2001，第31页。

做出贡献。”[①]在谈到比较文学形象学的目的时，狄泽林克（Hugo Dyserinck）在强调了其学术追求外，还提出形象学要“为种族或民族群体之间更好地相互理解而出力，那么这主要是说，它主要有助于排除那些妨碍这种相互理解的观念，能让人认清以往影响和干扰这些群体之精神交往关系的某些固定思维过程”[②]。

从这个意义上来说，女性游记在塑造印度形象方面为读者做出了积极的贡献：她们打破了男性读者包括大众对印度的普遍看法，塑造了新的印度形象。如吴苏媚所说：“那些把恒河浮尸、火车挂人当成印度的游客，更多的是在满足自己的猎奇心理。事实上，恒河浮尸和火车挂人都不是印度的常态。”[③]她们通过自己的亲身体验告诉读者，印度没有那么贫穷落后、野蛮混乱，相反这里有着优美的风光、古老的遗迹、虔诚的信仰、善良的人民。从这一点来看，女性游记对于传播中印友好做出了积极贡献。美国的游记学者斯蒂乌斯（Rick Steves）指出，旅游是一种政治行为。在什么意义上，旅游会成为一种政治行为呢？当游记以平等、尊敬的态度从正面展示异域文化，为自己文化的读者提供积极的、有益于文化交流的信息时，游记就具有了政治意义。[④]由此可见，女性游记就是具有政治意义的记述，在建构中国的印度形象及促进中印友好交流方面具有积极的价值。

［特约编辑：李亚兰］

① 〔德〕胡戈·狄泽林克：《比较文学导论》，方维规译，北京师范大学出版社，2009，第129页。
② 〔德〕胡戈·狄泽林克：《比较文学导论》，方维规译，北京师范大学出版社，2009，第130页。
③ 吴苏媚：《去印度学倒立》，江苏人民出版社，2012，第170页。
④ Rick Steves, *Travel as a Political Act*, New York: Nation Books, 2009, pp.3–5.

# 跨越想象的界线

## ——《阴影线》对界线与殖民主义的思考[①]

张　璐[②]

**摘　要：** 当代印度英语作家阿米塔夫·高希在其小说《阴影线》中呈现了一个充斥着暴力的世界，揭示了暴力冲突的意识形态根源于人们对“界线”的想象和热衷，具体表现为宗教隔阂与偏见、极端民族主义、极端自由主义等。追溯这些错误观念产生的政治、历史原因，英国对印度殖民地的统治和殖民教化是其中一个关键的因素。英国殖民者对印度殖民地的文化教化和思想改造产生的恶劣影响表现为：殖民地接受了西方关于民族的理论以及单一民族国家的观念，并促成了本土的宗教民族主义；殖民地继承并模仿西方史学观和殖民者的历史叙述话语，在建构印度民族国家史中体现出印度教民族主义色彩，实际上不自觉地延续了殖民主义的立场；殖民地人民受西方种族优劣论的教化，并将其内化，形成了民族虚无主义和民族自卑心理。《阴影线》通过对界线与殖民主义的思考，表达了对殖民主义的批判，并表达了一种世界主义的立场，即横亘于宗教、国家、民族、种族之间的界线仅仅是人为的一种观念性建构，是一道“阴影线”，它是想象而不是事实，它是狭隘而危险

① 本文系西安财经大学 2017 年科学研究扶植计划基金项目“阿米塔夫·高希小说创作研究”（项目编号：17FCJH06）与“基于优学院 &App 的外国文学名作选读双语课程建设”（项目编号：20200229２021）的阶段性成果。

② 张璐（1982～），西安财经大学文学院讲师，主要研究方向为印度语言文学、比较文学与世界文学。

的。用暴力手段捍卫这道“阴影线”只能愈加远离自由，并堕入无果的暴力循环中。

**关键词：**阿米塔夫·高希；《阴影线》；界线；殖民主义；印度文学

阿米塔夫·高希（Amitav Ghosh，1956～）被认为是“印度作家里独一无二的世界主义者，他的所有作品都在严密防范着民族主义习性里与生俱来的偏狭”[①]。超越界线是其小说的核心主题。这个界线主要是意识形态的分歧，是人们在观念中建构起来的。它是分隔民族、宗教、种族、阶级、文化的一条人为界线，阻碍了人们的交流，造成了偏见与敌对。高希站在世界主义的高度，呼吁尊重人的权利，用普遍而美好的人性超越分歧、敌视、压迫和冷战思维。发表于1988年的《阴影线》（*The Shadow Lines*）便是一部对暴力和界线的质疑之作，在印度引发了热烈的社会反响，斩获印度文学院奖（The Sahitya Akademi Award）和安纳德奖（The Ananda Puraskar）两项文学大奖。小说将公共性的政治事件与个人生活编织在一起，以主人公“我”的视角讲述了印度加尔各答（Kolkata）、东巴（今孟加拉国）首府达卡（Dhaka）、英国伦敦（London）三个家庭三代人之间的故事。时间跨度从1939年到1979年，涉及第二次世界大战、印巴分治、两次印巴战争、中印边境战争以及1964年发生在印度和东巴的骚乱等历史事件。小说展现了暴力的三种形式：宗教骚乱、国家战争和种族暴力。小说中的三代人都承受了不同程度的暴力侵害：印度家庭在宗教冲突中四分五裂，英国家庭在二战中家破人亡，艾拉（Ila）作为来自印度的移民在英国社会中备受歧视，遭到英国丈夫的家暴和背叛。高希认为，引发暴力冲突的思想根源便是界线意识，即人们对界线的信仰和迷恋以及对自由的错误理解。

① 石岸：《被写出的世界：评高什的新书〈伊玛目与印度人〉》，《外国文学动态》2003年第2期，第22页。

## 一、冲突与对抗：界线意识的幽灵

### （一）以神之名：宗教隔阂与教派冲突

20世纪以来，南亚次大陆频繁爆发的不同规模的宗教冲突成为阻碍社会发展历史进程、威胁社会安全稳定的破坏性因素。总体上看，印度教与伊斯兰教之间的对抗是教派冲突的主体，最为激烈。印度教徒和穆斯林经常为了寺庙归属、权益分配等问题发生争执，有些纷争甚至升级成了大规模暴乱。《阴影线》的核心情节是叙述主人公“我”对舅舅特里迪布（Tridib）死亡真相的探寻。特里迪布在1964年发生在达卡的穆斯林对印度教徒的宗教仇杀中被残忍地切开了喉管。这次宗教骚乱仅仅是南亚次大陆上无数次大大小小的教派冲突中的一例，在当时未受到社会关注，甚至没有被媒体报道，但是它的发生原因及过程、表现极具代表性，从中可以窥见教派冲突的非理性本质。

小说中写道，达卡骚乱最先源于印控查谟和克什米尔（Jammu and Kashmir）地区，原因是安放在赫兹拉特巴尔清真寺（Hazratbal mosque）的一件圣物的失踪。继而在巴基斯坦，宗教权威们散布了煽动性的猜测：小偷偷走圣物的目的是针对穆斯林。卡拉奇（Karachi）宣布12月31日为“黑暗的一天”。巴基斯坦的报纸声称：“窃贼是藏匿很深的阴谋集团的成员，目的是要将克什米尔人的精神根基连根拔起，泯灭民族希望，暗地里叫嚣着要进行‘种族’灭绝。”[①]流言在东巴蔓延从而引发暴乱，抗议失窃的游行最终演变成了穆斯林对印度教徒的仇杀。大批印度教难民在巴基斯坦军警的保护下乘坐火车逃往印度边界，然而，在印度加尔各答，流言开始迅速传播，“尤其是那些老一套的、预示着每一场严重骚乱到来前都会传播的谣言：来自巴基斯坦的火车到达的时候塞满了尸体。一些加尔各答的报纸印上了一些哭泣的、陷入困境的印度教难民的照片，配上一些耸人听闻的对东部事件的评论”[②]。终于，流言像洪水一样席卷了整座城市。在加尔各

① Amitav Ghosh, *The Shadow Lines*, New Delhi: Penguin Books, 2009, p.249.

② Amitav Ghosh, *The Shadow Lines*, New Delhi: Penguin Books, 2009, p.252.

答，愤怒的印度教信徒们聚集起来，他们疯狂地捣毁穆斯林的房屋、商店，进行报复。

当“我”坐上校车前往学校时，“我”听到的谣言是：加尔各答的水被“他们”投了毒。

我记得我们没有问他（指杜布鲁，“我”的同学——笔者注）任何问题。没有问“他们”是谁，没有问“他们”为什么要投毒。我们不需要问任何问题。当他告诉我们的时候我们就已经知道了问题的答案。这是仅仅存在于话语中的事实，所以当你听见它被说出来的时候，你信与不信都无所谓。只有一件事是关键的，那就是它已经全部被说出来了。现在发生的一切——空荡荡的街头，其他男孩们的缺席——全都符合这个消息。不会再有任何问题。

然后，杜布鲁大声说：“我们会在中心公园证实的。”

“为什么？”有人问。

“因为那是蒙图上车的地方”，他说，“他会知道，他是穆斯林。”[①]

由此可见这场骚乱的荒谬性。从东巴城镇到加尔各答，印度教信徒和穆斯林互相攻击、屠杀，仅仅因为他们只相信自己认定的事实，哪怕只是人们凭借想象编造、夸大的“事实”。两大宗教彼此间的猜忌和敌意是由于长期以来的积怨导致的，这种敌对情绪有着复杂的思想意识根源和政治历史原因。

第一，宗教差异性与印度宗教多元化之间的矛盾。印度教和伊斯兰教在信仰以及具体的实践方面有着巨大的差异，我国学者比较了两大教派在教义、伦理道德、外在行为、生活习俗方面的分歧，指出：“信仰的巨大差异一直是印度教和伊斯兰教之间不可调和关系的主旋律，是印度印穆暴力冲突的决定性因素之一。这也是为什么发生在印度的印穆宗教冲突往往会波及伊斯兰教国家的原因。”[②]事实

① Amitav Ghosh, *The Shadow Lines*, New Delhi: Penguin Books, 2009, p.220.

② 姜景奎：《印度印穆冲突的历史文化因素浅析》，《当代亚太》2003年第8期，第16～17页。

上，正如卡尔·马克思（Karl Heinrich Marx）指出的，宗教“从一开始就是产生于实际存在的生产力的超验的意识”[①]，任何宗教都是对世界的主观想象性、经验性的认知，是一种意识形态，其可靠性本身就值得质疑；但是，信徒却被要求无条件地信奉自己教派的神，不能对教旨、教义心存怀疑，在行为方式、习俗仪式方面也要符合教派正统。在印度这样宗教信仰普遍化、多元化的国家，不同教派的信徒在交往中，彼此的宗教观念以及与其有关的具体实践（包括仪式、习俗、饮食、衣着、语言等）必然发生冲撞，而宗教给教徒灌输的绝对主义的态度、教条主义的观念又极容易导致双方互不相让，从而发生争端。如果一个群体固执地认为自己的经验和解释是唯一的、优越的、绝对正确的，而否认、贬低、排斥那些异见，强迫其他群体接受自己的信条，甚至不惜采用武力胁迫，那么就成了极端原教旨主义者，这种文化相对主义、文化保守主义、“至上主义”的观念是危险的，是导致争端的思维模式和心理模式。

第二，纵观印度历史进程，一些穆斯林统治者曾实施宗教歧视政策，甚至对非穆斯林进行暴力胁迫，在印度教和伊斯兰教之间埋下了矛盾冲突的种子。印度教是形成于印度本土的宗教，“印度教以其悠久的历史、辉煌的文化和宗教与社会结构、生活方式的紧密结合，在人民群众的思想意识上打上了极深刻的烙印，是他们的精神动力源泉，也是他们的骄傲、自信的所在”[②]。公元前6世纪，佛教、耆那教兴起，印度教与这两种宗教之间也存在冲突，但“印度教与佛教、耆那教的宗教冲突主要表现在教义方面，冲突方式主要采取辩论的形式”[③]。8世纪，阿拉伯人入侵，伊斯兰教传入印度，部分阿拉伯征服者强迫民众改宗，拆除印度教、佛教寺庙，“印度的宗教冲突从此多了一种形式，即暴力冲突的形式”[④]。伊斯兰教的强势输入使印度教面临危机，撼动了以印度教为基础的政治、经济、社会、文化结构。在穆斯林王朝统治印度的600多年间，伽兹尼（Ghaznavid Dynasty）国王马哈茂德（Mahmud of Ghazni）、古尔王朝（Sulala Ghuriyya）的穆仪兹丁·穆

① 中共中央编译局主编：《马克思恩格斯文集》（第1卷），人民出版社，2009，第587页。
② 林承节：《殖民统治时期的印度史》，北京大学出版社，2004，第3页。
③ 姜景奎：《印度印穆冲突的历史文化因素浅析》，《当代亚太》2003年第8期，第16页。
④ 姜景奎：《印度印穆冲突的历史文化因素浅析》，《当代亚太》2003年第8期，第16页。

罕默德（Mu'izz al-Din Muhammad）、德里苏丹国（Delhi Sultanates）图格鲁克王朝（Tughlaq Dynasty）的菲鲁兹沙·图格鲁克（Firuz Shah Tughlaq）、莫卧儿王朝（Mughal Empire）皇帝奥朗则布（Aurangzeb）无不在其统治期间实行了宗教迫害、宗教歧视政策，包括拆除印度教神庙改建清真寺，捣毁神像，禁止印度教节日，杀害印度教徒或迫使其改宗，对非穆斯林课以重税等，在两大宗教之间引发了极大矛盾。在英国对印度进行殖民统治期间，两大宗教也曾和衷共济，致力于民族独立解放，但是他们发起的政治运动多是以宗教为号召，从宗教传统中寻求精神力量，例如穆斯林联盟、全印印度教大会等，政治—宗教团体之间的利益争斗常常激发普通民众之间的报复杀戮行为。印度1947年的分裂将两大教派的对立推向顶峰，造成了印巴边境两侧双向大逃亡以及伴随而来的印度历史上最严重的宗教大屠杀。分治产生的克什米尔归属的争端则对印巴关系构成了持久的伤害，其极端表现之一便是1965年的印巴战争。宗教政治化、政治宗教化也为独立后的印度社会埋下了深深的隐患。

基于上述原因，印度教徒与穆斯林之间互信关系的纽带极为脆弱，双方都在心里预设防线，不愿意理性分析判断，而是恶意揣测构陷对方，伴以煽动性、攻击性的言论，继而上升为肢体冲突，甚至引发极端化暴力行为。宗教报复产生恶性循环，导致两大宗教彼此间的成见越来越深。就像小说中所表现的"一定是'他们'所为"，"他们"是谁不需要解释，也无需考证是否为事实。这也是为什么即使是陈腐、俗套的流言，也会被民众相信并迅速传播，最终导致暴力发生。对宗教冲突背后的荒谬逻辑，高希曾讽刺道："那些暴乱的故事总是一样的：都是有一个爆炸性的具有象征意义的隔阂事件而引发的传言——因为一头奶牛被发现死在寺庙里，或者一头猪死在清真寺里，城市就会燃起熊熊大火；人们因为是穿隆吉①还是多提腰布②而被杀害，这要看他们人在哪里；妇女们因为是戴面纱还是点朱砂而被开膛，男人们因为他们包皮的状况而被肢解。"③他痛苦地写

① lungi，印度男子的一种围裤，传统上被视为穆斯林的着装。

② dhoti，印度男子的一种围裤，传统上被视为印度教徒的着装。现在隆吉与多提只在印度部分地方具有区分宗教的作用，在多数地方并无宗教意义上的分别。

③〔印〕阿米塔夫·高希：《在古老的土地上》，卢隽婷译，中信出版社，2016，第179页。

道："我无法期待他们（指埃及人——笔者注）能理解一个印度人对象征物的恐惧。"[①]一切宗教及其象征物都源自于人的观念性创造，"人创造了宗教，而不是宗教创造了人"[②]，"他者"的妖魔化形象以及对"他者"的敌意往往源于自我内心扭曲和恐惧的投射，"他者"的伤害往往是想象的结果。在高希看来，宗教的界线不过是存在于人们观念中的"阴影线"，如果让这条想象的界线凌驾于理性、普遍真理和人性之上，就会造成宗教极端主义，导致社会分裂和暴力，这是危险而极具破坏性的。

## （二）忠诚与欺骗："千年王国"神话与极端民族主义

印度的现代民族意识产生于 19 世纪"思想复兴"（Renaissance）时期，其民族主义、民族国家理论的建构既是印度民族资产阶级反抗英国殖民统治的斗争需要，同时也是受西方思想的激发对其进行模仿的结果。他们将西方资产阶级民族主义同印度宗教精神、宗教复兴运动相结合，形成了印度式的民族主义——宗教民族主义，主要是现代意义上的印度教民族主义和伊斯兰民族主义。西方资产阶级民族主义、民族国家理论本身有缺陷，而印度的宗教民族主义往往带有本质主义特征，"在价值指向上具有一定的狭隘性"，"行为表现上具有极端性"[③]。印度已故总理贾瓦哈拉尔·尼赫鲁（Jawaharlal Nehru）曾警告说："民族主义是一个令人心胸狭隘的信条……民族主义在人们精神上所引起的持久要求，是应当承认而予以满足的，但是要把它的偏向，限制在较小的范围内。"[④]他指出，印度人民争取独立的勇气和力量来自于民族主义，同时这个国家的弱点也来自于民族主义。印度圣哲罗宾德拉纳特·泰戈尔（Rabindranath Tagore）也在他的演讲和作品中对民族主义做出过激烈的批评。他在 1916 年的演讲中指出：民族主义的本质是

① 〔印〕阿米塔夫·高希：《在古老的土地上》，卢隽婷译，中信出版社，2016，第 180 页。
② 中共中央编译局主编：《马克思恩格斯文集》（第 1 卷），人民出版社，2009，第 587 页。
③ 管银凤：《印度宗教民族主义探析》，《世界民族》2008 年第 3 期，第 25 页。
④ 〔印〕贾瓦哈拉尔·尼赫鲁：《印度的发现》，向哲浚、朱彬元、杨寿林译，上海人民出版社，2016，第 37 页。

非印度或者反印度的，是对印度文明及其宗教和多元准则的冒犯。[①]他的《家庭与世界》（*The Home and the World*）展现了“民族主义如何逐步消解社群生活，释放出民族宗教暴力恶魔。它对印度文明中社会文化互惠性和好客品质的道德基础东拆西补，结果导致家园的毁灭”[②]。《阴影线》通过对祖母这一极端民族主义者的形象的塑造，批判了这种继承自西方的、失败的民族主义理论和单一民族国家观念。

祖母早年生活在英帝国主义殖民统治的阴影下，因此她的民族自尊心和民族主义情绪格外强烈。她年轻时的英雄梦想便是加入秘密组织，制造恐怖活动，杀死英国人。1947年印度分裂、第一次印巴战争、印巴对峙的紧张状态使得祖母的民族主义情结进一步强化，她不仅仇恨英国人，也恨巴基斯坦，恨穆斯林。1964年，她的外甥特里迪布在达卡暴乱中的惨死更使她深受刺激，她成了一个激进民族主义分子。第二次印巴战争爆发时，祖母认为向穆斯林复仇的时机到了，小说描写了祖母因极度亢奋而处于半癫狂状态中的可怖模样：“她的头发像一根根湿漉漉的绳子垂在脸上”，“眼镜滑落下来”，听到“战争”一词时，她“原本空洞晦暗的眼睛里瞬间闪过一丝亮光”，“双手拼命砸着收音机”，狂啸声响彻房间”[③]。祖母狂热地支持战争的理由反映了典型的极端民族主义的心理，这种极端民族主义“本质上是自我防御性（ego-defensive）的，建立在对‘外来者’一定程度的因恐惧而产生的厌恶，或是正面的敌意上。其自我防御性通常来自对内心未被承认的恐惧，或是对心理上的无家可归感的一种反应”[④]。这种极端民族主义以自我防御为理由，以极端暴力的手段发泄对他者的仇恨，实际上已经演变成了具有民族清洗性质的侵略主义。

在生活中，祖母诅咒自己移民英国的孙女艾拉，在她看来艾拉背叛了祖国，违背了作为一个印度人对本族裔应该有的忠诚，她认为艾拉一定会自食其果，体会到背叛的滋味。所以，当“我”告诉祖母艾拉因为印度裔的身份被英国孩子欺

---

① 〔印〕泰戈尔：《民族主义》，刘涵译，中国对外翻译出版有限公司，2014，第59～80页。
② 〔印〕阿西斯·南迪：《民族主义，真诚与欺骗》，卢隽婷译，上海人民出版社，2013，第122页。
③ Amitav Ghosh, *The Shadow Lines*, New Delhi: Penguin Books, 2009, p.261.
④ 〔印〕阿西斯·南迪：《民族主义，真诚与欺骗》，卢隽婷译，上海人民出版社，2013，第126页。

负时，祖母兴高采烈地说艾拉活该，因为她本来就没有任何权利住在英国。祖母对所谓“权利”的一番解释反映了她对民族和国家的误解。她说：

> 艾拉没有权利住在那儿……她不属于那儿。那里的人们花了很久，也许好几百年，经过一年又一年的战争和流血，才建成了那个国家。住在那儿的每个人得用自己的鲜血来换得居住的权利——用他们兄弟们的血、他们的父亲们的血、他们的儿子们的血。他们知道他们是一个民族，因为他们用鲜血划定了边界。玛雅没告诉过你这些吗——军旗如何飘扬在他们的教堂，所有的教堂为在世界各地的战争中阵亡的人竖起成排的纪念碑？战争就是他们的宗教。是战争造成了国家。①

祖母的这番话，体现了两个极端民族主义观点：第一，族裔、民族、国家三者概念一致；第二，共同历史传统是建构族裔身份和缔造民族国家的基石，而战争则是必由之路。

首先，民族主义者往往强调民族的悠久历史传统，“对于大多数的人来说，民族，尤其是他们自己的民族，好像是永存和古老的，这种观点被称为‘回顾式民族主义’”②。在祖母的这番论断中，她也认为国家的形成必然经过了很久，也许经过了数代人“好几百年”的战争，印度裔学者帕尔塔·查特吉（Partha Chatterjee）认为这是虚构出来的民族神话：“每种民族主义都为民族创造一个过去；每个民族都有自己的话语，‘历史只是外形，为本民族辩解才是实质’，即宣称其民族才智是如何不断上升、发展和达到全盛的。”③埃里·凯杜里（Elie Kedourie）认为，这一理论是欧洲的发明，是将中世纪的“千年王国”信仰世俗化、体面化的一种说法，“亚非民族主义的主要源泉也是世俗化的‘千年王国’

① Amitav Ghosh, *The Shadow Lines*, New Delhi: Penguin Books, 2009, pp.85–86.

② 〔英〕安东尼·D·史密斯：《民族：是真实的还是想象的》，载〔英〕爱德华·莫迪默、罗伯特·法恩主编《人民、民族、国家——族性与民族主义的含义》，刘泓、黄海慧译，中央民族大学出版社，2009，第58页。

③ 〔印〕帕尔塔·查特吉：《民族主义思想与殖民地世界——一种衍生的话语？》，范慕尤、杨曦译，译林出版社，2007，第14页。

信仰”[①]。所以许多民族主义者都将他们民族的历史追溯到近代以前的时代，并强调共同性：“共同的种族和文化、共同的语言和历史以及先辈的奋斗历程，认为民族是命运共同体，是族裔血缘共同体。”[②]祖母认为艾拉不具备这种“共同性”，她不属于这个民族国家的传统的一部分，因此她没有资格生活在英国。然而，这种以种族、文化、语言和历史作为民族身份建构的依据是“族裔民族主义”，它是对民族概念的狭隘理解。

其次，祖母的论断将族裔、民族、国家三者混为一谈，认为一个国家只能有一个主体民族，这一观点具有民粹主义性质。单一民族国家论遭到了学者普遍反对，比如尼尔·麦考密特（Nell MacCormick）认为这种观点是“主权国家民族主义”（sovereign-state nationalism）[③]，它是民族自决、国家分裂的根源，它会导致一个国家内的民族清洗。麦考密特说：“不能轻易地将国家与民族一一对应，因为，很明显，无论根据哪一种合理的民族定义，民族都太多、太分散，它们在地理上分布得太零散以致由国家组成的国际秩序很难将它们适当地对应起来。否则将会有太多的边界需要进行巨大的变更，而且即使进行了变更，之后仍会有很多的少数民族继续占领很多的居留地，因此，企图以一个领土国家对应一个民族的办法来解决国家和民族问题，以实现和平，这种希望是极其渺茫的。甚至更进一步说，要确定一对一的模式，还不得不变更大量的边界并进行种族清洗。”[④]阿西斯·南迪（Ashis Nandy）在区分民族主义同爱国主义时指出：“民族主义还部分地是对这样一种意识的回应：世界是被民族国家所主宰的，是围绕民族国家形

① 〔英〕埃里·凯杜里编：《亚非民族主义》，Weidenfeld and Nicolson，1979，第103页；转引自〔印〕帕尔塔·查特吉：《民族主义思想与殖民地世界——一种衍生的话语？》，范慕尤、杨曦译，译林出版社，2007，第14页。

② 〔英〕尼尔·麦考密克：《民族需要国家吗？对自由民族主义的反思》，载〔英〕爱德华·莫迪默、罗伯特·法恩主编《人民、民族、国家——族性与民族主义的含义》，刘泓、黄海慧译，中央民族大学出版社，2009，第151页。

③ 〔英〕尼尔·麦考密克：《民族需要国家吗？对自由民族主义的反思》，载〔英〕爱德华·莫迪默、罗伯特·法恩主编《人民、民族、国家——族性与民族主义的含义》，刘泓、黄海慧译，中央民族大学出版社，2009，第151页。

④ 〔英〕尼尔·麦考密克：《民族需要国家吗？对自由民族主义的反思》，载〔英〕爱德华·莫迪默、罗伯特·法恩主编《人民、民族、国家——族性与民族主义的含义》，刘泓、黄海慧译，中央民族大学出版社，2009，第152页。

成的，而且国际外交和政治攻势的规则也是在谨记民族国家的条件下架构的……于是，一定程度的国家主义就成了民族主义不可避免的附属品。爱国主义则没有这样的假定或需求。作为一种情感，它不需要围绕民族国家的概念而成立。”[①]将民族主义等同于国家主义容易滋生民族利己主义、排外情绪，威胁居住在该国的其他外来民族的生存权利。单一民族国家论更不合适印度，印度民族众多，古老的印度文明是由不同民族共同缔造的，如果祖母这种观点成为社会的主流观点，将会导致可怕的灾难。

祖母经历了印度反殖民主义斗争，这使得她对“是战争和牺牲造成了国家”深信不疑：“战争就是他们的宗教。”实际上这一观点复述了西方的话语，夸大了战争对国家形成的作用，对战争的性质不做区别地进行美化。这一观点虽然错误，但在现实中却得到了很多人的拥护，其中一个原因便是官方通过一系列仪式化行为——为牺牲的英雄树碑立传，军旗飘扬在教堂——故意含混不同战争的性质，将杀戮合法化、崇高化、神圣化，来消弭战争暴虐的一面。类似的官方仪式培养了民族认同感，唤起了民族自豪感。祖母说：“只有在同一个池子的鲜血中诞生的人们才能成为一家人。”[②]在她看来，如果一个人及其先辈们没有为这个国家抛洒过鲜血，就没有资格在这个国家生活或者成为这个国家的公民，所以她认为艾拉被英国人排斥是理所当然的。

最后，祖母的论断表明，她相信民族基于既定的血缘和亲属关系，认为它决定了一个人的民族属性和文化归属是不可变更的，血缘是维系族裔感情的脐带，没有这个天然基因作基础，人们就无法相融合并凝聚在一起。祖母的观点落入了“民族宿命论”（national determinism）的圈套，即认为民族是天然形成的，族裔身份、民族身份与生俱来，不可变更，不管一个人的实际意愿或主观感受怎样，命运决定他只能是特定民族的一分子。“族裔纽带是忠诚、骄傲、地位、归属、避难、认同、信任、接纳和安全一类的事情。它是一种大多数父母子女、兄弟姐

---

① 〔印〕阿西斯·南迪：《民族主义，真诚与欺骗》，卢隽婷译，上海人民出版社，2013，第127页。

② Amitav Ghosh, *The Shadow Lines*, New Delhi: Penguin Books, 2009, p.86.

妹之间感觉到的关联形式。”[①]本尼迪克特·安德森（Benedict Anderson）也认为，关于“民族”的想象从一开始就和种种个人无法选择的事物，如出生地、肤色等密不可分。[②]这正是祖母为艾拉的行为感到愤怒的原因。她认为艾拉作为一个印度人，竟然试图改变那些天赋的基因，割断族裔纽带，将英国作为自己的祖国，在别的族群中间寻找认同。她无论如何也不能理解，艾拉怎么能如此热爱一个不属于自己的、跟自己没有任何血缘亲族关系的、而且是曾经压迫过自己民族的国家，艾拉的选择是对本民族彻彻底底的背叛。对于艾拉被英国人排斥的原因，她说：“他们知道他们是一个民族，因为他们用鲜血划定了边界。”在祖母看来，这条浸染了鲜血的边界不可逾越，印度人应该始终和英国人划清界线。祖母的观点也符合原生论民族主义者的论断，即认为构成民族的要素包括共同的血缘、共同的语言、共同的信仰等。“‘原生’纽带意味着一个人根植于特定的社会存在……血缘、语言、习惯等等的一致性有着不可言状的，有时是不可抗拒的、强迫的力量。”[③]而实际上，原生论民族主义因其狭隘性已遭到众多学者的批驳。厄内斯特·盖尔纳（Ernest Gellner）说：“将‘民族’视为天生的、是上帝对人类的分类，这样的说法实则是民族主义神话。”[④]埃里克·霍布斯鲍姆（Eric Hobsbawm）也说：“并不是民族创造了国家和民族主义，而是国家和民族主义创造了民族。”[⑤]祖母认为民族身份和国籍是天然的，改变即意味着背叛，这一观点是错误的。

祖母根深蒂固的民族主义情结根源于印度的历史，其激进的观点在现代印度社会颇具代表性。在进行反英殖民统治的斗争期间，印度各民族、宗教团体团结一致并取得了最终胜利，因此民族主义在印度极为盛行。1947年印度独立后，

① 〔英〕罗宾·科恩：《族性的形成：为原生论适度辩护》，载〔英〕爱德华·莫迪默、罗伯特·法恩主编《人民、民族、国家——族性与民族主义的含义》，刘泓、黄海慧译，中央民族大学出版社，2009，第20页。

② 〔美〕本尼迪克特·安德森：《想象的共同体》，吴叡人译，上海人民出版社，2011，第12页。

③ Clifford Geertz, *The Interpretation of Culture*, New York: Basic Books, 1973, p.259；转引自〔英〕爱德华·莫迪默、罗伯特·法恩主编《人民、民族、国家——族性与民族主义的含义》，刘泓、黄海慧译，中央民族大学出版社，2009，第19页。

④ Ernest Gellner, *Nations and Nationalism*, Ithaca: Cornell University Press, 1983, pp.48-49；转引自〔美〕埃里克·霍布斯鲍姆：《民族与民族主义》，李金梅译，上海人民出版社，2006，第9页。

⑤ 〔美〕埃里克·霍布斯鲍姆：《民族与民族主义》，李金梅译，上海人民出版社，2006，第9页。

国大党把民族主义与西方民主政治相结合，实行民主政体，民族主义成为印度立国的思想基础之一。各政党为了争取更多的议席和更高的执政党地位，大多以民族主义相号召，主张弘扬传统文化，保护民族工业发展，强调民族主义与爱国主义的一致性。民族主义的确曾在反抗外族侵略的历史时期发挥过积极的作用，但如今它有一种越来越狭隘的危险的趋势。而且，印度的民族主义总是与宗教难解难分，实际上演变成了“受印度教信徒支配并且具有一种印度教派色彩”①的民族主义。这就是宗教分歧往往上升为政治问题，甚至酿成暴力冲突的重要原因。尼赫鲁曾警告说，暴力及民族主义不但不适应于解决印度社会的问题，而且反而可能会导致破坏性的后果：“印度不仅是一个大国，还是一个有着丰富多样性的国家；如果什么人要以剑解决，他不可避免地要面对其他人的剑。这种剑与剑的冲突，将堕落成为无果的暴力，而在这个过程中，民族的有限能量将被消灭，至少也要受到巨大的破坏。”②《阴影线》表现了极端民族主义思想如何将不同国家、不同民族、不同种族的人们划分成了两个对立的阵营，甚至破坏了家庭内部的正常关系。高希呼吁，国家、民族、种族之间的界线仅仅是人们的想象而并不真实存在，“地球上只有国家和公民，根本不存在民族和种族”③，不要让这条“阴影线”在人们之间制造分裂和各种形式的暴力。

### （三）界线与安全感：“绝对自由”之幻象

20世纪80年代以来，文化民族主义、语言民族主义、地方民族主义、印度教民族主义等各种民族主义力量在印度引发了一系列暴力事件，《阴影线》揭示了酿成这一系列悲剧的思想根源即对极端自由主义的追求。小说通过几位人物形象的刻画及其命运的描述，表达了一种理性的观点：绝对自由是一种幻象，它只

---

① 〔印〕贾瓦哈拉尔·尼赫鲁：《印度的发现》，向哲浚、朱彬元、杨寿林译，上海人民出版社，2016，第474页。

② 〔印〕贾瓦哈拉尔·尼赫鲁：《1952年12月15日在议会的讲话》，《讲话集》（第2卷），第95页；转引自〔印〕帕尔塔·查特吉：《民族主义思想与殖民地世界——一种衍生的话语？》，范慕尤、杨曦译，译林出版社，2007，第231页。

③ Amitav Ghosh, *The Shadow Lines*, New Delhi: Penguin Books, 2009, p.256.

能引导人们走上分离主义、恐怖主义的歧途。

《阴影线》中，祖母以“自由”之名支持战争。现实生活中，用暴力手段夺取自由也是经常会听到的言论。在很多人的想象中，界线关乎自由、安全感；独立自治是自由的唯一前提，因此要不惜代价争取独立，即便需要诉诸于暴力。对此，高希借罗比（Robi）这一虚构的人物之口批评道：“自由……你知道，如果你看看那些报纸的头版刊登的照片，那些死去的人们的照片——在阿萨姆，在东北，在旁遮普，在斯里兰卡，在特里普拉——被恐怖分子、分裂分子、军队和警察杀死的人们，你就会发现所有这一切的背后都有一个词：自由。每个人都在杀戮来获得自由。”[①]高希认为，绝对自由是极端主义者卑劣的信条，他们并不理解什么是真正的自由，暴力和自由是背道而驰的。正如查特吉所言：“民族主义和自由往往是不可调和地对立起来。”[②]泰戈尔也曾痛斥这种伪自由，并指出其本质不过是一种幻觉，充满了人性的卑劣：“你们这些生活在幻觉中的、自以为是自由的人们，每天都在牺牲掉你们的自由和人性以向民族主义的偶像献祭。你们生活在弥漫着浓浓的、乌烟瘴气的世界里，这里面充斥了怀疑、贪婪和恐惧。”[③]

极端主义者认为自由和安全感要靠明晰各种界线来保障，并愿意为捍卫这些分隔线付出高昂的代价，高希在《阴影线》中通过人物的悲剧命运揭示了这种观念的虚妄。祖母认为印度才是印度教徒的国家，她要带居住在达卡的叔叔杰塔（Jetha）“回家”，认为在印度他才能安享晚年。但是杰塔拒绝了她，他说：“一旦你开始搬家，你就再也停不下来了。……我才不相信什么印度、辛度之类的说法。叫什么都无所谓。你现在要离开，但是如果你到了那儿，他们又决定在某个地方划一条线，那么你该怎么办？你要到哪里去？没有人能让你留在任何地方。对我来说，我出生在这里，我也要死在这里。”[④]杰塔的固执恰恰表达了高希对于界线的看法：祖国与他国、故乡与他乡的界线是政治地理概念，现实生活中，地理的

① Amitav Ghosh, *The Shadow Lines*, New Delhi: Penguin Books, 2009, p.271.

② 〔印〕帕尔塔·查特吉：《民族主义思想与殖民地世界——一种衍生的话语？》，范慕尤、杨曦译，译林出版社，2007，第3页。

③ 〔印〕泰戈尔：《民族主义》，刘涵译，中国对外翻译出版有限公司，2014，第45页。

④ Amitav Ghosh, *The Shadow Lines*, New Delhi: Penguin Books, 2009, p.237.

界线并不能阻隔不同国家、不同区域人民的文化经济交往、情感交流，基于这个意义，政治地理的界线也不过是“阴影线”。所谓家园，也是一种主体想象建构，它未必是人们必然的情感归属，是否“在家”和安全感与自由没有必然联系。祖母执意要带杰塔回印度，没想到却造成了杰塔和特里迪布的死亡。这一极具讽刺意味的情节表明，人们固执地将政治地理界线与归属、安全感与自由等同起来，不但徒劳而且可能会导致悲剧的后果。

对于分离主义者热衷于划分界线的行为，高希讽刺道：“他们划定了各自的边界并信仰这一模式。他们迷恋那道线，幻想着也许一旦在地图上蚀刻了那道线，这两块土地就会彼此分离，漂得远远的，就像冈瓦纳古陆的板块运动那样。”[①] 用想象中的线来制造彼此的分隔，这不过是一种妄想。高希借罗比之口批评道：“他们干吗不在整个次大陆上画上成千上万条密密麻麻的线，给每个小地方都取个新名字？它能改变什么？这不过是海市蜃楼罢了；全都是妄想。怎么有人能分割记忆？”[②] 地图上那些密密麻麻的线条宣示了一个个领域的独立和完整，它似乎是不可逾越的，然而实际生活中人们的交往不可能囿于那些或大或小的有限的领土。地图上的那些线条根本无法阻断人们跨区域、跨文化的交流，因为人的感情、记忆和经历是不可能用一条地图上标记的边界线加以阻隔的。小说中，当祖母来到印度和东巴边境，她亲眼所见的边境的景象完全不符合此前预想的情形——没有战壕，没有士兵，没有双方士兵用枪互相瞄准对方，甚至没有领土之间的隔离带，她完全意识不到她即将踏上另一个国家的土地，她觉得现在和分治以前没什么区别，她因此陷入了失望和困惑之中：“如果它们之间什么东西都没有，那么所有这一切——分治、杀戮，所有的事情——都是为了什么？”[③] 祖母对武力和界线的迷信在现实面前遭到了沉重的打击。

极端主义者的借助武力划分界线以争取独立、保障安全和自由的说辞往往会煽起非理性的狂热，导致冲突、流血、牺牲，多少人成了这种绝对自由幻象的祭品。在《阴影线》中，“我”长大后终于领悟了迷恋界线的危害并为此深深忏悔：

---

① Amitav Ghosh, *The Shadow Lines*, New Delhi: Penguin Books, 2009, p.237.

② Amitav Ghosh, *The Shadow Lines*, New Delhi: Penguin Books, 2009, p.272.

③ Amitav Ghosh, *The Shadow Lines*, New Delhi: Penguin Books, 2009, p.167.

“很长一段时间里，我都无法原谅自己的愚蠢……我那时还是个孩子，我和我周围的孩子们都是抱着这样的信念长大的：我相信距离是一种事实存在，我相信它会分隔一切并认为它是一种有形的实体；我相信民族和边界也是一种事实上的存在，我相信沿着边境存在着另一种事实。在我的词典里，那些分裂的实体之间存在的唯一关系要么是战争，要么是友谊，没有给其他事物留下空间。那些不符合我的词典的东西，就被推向了沉默的边缘，被推进了沉默的深渊。”[①]由此，高希揭示了人们之所以对暴力沉默、容忍甚至纵容其发生的原因：在人们的观念中，分隔线两端是非友即敌的关系，捍卫界线的手段必然会是暴力的，但是它却被认为是确保安全和自由的必要手段，是正当的、值得鼓励的。

印度人民对国界线的迷恋是独立后的印度社会普遍的民族主义情绪，尼赫鲁政府基于其反抗英国殖民统治的民族主义立场以及打击民族分裂主义的需要提出了“历史边界”的论断，将印度的边界视作长期存在的和天然的，“在印度眼中，边界成为祖国神圣领土完整相关的问题，成为高度感情化的内容”[②]。“在塑造统一的国家民族身份时，以尼赫鲁为首的印度世俗民族主义者是将领土与历史文化相连，在印度具有较大影响力的印度教民族主义者则将领土与宗教相连，两者都是以领土来界定国家身份，都将印度的领土和边界‘神圣化’，1947年分治后还将来自内部或外来的任何领土挑战看作是对神圣领土的亵渎。”[③]

《阴影线》中人物的界线意识背后的深层心理依然是民族主义情结作祟，捍卫界线关乎荣誉、民族自豪感、安全感这一类的情感，战争这种残酷的暴力形式因此被赋予了荣耀的光环，得到了人们狂热的支持。而战败则被认为是屈辱的，非友即敌的二元对立观念更是让失败的一方惶惶不安，他们恐惧战胜方会趁机侵犯自己的土地，甚至灭绝自己的民族。所以，失败的一方总要伺机报复，还对方以颜

---

① Amitav Ghosh, *The Shadow Lines*, New Delhi: Penguin Books, 2009, p.241.

② Alastair Lamb, *Asian Frontiers: Studies in a Continuing Problem*, Melbourne: F. W. Chehire, 1968, p.130；转引自邓红英：《论印度民族主义对中印边界争端升级的影响》，《武汉大学学报》2015年第5期，第119页。

③ Kanti Bajpai and Siddharth Mallavarapu, eds. *International Relations in India: Theorizing the Region and Nation*, New Delhi: Orient Longman, 2005, pp.256–258；转引自邓红英：《论印度民族主义对中印边界争端升级的影响》，《武汉大学学报》2015年第5期，第119页。

色。如此一来，战争将无休无止地循环，分界线两侧的对峙和敌意也将长时间地持续下去。

高希在《阴影线》中呼吁，绝对自由不过是幻象，自由和安全并不完全靠划分界线来保障，用暴力手段获得绝对自由的行为更是愚蠢而没有价值的。不同文化、不同信仰、不同社会形态、不同政治形态的差异并非是完全对立不能调和的，人们应该以开放包容的态度努力突破观念上的壁垒，本着求同存异的原则，逐渐消弭由于观念差异所造成的界线意识，从对方的身上看到自己的影子，从自己的身上找到对方的痕迹，这样人类社会才能健康和谐地发展。

## 二、罪恶的历史遗产：殖民主义的恶劣影响

高希在自己几乎所有的小说中试图建立起历史和现实的密切联系，所有的现实问题都有其历史根源。南亚次大陆的宗教隔阂、极端民族主义、极端自由主义等错误思想不完全是印度自身的问题，它们同时也是殖民主义有害的遗产。《阴影线》中故事发生的时间是英国结束在印度的殖民统治数十年之后，作家更多关注殖民统治在殖民地的后续影响。这种影响不仅造成了印度分治后的一系列社会问题，更重要的是侵蚀了印度文化肌体。殖民者用文化教化的方式，对殖民地人民的思想和意识形态进行改造。这种精神层面的影响影响是深入且持久的，也是更深层次的殖民。正如法国后殖民理论家弗朗兹·法侬（Frantz Fanon）的观察：殖民者对于殖民地不仅仅进行政治和军事的占领，而且还致力于破坏殖民地本土文化，对被殖民者进行文化构造和文化渗透，从而完成更长远的殖民，即精神上的殖民。[①]

### （一）宗教民族主义的形成与单一民族国家理论的复制

民族主义理论曾在印度人民反抗英国的殖民统治的运动中起到了重要的号

① 于文秀：《后殖民批评理论先驱法侬思想评析》，《文艺评论》2004 年第 5 期，第 24 页。

召作用，然而，正如凯杜里所指出的，“民族主义学说的每个部分都可以拆开来找到其欧洲思想的根源。它和非欧洲世界是完全疏异的”[①]。疏异即陌生、疏离与拒斥。疏异首先表现为在印度形成了印度教民族主义和伊斯兰教民族主义，1906年建立的“光荣印度教协会”和全印穆斯林联盟即是典型。宗教民族主义的缺陷在于教派利益往往被凌驾于民族整体利益之上，尼赫鲁认为，这种民族主义“为封建主义、地方意识和宗派感情的色彩所蒙罩上了”[②]。它是畸形、不健全的民族主义。西方民族主义之所以会在印度发育成宗教民族主义很大程度上是因为英国殖民统治的培育，是英国统治者为了瓦解印度教徒与穆斯林结成的印度独立解放斗争阵线而采取的卑鄙策略，“启蒙活动家转向教派主义也是英国殖民统治者长期挑唆的结果。分而治之政策是英国统治者善于使用的伎俩”。英国殖民政权官员维·亨特尔在1871年所写的《我们的印度穆斯林》一书里毫不隐晦地提出，“必须在穆斯林上层中寻找和培植殖民统治的新支柱”[③]，要借穆斯林牵制印度教徒的活动。英国官员甚至无耻地表态：“我们的态度是尽力维护现存的宗教和种族分裂，而不是使之弥合。分而治之应该是印度政府的原则。”[④]英国殖民者不断地在思想上煽惑穆斯林：穆斯林在印度是附属、受压抑的，一旦国大党实现了其政治目的，它“将成为比任何伊斯兰教皇帝都更残酷的专制暴君”[⑤]。英国人怂恿穆斯林争取权利，并向穆斯林暗示他们会得到英国人的支持。就这样，在英国殖民者长期阴险的挑唆之下，印度的民族主义走上了宗教民族主义的畸形发展道路，它不但阻碍了当时的反殖民主义斗争，同时激发了印度社会的宗教冲突，酝酿了1947年的分裂。

---

① ［印］帕尔塔·查特吉：《民族主义思想与殖民地世界——一种衍生的话语？》，范慕尤、杨曦译，译林出版社，2007，第13页。

② ［印］贾瓦哈拉尔·尼赫鲁：《印度的发现》，向哲浚、朱彬元、杨寿林译，上海人民出版社，2016，第243页。

③ ［印］拉其普特：《穆斯林联盟：昨天和今天》，拉合尔，1948，第14页；转引自林承节：《殖民统治时期的印度史》，北京大学出版社，2004，第188页。

④ ［印］拉其普特：《穆斯林联盟：昨天和今天》，拉合尔，1948，第13页；转引自林承节：《殖民统治时期的印度史》，北京大学出版社，2004，第188页。

⑤ ［英］伯克：《阿里加学院学报》，1888年7月，阿里加，第813页；转引自林承节：《殖民统治时期的印度史》，北京大学出版社，2004，第189页。

其次，疏异表现为西方的单一民族国家观念在印度的水土不服。西方的国家概念、民族历史等同于国家历史的观念来自于马基雅维利（Machiavelli），因为欧洲国家的特点是有统一的民族、统一的信仰、统一的语言和共同的历史传统。但是西方的单一民族国家理论并不适合印度这个民族众多、语言复杂、宗教信仰形形色色的国家。但是，殖民者的逻辑是“在任何情况下，它都将某种非欧洲文明作为他的古典遗产”[①]，他们对殖民地的思想文化领域进行开拓，推行西方教育，印度资产阶级知识分子接受了西方哲学家、政治家宣扬的理论，在反殖民斗争中都不自觉地将本宗教政治团体视作领导民族运动的主体，并相应地以本宗教的教义、口号、仪式作为号召，将激发对本宗教传统的爱等同于爱国主义情感，却忽视疏离了别的教派的感受。单一民族国家论最极端的体现是以赛义德·阿赫默德汗（Sayyid Ahmad Khan）为代表的穆斯林启蒙思想家提出的“两个民族说”。“两个民族”强调“穆斯林和印度教徒宗教不同、文化语言不同，习俗不同，他们各自构成了单一实体，各自形成为独立的民族”[②]。这一论断的提出固然与两大宗教政治团体的利益分配有关，但同时也是英国人蛊惑的结果，英国人常常向穆斯林灌输类似这样的思想：“你们有完全的权利享有一个民族的期望，不要忘记你们的过去”[③]，“两个民族”的理论正是应了西方民族主义者宣扬的“一个民族不但要有过去，还要有未来”，这一理论不无对西方单一民族国家理论的模仿之嫌。

帕特吉曾指出西方民族主义对殖民地的危害：“民族主义作为一种意识形态是非理性的、狭隘的、仇恨的和破坏性的。可它不是任何非欧洲文明的真实产物。它完全是由欧洲出口到世界其他地区的。它也是欧洲危害最大的出口物，它不是理性或自由的产物，而是其对立面：狂热的浪漫主义和政治上的弥赛亚信仰，这都必然导致自由的灭亡。”[④]泰戈尔曾旗帜鲜明地抨击说，民族是西方制造

① 〔印〕帕尔塔·查特吉：《民族主义思想与殖民地世界——一种衍生的话语？》，范慕尤、杨曦译，译林出版社，2007，第11页。

② 林承节：《殖民统治时期的印度史》，北京大学出版社，2004，第184页。

③ 《现代评论》，1907，第588页；转引自林承节：《殖民统治时期的印度史》，北京大学出版社，2004，第189页。

④ 〔印〕帕尔塔·查特吉：《民族主义思想与殖民地世界——一种衍生的话语？》，范慕尤、杨曦译，译林出版社，2007，第11页。

出来的“怪胎”和“妖魔”，他还进一步指出了西方民族主义的本质：“西方民族主义的核心和根源就是对抗和征服精神；它的根基并不是社会合作。它成了一套完善的权力组织，而非精神上的理想主义。它就像是一群掠食者，必须占有自己的猎物。”①西方民族主义在南亚次大陆造成的恶劣后果之一就是使印度教和伊斯兰教的裂痕进一步扩大，煽动起两大政治宗教团体间的仇恨并激起他们好战的欲望。后殖民理论家萨义德也认为，民族主义在本质上与殖民主义完全一致，因而在独立后如果仍然坚持狭隘的民族主义，无异于重复殖民主义的结构。②反观独立后的印度，激进的民族主义情绪在本土知识分子精英中非常流行，原因之一便是殖民主义在思想意识领域的持续影响的结果。

### （二）民族史学观的形成与民族国家历史的建构

印度知识界接受了西方单一民族国家理论并将其内化，他们撰写的印度民族国家史体现了印度教民族主义，这也是受到西方史学观和英国殖民者历史书写话语影响的结果。古代印度缺乏史学的传统，其历史记述存在于《摩诃婆罗多》、往世书这样的神话、传说、帝王谱系中。为了反抗英国殖民者对印度历史的表述，印度知识分子精英开始尝试建构自己的民族史。然而，印度近代史学叙述却体现了殖民主义思想和印度教本质主义性质。

首先，如查特吉所言，英国人在对殖民地历史的书写中对穆斯林进行了妖魔化处理，把他们形容成狂热的征服者、残暴的统治者，贪婪于印度的财富，从而为英国人打败莫卧尔王朝取代其统治印度找了一个合法化的借口。印度教信徒深受帝国史学叙述模式的影响，接受了对穆斯林的恶意丑化，并把殖民者的话语转换成了自己的话语，凝固成对穆斯林的刻板印象，并将穆斯林王朝的统治时代描绘成一场混乱的灾难。

其次，“印度民族主义史学家很快提取了欧洲理性历史编纂学中的民族本质

---

① 〔印〕泰戈尔：《民族主义》，刘涵译，中国对外翻译出版有限公司，2014，第42页。

② 参见〔美〕爱德华·萨义德：《东方学》，王宇根译，生活·读书·新知三联书店，2009。

论，致力于将自古以来多民族、多宗教的印度历史构想成单一'民族'的历史，将政权林立、交替更迭的王朝历史构想成一部民族国家的历史。这种构想最终被投射到宗教上，演变为宗教本质论。印度教被认为是适合构想单一民族历史的正统宗教，它有过辉煌的历史，又延续至今。……印度教的历史被印度民族主义历史学家们当作建构印度单一民族历史的主导，并进一步上升为印度民族国家的唯一历史。而辉煌的印度'婆罗多之地'被强调为是这一民族历史构成的基点，成为'印度现代性的古典来源'"[①]。

总之，印度知识分子精英所书写的民族国家史一定程度上也是对殖民主义思想的继承和实践，正如查特吉的观察："出人意料的是，第三世界民族主义并没有获得最后的胜利，因为他们虽然反抗殖民者，却在无形中受制于殖民主义的思想。""在主题方面，民族主义者接受和采纳了与殖民主义同样的建立在'东方'和'西方'区别基础上的本质主义者概念；在问题的方面，虽然东方民族主义试图反抗，却因为'主题'方面的约束而戏剧性地成了一种'翻转的东方主义'(reverse Orientalism)。"[②]从这个角度看，印度的社会问题、斗争方式、思维方式实际上都是英国殖民者的有害遗产。这就是为什么高希在《阴影线》中强调"观念"的重要性，这种"观念"作为被殖民者改造过的看世界的方式已经背离了印度传统，并对独立后的印度社会造成了恶劣的影响。

### （三）种族优劣论的内化与民族虚无主义

殖民主义留给世界的还有一套话语，便是所谓的人种优劣论。罗伯特·扬在《白色神话》中引用德里达的观点指出，西方的逻各斯中心主义在"将自我强加于世界的过程中，最原始最强大的便是种族中心主义"[③]。殖民地语境中的种族中心主义意味着白人殖民者永远占据中心位置，代表最高级、最文明的；而殖民

① 王伟均：《民族国家史的建构与印度教民族主义史学的发端》，《南亚东南亚研究》2020 年第 6 期，第 119 ～ 120 页。

② 赵稀方：《后殖民理论》，北京大学出版社，2009，第 37 页。

③ 〔英〕罗伯特·扬：《白色神话》，赵稀方译，北京大学出版社，2014，第 29 页。

地人民则永远是边缘，代表最低级、最野蛮的。种族优越论宣扬现代化的西方国家应当肩负起文明传播者的使命，去拯救、去启蒙殖民地，哪怕武力强迫也在所不惜，而殖民地应该感谢并接受殖民者“托管”。这样，殖民者便从生物进化论和生物社会学的层面为自己以居高临下的态度对待殖民地居民找到了借口。“法侬认为，在殖民地，最根本的问题是殖民者与被殖民者的种族对立，而不是阶级对立，或者说在殖民地这两个问题是合二为一的。他说：殖民地世界被划分为两个由不同种族构成的界线分明的世界，经济的差别无法掩盖这种根本区分，因此殖民地最为根本的问题是你隶属于哪个种族，‘在殖民地，经济基础同时就是上层建筑，原因同时就是结果。你富有，因为你是白人；你是白人，因为你富有。’”[①]殖民主义结束后，伴随着后殖民时代经济全球化时代的到来，经济发展的需求、资本流通带来了新一轮移民热潮，大量第三世界移民涌入西方国家。他们为西方国家的繁荣做出了巨大的贡献，但是正如法国哲学家萨特所言，西方文化一向是贬低“他者”的。移民的大量涌入构成了在各行各业及各个领域与西方人的竞争，在此背景下，西方人便开始宣扬种族威胁论，打击迫害移民并使他们边缘化，逐渐形成了国家内部白人与少数民族之间的不平等关系，即“内部殖民模式”，这实际上依然是重复了殖民地的种族关系模式。

种族优越论对于殖民地人民的精神影响主要是摧毁了他们的民族自尊心：“学校、报刊、教会对印度文明不加分析地鄙视、排斥，通过各种途径把民族虚无主义、自卑感和崇洋媚外心理灌输到人们心田，对年青一代，特别是知识分子的思想成长产生了严重的毒害作用。有不少从学校培养出来的知识分子成了这一攻势的俘虏。这个危害是深远的，影响到印度后来的进步发展。”[②]在《阴影线》中，生活在英国的印度移民艾拉便是民族虚无主义的代表和种族主义的受害者。

对艾拉而言，祖国印度带给她的只有耻辱感，她随父母在国外的生活加深了她对自我的一个认识：她是不受欢迎的印度人。在英国，她感受到的所有痛苦、承受的所有侮辱都来自于她的印度人身份。她只能通过编造谎言和故事进行自我

① 赵稀方：《民族革命与文化身份——马克思主义与反殖民主义传统中的法侬》，《南京大学学报》（哲学·人文科学·社会科学）2009年第2期，第19页。

② 林承节：《殖民统治时期的印度史》，北京大学出版社，2004，第66页。

欺骗，以平衡内心的自卑：她撒谎说自己像女英雄般受到白人朋友们的欢迎，她说学校里最聪明、最漂亮的女孩子是自己的好朋友，最帅的白人男孩尼克是自己的男朋友。但实际上，她不但根本没有任何朋友，而且还经常因为自己的印度血统被同学殴打。艾拉遭受的创痛使得她愈发痛恨自己的印度裔身份，她拼命地想要摆脱这一身份和根文化，她试图从头到脚、从外在到思想改造自己，撇清自己与印度的一切联系。

艾拉试图通过外表和装扮抹杀自己的印度人特征，除了肤色之外根本看不出她与印度有任何关联。不仅如此，她似乎要刻意表现得比西方人更像西方人，甚至比一般的西方少女更加前卫。对此，祖母极度不满，她嘲讽艾拉“头发剪得很短，就像牙刷上又硬又短的毛，穿着一条紧身裤，就像学校附近大街上的妓女”①。“我”也承认艾拉的装扮很特别：“对我来说，她充满了异国情调，她穿着褪了色的蓝色牛仔裤和一件T恤衫——不像我见过的任何一个女孩，倒是像美国杂志上的画。”②在思想上，艾拉奉行的是西方的自由至上思想，她已经将自己视为西方文化的一部分，印度文化、传统习俗对她来说是虚无的，她完全不放在眼里。在印度，她也表现得个性张扬、我行我素。她在酒吧主动邀请陌生男性跳舞，当她被罗比阻止时，她一肚子委屈和愤怒，她紧紧地咬着嘴唇，淌着眼泪，吼出了郁积已久的对印度文化的不满：“你现在明白为什么我要选择住在伦敦了吗？你明白了吗？就是因为我想要自由……摆脱你们！摆脱你们血腥的文化，摆脱你们所有的人！”③在艾拉看来，西方代表着自由、开明，她唾弃印度，印度文化被她评价为“你们的”，而且是血腥、野蛮、极其不人道的，它压迫人，束缚人的自由。艾拉用西方的眼光看待母国，套用西方话语评价咒骂母国的文化，她从外到内主动改造自己，她已经被西方文化洗脑了。“洗脑”指的是使人用别人看待自己的方式来看待自己，被洗脑的人就会疏远自己的文化、语言和土地。④

艾拉渴望为自己重建一个身份，她在英国寻找归属，在西方文化中寻求文化

① Amitav Ghosh, *The Shadow Lines*, New Delhi: Penguin Books, 2009, p.88.
② Amitav Ghosh, *The Shadow Lines*, New Delhi: Penguin Books, 2009, p.89.
③ Amitav Ghosh, *The Shadow Lines*, New Delhi: Penguin Books, 2009, p.98.
④〔英〕罗伯特·扬：《后殖民主义与世界格局》，容新芳译，译林出版社，2008，第149页。

身份的认同。作为一个长时间生活在西方的印度人，她觉得自己比一般的印度人更高一等，虽然她总是承受着来自西方白人世界的侮辱，但当她跟像“我”这样生活在印度的印度人在一起时，一种在身份上和文化上的优越感不禁油然而生。艾拉试图通过与英国人结婚的方式来留在英国社会和文化中，她和英国人尼克结了婚，但尼克实际上根本不愿意娶一个印度姑娘，他只是贪图艾拉父亲的地位和财产才娶了她。尼克很快出了轨，他还对艾拉家暴，但艾拉的自卑使得她不敢反抗，更无法离开尼克，她只能戴着一副大墨镜来遮掩自己哭肿的眼睛，默默地忍受暴力和屈辱。

对于艾拉，高希十分同情她的遭遇，但又批判了她身上的殖民主义思想烙印。艾拉的悲剧反映出第三世界的移民试图融入前宗主国社会的艰难历程。她所遭受的歧视甚至暴力并不是由于她自身的错误造成，而是源于种族偏见，源于西方人的殖民主义心态。在殖民话语中，血统、肤色等生物遗传学上的特征起着决定性作用，是评价一个人品德优劣、才能高低、一个社会文化先进与否的唯一标准。独立后的印度依然无法摆脱西方人对殖民地的形象定位——落后、愚昧、肮脏。高希曾在《在那片古老的土地上》中提及人们对印度人的集体想象：印度人被视作异教徒、牛神崇拜者和黑鬼。种族优劣论是违反人性的，是毫无科学依据的。另一方面，高希又揭示了种族主义信条如何转化为前殖民地人民评价自我的标准。艾拉将自己的价值观念完全置换为宗主国的价值观念，她自愿认同并按照这一歧视性的价值标准去改造自己，为的是让她被白人社会接受，为此她甘愿做出忍让和牺牲，承受暴力和虐待。这也反映了殖民主义、种族主义对殖民地人民的精神扭曲。

## 三、结语

《阴影线》的创作动机源于1984年10月31日印度总理英迪拉·甘地（Indira Gandhi）在总理府被其锡克教警卫开枪刺杀身亡以及随后席卷全印度的针对锡克教徒的暴动。当时，高希正居住在德里，他亲眼目睹了人们丧失理智的疯狂暴行，心灵受到了极大的震撼："像与我同时代的很多印度人一样，在我的成长过程中，我一直相信像1947年伴随印巴分治而来的那样的大屠杀不可能再次发生，但是，那天早晨发生在德里的暴力事件的强烈程度与之相当。"① "那是1984年11月，当我坐回到我的书桌旁时，我突然有了一个关于写作的决定——我要写一个在我的写作生涯中从来没有面对过的问题。……我的下一部小说必定会与这一经验有关。"②在这次事件几个月之后，高希便开始了《阴影线》的创作，他书写个人隐痛和民族不幸，直面现实，反思暴力。《阴影线》既是一部家庭史，也是一段被压抑的公共的历史。高希找到了一个非常精彩的连接点将二者融合在一起。小说表现了"界线"在人们心中是多么根深蒂固，其危害又有多么严重。他认为敌对和暴力源自于自我对他者的恐惧，它往往是想象而不是现实，它来自于"对自我和镜中自我形象之间的战争的恐惧"③。这也是南亚暴力冲突的一种典型的模式，他说："我阅读有关1983年科伦坡的报纸和今天有关卡拉奇的报纸时惊讶地发现，尽管暴力发生在不同的地方，但是暴力的形式如此相似。我想这种特别类型的动乱和公共骚乱是南亚最显著的特征。"④

在南亚民族分裂运动愈演愈烈之时，高希借《阴影线》谴责了对宗教、族裔、民族、国家、战争、自由、界线等问题的狭隘理解，这些错误认知是导致20世纪绝大多数战争、冲突的主要原因。高希反对分裂和隔阂，对于那条人为划分的、观念中的界线，他说："人们将会发现，他们蚀刻在地图上的那道线制造的并不是分裂，而是一个讽刺。"因为"……这条边界线不过是一面镜子，当你看着它时，你便可以看到另一个国家的倒影"⑤。

［特约编辑：张亚冰］

---

① Amitav Ghosh, *The Imam and the Indian:Prose Pieces*, New Delhi: Penguin Books, 2010, p.51.

② Amitav Ghosh, *The Imam and the Indian:Prose Pieces*, New Delhi: Penguin Books, 2010, p.51.

③ Amitav Ghosh, *The Shadow Lines*, New Delhi: Penguin Books, 2009, p.225.

④ Neluka Silva and Alex Tickell, "An Interview with Amitav Ghosh", in Brinda Bose ed., *Amitav Ghosh*, Delhi: Pencraft International, 2005, p.217.

⑤ Amitav Ghosh, *The Shadow Lines*, New Delhi: Penguin Books, 2009, p.257.

# 语言史视域下印地语溯源研究

毛　磊[1]

**摘　要：** 印地语是印度联邦官方语言，是印度使用人口最多的语言。"印地语"这一概念有广义和狭义两种理解：前者指包括几种具有亲属关系的方言在内的印度雅利安语的集合；后者在中古语境下指天城体克利方言，在现代语境下指作为印度官方语言的印地语。两个概念之间范畴模糊。按广义的概念范畴，印地语可追溯到吠陀梵语时期。历史发展分为以吠陀梵语和古典梵语为代表的古代印度雅利安语时期；以碑文语言、普拉克利特语、阿伯布仑谢语为代表的中古印度雅利安语时期；以及其后的现代印度雅利安语三个时期。按狭义概念范畴，印地语分为以末期阿伯布仑谢语为代表的初期；以伯勒杰方言、阿沃提方言、克利方言为代表的中期；以及19世纪，特别是民族大起义以来，与乌尔都语和英语不断接触互动的现代印地语时期。语言史的梳理有利于了解印地语的发展脉络，描写语言事实，总结语言形态演变的路径和规律。本文采用广义的印地语概念，从发生学、谱系学的角度对印地语的语言使用者、早期的地域分布和谱系位置进行溯源。从语言历时演变的视角，对从吠陀梵语之前的地方口语至阿伯布仑谢语发展末期的阿沃哈特语之间的语言发展进行考察。本文旨在探究广义范畴印地语的"源"的相关问题，并为其后关于印地语的"流"的研究奠定历史背景和理论

① 毛磊（1986～），战略支援部队信息工程大学洛阳校区讲师，主要研究方向为印度语言文化、印地语语言学、语言形态研究、语言演变研究。

基础。

**关键词：** 语言史；印地语；印度雅利安语；溯源研究

## 一、引言

印度的语言状况十分复杂。印度历史上曾多次被外族入侵，形成了一个多民族的印度社会。从公元前 1500 年前后，雅利安人与达罗毗荼人在印度河流域的斗争，到公元 8 世纪起穆斯林势力对印度的统治，再到近代西方对印度的殖民，长期的民族交融和语言接触，使印度的语言体现出很强的多样性，可见印欧语系、达罗毗荼语系、南亚语系、汉藏语系等多种语系的语言。印度雅利安语（Indo–Aryan Languages）属印欧语系，是雅利安人进入印度次大陆带入的语言，由发生学上具有亲属关系的诸多语言构成，是印度语言的重要组成部分。

印度有 22 种“表列语言”（Scheduled Languages）[①]、99 种“非表列语言”（Non–scheduled Languages），以及数百种“其他语言”（Other Languages）。[②] 在这些繁杂的语言当中，印地语属于“表列语言”的范畴，是印度使用人口最多的语言。《印度宪法》第 343 条第一款确定印地语为印度联邦官方语言。“印地语”这一概念范畴有广义印地语和狭义印地语之分。广义印地语指包括克利方言、拉贾斯坦方言、迈提里方言、阿沃提方言和伯勒杰方言等在内的多种方言的统称，狭义印地语仅指用天城体书写的克利方言。

“同其他现代印度雅利安语一样，印地语起源于雅利安语的古老形态，这一点毋庸置疑。”[③] 在语言历时演变的过程中，印度雅利安语的古老文献可以追溯到吠陀梵语。梵语拥有繁复的发音规则和语言形态，呈现出宏大的叙事能力，所记载的文本具有丰富的主题和广泛的内容。7 世纪中叶戒日王死后，印度的各种雅

---

① “表列语言”指被列入《印度宪法》第八附表中的各语言，是联邦认可的主要民族语言，表列语言可作为相应邦和地区的官方语言。

② 姜景奎、郭童：《标准印地语》（第一册），中国大百科全书出版社，2020，第 1 页。

③ धीरेंद्र वर्मा , *हिंदी भाषा का इतिहास* , हिंदुस्तानी एकेडेमी , १९४९ , पृष्ठ ४१.

利安语进入快速发展演变的时期。由于中古时期的社会混乱和文化衰落，梵语呈现萎缩之势，失去了作为日常交流用语的功能。多种俗语按照各地的实际情况和文化传统发展起来，从而使印度北部、中部和东部的地区语言和方言形态得以稳定下来，其中包括巴利语、摩揭陀语、半摩揭陀语和修罗塞纳语等。11世纪初，从伊朗来的穆斯林向印度北部发起了进攻。11～12世纪间，印度北部建立了穆斯林统治。在日常交往和语言接触的过程中，阿拉伯语、波斯语、土耳其语的词汇开始大量进入印地语的词汇系统。外来文化，特别是伊斯兰教文化丰富了印地语的语音和词汇系统，对语言演变起到了外在的推动作用。13世纪初，尊崇伊斯兰教的德里苏丹国建立，帕克蒂运动在南印度式微，但在北印度找到了适合自己发展的土壤。[①] 印度社会开始反对印度教保守和束缚的传统，产生了广泛的动荡和虔诚运动的浪潮。以各地方语言开展的文学创作繁荣发展，其中以歌颂黑天为主题的虔诚诗歌最为兴盛，梵语文学进一步衰落。"几百年间，这个浪潮席卷了整个印度，从而更便利于由俗语发展起来的各个地区的语言巩固各自特有的现代形式。"[②] 这为语言的演变起到了内在推动作用。

由各种俗语发展起来的地方语言都属于印度雅利安语，它们受到中世纪帕克蒂运动和伊斯兰文化的影响，一方面保持各自的语言特点和语法结构，另一方面根据需要从梵语和各种外来语借用词汇。各种地方语言先后兴起，如孟加拉语、旁遮普语、马拉提语、古吉拉特语等。仅就印度北部和中部来说，先后出现了一些方言性质的阿伯布仑谢语（Apabhramsa）。阿伯布仑谢语意为"被玷污的语言"，同梵语的词义"整理好的语言"相对。这些阿伯布仑谢语逐渐发展为包括克利方言、伯勒杰方言、阿沃提方言、拉贾斯坦方言、迈提里方言等在内的多种现代印度雅利安语，被称为广义的印地语。印地语经由阿伯布仑谢语演化而来，它的口语形式是克利方言。

---

① 姜景奎：《再论中世纪印度教帕克蒂运动》，《南亚研究》2004年第1期，第57页。

② 〔印〕西沃丹·辛赫·觉杭：《印地语文学的八十年》，刘安武译，中国大百科全书出版社，2016，第7页。

## 二、印地语的发生源流与谱系位置

### （一）印地语的发生源流

语言离不开语言的使用者，而语言使用者离不开承载其生产、生活的地域范围，以及所处的社会文化环境。印度的语言也是如此，滥觞于不同人种、文明的交流与不同民族、文化的碰撞之中。

从语言的发生学来看，印地语可追溯到古代印度雅利安人使用的语言，然而在雅利安人到来之前，印度已可见其他人种生产生活的迹象。印度北部是高海拔的崇山峻岭，东、西、南三面环海，这些难以逾越的高山隘口和浩瀚大海阻碍着进入印度的通路。迄今，次大陆最早的居民以及文明的创造者是谁，学界对此尚无定论。根据考古发掘，早在旧石器时代就有小群体的原始人类进入次大陆[①]，这些人是原始澳大利亚人[②]的祖先。目前，几乎在次大陆的任何地方，特别是低种姓居民中，都可追寻到原始澳大利亚人种的特征。第二支来到印度的人种，通称为达罗毗荼人[③]。学界认为，达罗毗荼人在印度河文明发祥之前不久，从西北方向进入印度，对印度河文明的标志性文化——哈拉巴文化做出过贡献。[④]第三支是雅利安人[⑤]。大约于公元前1200年前后，雅利安人从次大陆西北方向，通过兴都库什山的开伯尔山口，进入印度河流域的旁遮普地区。雅利安人进入印度时，印度处于原始社会末期，此时印度河文明已渐衰落。据《梨俱吠陀》记载，雅利安人与印度河流域当地的土著居民进行了激烈的较量。经过长期的斗争，作为游牧

---

① 次大陆西北部和南部发现了较多的旧石器时代遗迹，最具代表性的是西瓦利克山脉附近发现的类人猿化石，以及次大陆南部的手斧文化。

② 原始澳大利亚人（the Proto-Austroloids）也称原始澳语人，属于第一批走出非洲的人类。

③ 达罗毗荼人大多分布在印度南部，约占印度人口的25%。欧洲人类学家认为达罗毗荼人是古地中海人种的外围分支。汉语中“达罗毗荼”一词在《大唐西域记》一书中已出现，指代南印度的一个国家。

④〔印〕A.L. 巴沙姆：《印度文化史》，闵光沛等译，商务印书馆，1999，第9页。

⑤ 雅利安人早期生活在高加索山脉地区，后向西迁移，一支成为欧洲印欧语系民族的祖先；另一支进入伊朗，称“印度伊朗雅利安人”，随后由于内部冲突，一部分进入印度，即为印度雅利安人。

民族的雅利安人击败了作为农耕民族的土著达罗毗荼人，占据上风。雅利安人肤色较白，他们把当地肤色黑黢、鼻梁较低的达罗毗荼人称为“达萨”，即“奴隶”之义。《梨俱吠陀》中，有雅利安人请求因陀罗大神帮助，捣毁“达萨”的城堡与水坝的记载。

进入印度的雅利安人早期主要生活在印度河流域，据《吠陀本集》和《梵书》记载，雅利安人随后向东扩张领土。[①] 根据《梨俱吠陀》中提到的河流名称[②]，可以推断出雅利安人从印度河及其支流地区向旁遮普一带迁徙的轨迹。学界较为赞同的观点是，雅利安人分两批先后进入印度，这一观点被称作“两次入侵论”[③]。据《梵书》记载，在后吠陀时代，前一批到来的雅利安人，已将活动区域扩展到摩陀耶提舍[④]，雅利安文明的中心地带到达俱卢人和潘查拉人的国度，位于今天的北方邦境内，印度雅利安语的地域分布与此趋同。后一批到来的雅利安人逐渐侵占了前者的领地，将前者驱散，成为次大陆的占领者。因此，相对于印度这一地理概念而言，第二批雅利安人成为本土者，第一批沦为外来者。根据格里森对印度雅利安语对比研究得出的观点，印度雅利安语之间也存在着显著的本土语言与外部语言的分别。[⑤]

从词源来看，印地语“हिंदी”一词由梵语“सिंधु”或“सिंधी”演化而来，是来自波斯语的辅音字母“ह्”替代原辅音“स्”的结果。“从实际使用和语言形态的角度来看，‘हिंदवी’或‘हिंदी’一词都是波斯语词汇。无论梵语、俗语或现代印度雅利安语的任何古老文献中，均未见这个词。”“हिंदी”一词最早可见的文献来自7世纪末期。”[⑥]“सिंधु”一词来自梵语词根“स्यन्द्”。该词根表征“渗出、流动、分泌”等与液体或水流相关的动作。“सिंधु”起初用于指河流，后特指“印度

---

① 〔印〕A.L. 巴沙姆：《印度文化史》，闵光沛等译，1999，第25页。

② 从东向西依次是：格鲁姆河（Krumu）、戈马蒂河（Gomati）、库帕河（Kubha）、苏伐斯杜河（Suvastu）。

③ 参见भोलानाथ तिवारी，*हिंदी भाषा का इतिहास*，वाणी प्रकाशन，२००७，पृष्ठ२३；धीरेंद्र वर्मा，*हिंदी भाषा का इतिहास*，हिंदुस्तानी एकेडेमी，१९४९，पृष्ठ ४३.

④ 该名称印地文为मध्यदेश，指北至喜马拉雅山，南至温迪亚山，东至阿拉哈巴德，西至萨拉斯瓦蒂河的地区。

⑤ 转引自भोलानाथ तिवारी，*हिंदी भाषाका इतिहास*，वाणी प्रकाशन，२००७，पृष्ठ २३.

⑥ भोलानाथ तिवारी，*हिंदी भाषा का इतिहास*，वाणी प्रकाशन，२००७，पृष्ठ ४७.

河”。波斯的商队进入次大陆后，经过语音替代形成“हिंदु”一词。其后，波斯人用“हिंदु”指代自己在次大陆到达的地区，进而用于指代整个印度，并演化出“हिंद”（印度）一词。随着时间的推移，“हिंद”一词添加形容词后缀“-ईक”，形成“हिंदीक”，并伴随尾音“-क”的脱落，最终出现“हिंदी”一词，用于表示“印度的居民”以及“印度的语言”。该词也可见“हिन्दुई”“हिन्दवी”“हिन्दुवी”等形态，后两者中的“व”是为了语音的韵律而引入的插音[①]。与“हिंदी”形态上相异的“हिंदू”一词被波斯人用来表示“不信仰伊斯兰教的印度人”。由以上分析可见，印地语“हिंदी”一词来自“印度河”，由“सिंधु”经过语音替代和词义演变而来。

## （二）印地语的谱系位置

历史语言学从谱系[②]分类的角度来研究不同的语言，追溯语言间的历史联系。世界语言的谱系分类是将世界不同区域内相邻的语系和语族关联起来，构建具有历史联系的语言集团。由于语言学家的背景、视角各不相同，世界语言的谱系分类众说纷纭，有九分说、十二分说、十五分说等。就印地语的谱系位置，学者们普遍认为印地语属印欧语系，但语言学界对印欧语系的系属关系有着不同的看法。特别是20世纪初，由于赫梯语文献的发现，语言学界提出印度—赫梯语假说，掀起了对印欧语的大讨论。“看看原始印欧语，一定也跟其他一些语言有亲属关系；不过那些语言不是灭亡了就是变得很厉害，看不出什么亲属关系了。”[③]支持这一假说的主要有霍凯特（Charles F. Hockett）、格林伯格（Joseph H. Greenberg）等。[④]霍凯特认为存在印度—赫梯语，进而在印度赫梯语

① 插音在语言学中指某一语音序列被添加一个或多个音的现象。插音的成因有很多种，例如一些语言的音位组配法不允许元音连续或辅音群出现，因此一个元音或辅音会被添加至词内，使之易于发音。此外，在一些辅音序列中，插音会以过渡音的形式出现，并有可能进一步演变为历时性的语音流变。

② 语言系属分类是指根据语言的演化关系对语言进行分类的方法，具有相同祖先的语言被归为一类，类似生物分类法。分类依据为各语言语音、词汇、语法之间的对应特征和演变规律。

③〔美〕布龙菲尔德：《语言论》，袁家骅、赵世开、甘世福译，商务印书馆，1980，第72页。

④ Joseph H. Greenberg, *Language in the Americas*, Stanford, CA: Stanford University Press, 1987.

下分出阿那托利亚语、亚美尼亚语以及印欧语，印欧语由语系变为语族。[①] 反对者沃格林（Charles F. Voegelin）等认为，应将印欧语作为语系看待，进而在印欧语系框架下划分出阿那托利亚语、亚美尼亚语、吐火罗语、印度 – 伊朗语等 11 个语族，又将印度 – 伊朗语族划分为印度语、努里斯坦语、伊朗语三个语支。格林伯格和鲁棱（Merritt Ruhlen）主张欧亚语系（Eurasiatic）的语系概念，将欧亚语系分为印欧语、乌拉尔—裕卡基语、阿尔泰语、朝鲜—日本—阿伊努语、吉利亚克语、楚克奇—勘察加语、爱斯基摩—阿留申语等 7 个语族。[②]

印度语言学家在考察印地语谱系位置时，也提出了相应的世界语言系属分类。沃尔玛（Dhirendra Verma）将世界语言划分为以下 12 个语系[③]，分别为：印欧语系、闪米特语系、含米特语系、汉藏语系、阿尔泰语系、达罗毗荼语系、马来—波利尼西亚语系、南部非洲语系、中部非洲语系、印第安语系、澳大利亚与太平洋语系[④]以及其他语系。在印欧语系下，沃尔玛划分了 8 个语族，即印度—伊朗雅利安语族、亚美尼亚语族、斯拉夫语族、阿尔巴尼亚语族、希腊语族、意大利语族[⑤]、凯尔特语族以及日耳曼语族。他进一步将印度—伊朗语族划分为 3 个语支：伊朗语支，包括古波斯语、阿维斯陀语、波斯语；山区语支，包括克什米尔语、吉德拉尔语；印度语支，包括印度雅利安语支各语言。[⑥] 在沃尔玛的语言谱系划分下，印地语属于印欧语系（Bharopiya）印度—伊朗雅利安语族中的印度语支。迪瓦里（Bholanath Tiwari）继承并发扬了沃尔玛的观点，他指出"这一语系主要分布于印度、欧洲以及周边地区，因此被称作印欧语系或简称为印欧语"。[⑦]迪瓦里进一步将印欧语系划分为以下 10 个语族[⑧]：凯尔特语族、拉丁语族、日耳曼语族、希腊语族、吐火罗语族、阿尔巴尼亚语族、波罗地语族、斯

---

① 〔美〕霍凯特：《现代语言学教程》，索振羽、叶蜚声译，北京大学出版社，1986，第 330 页。

② 转引自江荻：《20 世纪的历史语言学》，《中国社会科学》2000 年第 4 期，第 157 页。

③ धीरेंद्र वर्मा, *हिंदी भाषा का इतिहास*, हिंदुस्तानी एकेडेमी, १९४९, पृष्ठ ३६.

④ 即南亚语系。

⑤ 原文为इटैलिक，这里指拉丁语族。

⑥ धीरेंद्र वर्मा, *हिंदी भाषा का इतिहास*, हिंदुस्तानी एकेडेमी, १९४९, पृष्ठ ३६.

⑦ भोलानाथ तिवारी, *हिंदी भाषा*, वाणी प्रकाशन, १९८७, पृष्ठ ३.

⑧ भोलानाथ तिवारी, *हिंदी भाषा का इतिहास*, वाणी प्रकाशन, २००७, पृष्ठ १८.

拉夫语族、亚美尼亚语族、印度—伊朗语族。这10个语族中，各语言的形态特征可见一定的规律性，这种规律性在各语言中表示“100”的数词的形态中体现得十分明显。在阿维斯塔语中，表示数词100的词为“सतम्”，拉丁语中表示数词100的词为“केन्तुम”。根据印欧语系各语族语言中数词100的语言形态，是接近于阿维斯塔语还是接近于拉丁语，语言学家将印欧语系10个语族分为सतम्类语言和केन्तुम类语言两类。迪瓦里将凯尔特语族、拉丁语族、日耳曼语族、希腊语族、吐火罗语族列入印欧语系केन्तुम类形态语言，将阿尔巴尼亚语族、波罗地语族、斯拉夫语族、亚美尼亚语族、印度—伊朗语族列入सतम्类形态语言。在语支划分上，迪瓦里与沃尔玛持相同观点，认为印度伊朗语族可分为印度雅利安语支、伊朗雅利安语支和山区语支。迪瓦里进一步指出，将山区语支划入伊朗雅利安语支是错误的。“该语支语言在某些方面与伊朗语支类同，在其他一些方面与印度语支类同。”①

从上文分析可见，虽然西方语言学家和印度语言学家对语言谱系有不同的划分方法，特别是对印欧语系的谱系层级结构存在意见分歧，但可以确定的是印地语属于印欧语系印度—伊朗语族中的印度雅利安语支。印度雅利安人与伊朗雅利安人都将自己称作雅利安人，在阿维斯塔语中，“雅利安人”一词为“ariya”，其复数属格形式为“airyana”，经过元音交替形成“eran”，并逐渐形成表示伊朗人的“eeran”一词。印度伊朗雅利安人在中亚地区的阿姆河（Amu River）②河谷分为两支，一支进入伊朗，一支进入印度。印度雅利安语由印度雅利安人带入印度。

## 三、古代印度雅利安语的起源与发展

语言学家推测，雅利安人进入印度时，他们使用的语言跟同时期的古伊朗语之间没有较大差别。③雅利安人的语言在与印度河流域的非雅利安各族接触与融

① भोलानाथ तिवारी, *हिंदी भाषा का इतिहास*, वाणी प्रकाशन, २००७, पृष्ठ २०.

② 旧译为奥克苏斯河（Oxus River），中国古称乌浒水，《元史》作暗木河。

③ भोलानाथ तिवारी, *हिंदी भाषा का इतिहास*, वाणी प्रकाशन, २००७, पृष्ठ २३.

合的过程中，受到了直接或间接的影响，形成古代印度雅利安语。

印度雅利安语最古老的书面形态，在公元前1200年至公元前900年间的吠陀本集中可见。吠陀本集的语言为吠陀梵语（Vedic Sanskrit），被认为是最早可见的书面语。根据语言演变的客观规律，同一语言的口语早于书面语产生，与吠陀梵语书面语相对应的口语形态，早在有文字记载之前就已诞生。19世纪的印地语语法学家瓦杰帕伊（Kishoridas Vajpeyi）将吠陀梵语产生之前的语言称为“吠陀时期的普拉克利特语”，并认为在吠陀时期的社会中，既有圣贤存在，同时也有广大普通农民、劳动者（或奴役）以及管理者，普拉克利特语就是他们用作交流的语言。① “吠陀经典里的‘偈’（गाथा）体语言和古梵语的语言有些不同，由此可知，在吠陀时代就已经有普拉克利特语了。”②

“普拉克利特”（Prakrit）一词的本义是“自然的、未受教育的、低下的”。普拉克利特语被用来指那些自然产生的或人们在未受专门教育的情况下即可理解并用于日常活动的语言。在印地语语言史文献中，“普拉克利特语”一词可见不同的指代含义，涉及古代印度雅利安语和中古印度雅利安语两个时期的语言。有学者认为在古代和中古语言史中，均有普拉克利特语。除上文所述瓦杰帕伊以外，古鲁（Kamta Prasnd Guru）和帕蒂亚（Kailash Chandra Bhatiya）也持此种观点。古鲁将吠陀梵语之前的俗语称为“第一普拉克利特语”，将中古时期包括巴利语在内的俗语称为“第二普拉克利特语”。③ 帕蒂亚认为，梵语之前的俗语为“第一普拉克利特语”，在吠陀梵语发展成熟之前，第一普拉克利特语与吠陀梵语是共存的状态；而梵语之后的俗语为“第二普拉克利特语”，帕蒂亚指出，印度雅利安语经历了由“普拉克利特语到普拉克利特语”的发展过程。④ 还有学者认为，普拉克利特语只存在于中古时期。迪瓦里指出，印度雅利安语的起源是吠陀梵语，普拉克利特语存在于古典梵语之后的中古时期，可分为第一普拉克利特

① 转引自कैलाशचन्द्र भाटिया, *ब्रजभाषा और खड़ीबोली का तुलनात्मक अध्ययन*, सरस्वती पुस्तक सदन, १९६२, पृष्ठ २.
② 〔印〕迦姆达 · 普拉沙德 · 古鲁:《印地语语法》，殷洪元译，商务印书馆，2016，第37页。
③ 〔印〕迦姆达 · 普拉沙德 · 古鲁:《印地语语法》，殷洪元译，商务印书馆，2016，第37～38页。
④ कैलाशचन्द्र भाटिया, *ब्रजभाषा और खड़ीबोली का तुलनात्मक अध्ययन*, सरस्वती पुस्तक सदन, १९६२, पृष्ठ १–६.

语、第二普拉克利特语和第三普拉克利特语三个发展阶段。[①] 按照迪瓦里的语言史划分，第一普拉克利特语指巴利语和阿育王碑文语言，第二普拉克利特语指由口语逐渐书面化的“普拉克利特语”，第三普拉克利特语指阿伯布仑谢语。迪瓦里划分的三个时期的普拉克利特语对应中古时期语言演变的三个阶段。根据普拉克利特语的词源释义，结合以上学者的观点，本文认为，普拉克利特语存在于古代和中古两个时期的语言演化进程中，吠陀梵语产生之前口语化的俗语为“吠陀时期的普拉克利特语”，中古时期书面化的俗语为“书面化的普拉克利特语”，阿伯布仑谢语由普拉克利特语发展而来，为新的语言演变阶段，下文有论。

吠陀普拉克利特语之后，吠陀梵语作为书面语逐渐发展成熟，最早可见于《梨俱吠陀》。吠陀梵语在四部吠陀本集中的语言形态不尽相同。甚至在同一部吠陀中，也可见语言差异。例如，《梨俱吠陀》第一卷与第十卷中的语言更接近吠陀梵语的后期形态，而其他各卷的语言则体现出早期形态，与阿维斯塔语的语言形态相近。因此，吠陀梵语被认为是由吠陀时期多种地方语言混合而成的。吠陀梵语用于书写宗教经典，也被称作“神的语言”（devavani），具有极高的威望和神圣性。因此，吠陀梵语对文字记载时语法的规范性以及诵读时发音的准确性有很高的要求。大约公元前 4 世纪，波你尼（Panini）在《八章书》（*Astadhyayi*）中对吠陀梵语的文法规范进行了详细系统的描写，对不规范的用法进行了区分，吠陀梵语发展臻于成熟。其后到奥义书时期，奥义书作为“吠陀的终结”，形成了吠陀传统文集编纂的最后部分，也标志着吠陀时代的结束。

吠陀梵语之后的语言为古典梵语（Classical Sanskrit）。古典梵语也称民间梵语，是后吠陀梵语的主要形式。古典梵语文本以两大史诗《罗摩衍那》和《摩诃婆罗多》为代表。古典梵语吸收了大量的俗语，用语逐渐偏离波你尼的文法规定，与严谨的吠陀梵语相比更为通俗。简言之，“吠陀梵语同古典梵语之间的区别就如同文学用语与俗语之间的区别”[②]。吠陀梵语的神圣性和文法的复杂性，使其更多地掌握在婆罗门祭司等社会较高阶层的手中。古典梵语则更容易被普通人

---

① भोलानाथ तिवारी , *हिंदी भाषा का इतिहास* , वाणी प्रकाशन , २००७ , पृष्ठ ३० – ३८ .

② कैलाशचन्द्र भाटिया , *ब्रजभाषा और खड़ीबोली का तुलनात्मक अध्ययन* , सरस्वती पुस्तक सदन , १९६२ , पृष्ठ ४ .

接受，这一点也推动了两大史诗在民间的口耳相传。吠陀梵语和古典梵语都是综合型语言（synthetic language）[①]，以屈折为句法特征，即通过名词词尾的形态变化来体现格的变化，而不需要通过附加其他词来表达语法。例如，मनुष्य一词的属格形式为मनुष्यस्य，而不像现代印地语里的मनुष्य का。这种古老的综合式变格手段与其后中古时期的各印度雅利安语的分析式格尾变化有一定的区别。

## 四、中古时期印度雅利安语的演变

从吠陀梵语向古典梵语的演变可以看出，古代印度雅利安语中无论吠陀梵语还是古典梵语都与言语交际中实际使用的语言有一定的差距。梵语作为远离大众现实生活的语言，渐渐走向衰落。自公元前500年起，一种被称作“大众语言”（Jan Bhasha）的地方口语形式广泛流行。印度雅利安语进入俗语化时期。该时期始于公元前500年前后，持续至公元1000年前后。[②]中古时期的印度雅利安语大致可分为三个阶段：阿育王碑文与巴利语时期、普拉克利特语书面化时期以及阿伯布仑谢语时期。

阿育王碑文语言也称碑文普拉克利特语，见于阿育王统治时期印度各地的碑刻。自公元前3世纪起，阿育王令人雕刻碑文，以推广佛教思想，推行行政敕令。这些碑刻散落在印度各地，是了解中古时期俗语的实物载体。通过碑文考证，碑文语言大致可分为四种：西北碑刻语言（Udeechy）、西南碑刻语言（Pratichy）、中部碑刻语言（Prachymadhy）以及东部碑刻语言（Prachy）。[③]由于佛教的传播，民间的俗语有了很大的发展。这些早期俗语最主要的代表是巴利语。有学者指出，“巴利”一词是“行、线”或“文章、经典”的意思，也有

---

① 综合型语言和分析型语言是根据句法结构和形态手段对语言进行的划分。综合型语言以屈折（inflection）为主要的形态手段，通过词尾的形态变化表达性、数、格等语法类别；分析型语言不是通过词的屈折变化来表达语法关系，而是借由词以外的形态手段，如调整语序或附加功能词来实现。

② धीरेंद्र वर्मा, *हिंदी भाषा का इतिहास*, हिंदुस्तानी एकेडेमी, १९४९, पृष्ठ ४६.

③ कैलाशचन्द्र भाटिया, *ब्रजभाषा और खड़ीबोली का तुलनात्मक अध्ययन*, सरस्वती पुस्तक सदन, १९६२, पृष्ठ ८.

学者认为“巴利”是某一村庄的名称，因此“巴利语是印度的一种农村生活用语”[①]。语言考证可知，当时北印度的巴利语至少可见三种形态：东部巴利语、西部巴利语和东北巴利语。[②]东部巴利语以摩揭陀语（Magadhi）为代表，西部巴利语以马哈拉施特拉俗语（Maharashtri）为代表，东北巴利语以修罗塞纳语（Shauraseni）为代表。碑文语言和巴利语在形态上仍可看出与梵语之间的联系，但语言简化的特征也十分明显。例如，श्、ष्、स्三个辅音在中部碑文和东部碑文中仅可见स्的形态；复合辅音स्थ्在中部碑文和东部碑文中被ठ्取代。此外，碑文语言和巴利语，一定程度上可以看出语言的古老形态向现代形态中间的过渡。例如梵语中表示“存在”的भवतु一词，在巴利语中形态为होतु，在现代印地语中为हो。

由于包括巴利语在内的俗语的文法简单易读，大量佛教和耆那教经典开始使用这一语言的不同形式撰写，以便在普通民众中流传，起到宗教教化的作用。这些民间俗语逐渐开始由广泛流传的口语形式向书写宗教文学的书面语形式过渡。书面化的普拉克利特语在原有三支俗语的基础上，进一步分化为五种可见形态：修罗塞纳语、摩揭陀语、半摩揭陀语（Ardha Magadhi）、马哈拉施特拉语和被认为仅有书面语形态的派沙吉语（Paishachi），其中以修罗塞纳语和半摩揭陀语流行最广。修罗塞纳语的流行区域大致是今天的北方邦一带。半摩揭陀语是比哈尔地区流行的摩揭陀语和修罗塞纳语的混合语。半摩揭陀语据说是耆那教创始人大雄宣扬教义的语言。[③]修罗塞纳语日后演变为印地语的西支方言，半摩揭陀语演变为印地语东支方言。

中古时期印度雅利安语发展的最后阶段是阿伯布仑谢语。这一时期大致从5世纪开始，至10世纪结束。[④]碑文时期和书面普拉克利特语时期之后，几种普拉克利特语的书面语形态基本确立，演变有所停止。但民间以口语形式流行的普拉克利特语仍在不断变化，最终演变为阿伯布仑谢语。“阿伯布仑谢”一词意为“被

---

① भोलानाथ तिवारी, *हिंदी भाषा का इतिहास*, वाणी प्रकाशन, २००७, पृष्ठ ३१.

② धीरेंद्र वर्मा, *हिंदी भाषा का इतिहास*, हिंदुस्तानी एकेडेमी, १९४९, पृष्ठ ४७.

③ 〔印〕迦姆达·普拉沙德·古鲁：《印地语语法》，殷洪元译，商务印书馆，2016，第38页。

④ धीरेंद्र वर्मा, *हिंदी भाषा का इतिहास*, हिंदुस्तानी एकेडेमी, १९४९, पृष्ठ ४७.

破坏的、恶化了的”，该词作为指代语言的名词使用，始于6世纪。与梵语和普拉克利特语相比，阿伯布仑谢语的语言形态更加自由，语法更加简化，因此也被称为“没有语法的语言”。阿伯布仑谢语起初作为民间口语的形式广泛流传。塔加尔（Ganesh Vasudeo Tagare）认为，阿伯布仑谢语可分为西支、南支、东支三支。① 印度语言学界对阿伯布仑谢语的定性存在争议，有学者认为该语言是印度雅利安语演变过程中一个时期的语言，也有学者将它视为普拉克里特语时期的一个区域性语言。本文倾向于前者的观点，即阿伯布仑谢语作为中古时期的阶段性语言，参与语言史的构建。

在语音方面，阿伯布仑谢语的元音和辅音系统同之前的普拉克利特语基本相同，但语音的丰富性有所提高。元音“अ”在西支阿伯布仑谢语和东支阿伯布仑谢语之间出现开音节和闭音节的分化；词汇中，乐调重音（संगीतात्मक स्वराघात）② 逐渐消失，力重音（बलात्मक स्वराघात）③ 的使用更加广泛；鼻音开始广泛使用；语音脱落、增音、音位转移等语流音变现象进一步增多。在词汇方面，阿伯布仑谢语体现出语言混杂的特征。帕蒂亚指出，阿伯布仑谢语一方面吸收各方言中的名词和词根，另一方面从原始部落语言、达罗毗荼语以及其他非雅利安语中混入了大量词汇。④

与语音和词汇的进一步丰富相比，阿伯布仑谢语在语法方面则体现出简化的特征。首先，在阿伯布仑谢语中，词的“性”不再有严格的划分，出现大量使用阳性的现象。其次，名词的“数”与“格”⑤ 由梵语中8个“格”、3个“数”的24种，简化到普拉克利特语6个“格”、两个“数”的12种，至阿伯布仑谢语时期，仅可见3个“格”、两个“数”的6种。再次，阿伯布仑谢语“变格词尾

① Ganesh Vasudeo Tagare, *Historical Grammar of Apabhramsa*, Delhi: Motilal Banasidass, 1987, pp.15–16.

② 乐调重音是重音的一种，通过提升相应音节的音高来体现重读音节，在古典梵语中可见乐调重音，现代语言中除挪威语等少数语言之外，很少见乐调重音的使用。

③ 力重音通过增大音强来体现重读音节，在印欧语系的很多现代语言中均可见力重音的使用。

④ कैलाशचन्द्र भाटिया, *ब्रजभाषा और खड़ीबोली का तुलनात्मक अध्ययन*, सरस्वती पुस्तक सदन, १९६२, पृष्ठ ३९.

⑤ 在波你尼传统语法分析中，数和格被作为一个联合的概念来论述，这是因为很多名词在不带格尾的情况下，同样无法体现复数词尾，该现象更多与阳性名词相关，而阿伯布仑谢语中有大量阳性名词。

的数量减少，不变格词尾和分词的使用频率提高，从而使与动词时态相关的复杂的词尾变化减少”[①]。同样，名词格尾的屈折变化有所减少，后置词开始被使用。

每种普拉克利特语都有其对应的阿伯布仑谢语演变形式。[②]例如，修罗塞纳普拉克利特语演变为修罗塞纳阿伯布仑谢语，摩揭陀普拉克利特语演变为摩揭陀阿伯布仑谢语，而马哈拉施特拉普拉克利特语则对应马哈拉施特拉阿伯布仑谢语。阿伯布仑谢语的语言形态与现代印度语言的语言形态之间已经可以看出较多联系（见表1）。

**表1　阿伯布仑谢语与现代印度语言的对应关系**

| 阿伯布仑谢语 | 现代印度语言 |
|---|---|
| 修罗塞纳阿伯布仑谢语 | 西支印地语、拉贾斯坦语 |
| 摩揭陀阿伯布仑谢语 | 比哈尔语、孟加拉语、阿萨姆语、奥里亚语 |
| 半摩揭陀阿伯布仑谢语 | 东支印地语、阿沃提语、切蒂斯格尔语 |
| 马哈拉施特拉阿伯布仑谢语 | 马拉提语 |
| 卡斯阿伯布仑谢语 | 帕哈里语、俱利摩语[③] |
| 派沙吉阿伯布仑谢语 | 旁遮普语 |
| 卡奇阿伯布仑谢语 | 信德语 |

资料来源：वासुदेवनन्दन प्रसाद, *आधुनिक हिंदी व्याकरण और रजना*, भारती भवन, २०१५, पृष्ठ ५.

由上表可知，印地语的起源可追溯到修罗塞纳阿伯布仑谢语、半摩揭陀阿伯布仑谢语以及摩揭陀阿伯布仑谢语。阿伯布仑谢语的形态演变，体现出印度雅利安语由综合型向分析型过渡的特征。由于语法在阿伯布仑谢语中并不处于重要地位，语法的简化加快了这一语言的发展与演化。阿伯布仑谢语逐渐发展成为“完善的阿伯布仑谢语”（परिनिष्ठित अपभ्रंश），并成为书面语，其主要的语言形态以修罗塞纳阿伯布仑谢语为代表。

① कैलाशचन्द्र भाटिया, *ब्रजभाषा और खड़ीबोली का तुलनात्मक अध्ययन*, सरस्वती पुस्तक सदन, १९६२, पृष्ठ ३९.

② धीरेंद्र वर्मा, *हिंदी भाषा का इतिहास*, हिंदुस्तानी एकेडेमी, १९४९, पृष्ठ ४८.

③ 喜马拉雅山麓地区语言。

## 五、现代印度雅利安语与初期印地语的形成

书面化的普拉克利特语大约使用到八九世纪，阿伯布仑谢语的各支语言大约使用到11世纪。[①]12世纪，现代印度雅利安语的文本开始出现。由于书面语的产生比其口语形式晚，因此一般认为现代印度雅利安语发端于11世纪前后。这一时期的语言多呈现出混杂使用的特点。在12世纪，亥默金德尔（Hemachandra）[②]所著的阿伯布仑谢语语法书《亥默金德尔语法读本》的双行诗中，可见早期印地语的形式：

भल्ला हुआ जु मारिआ बहिणि महारा कंतु।
लज्जेज्जंतु वयंसिअहु जइ भग्गा घरु एंतु।।[③]

印地语译文：

हे बहिन, भला हुआ मेरा कंत मारा गया। यदि भागा हुआ घर आता तो मैं सखियों में लजाती।

中文译文：

姐姐啊，幸好我丈夫是战死。
若他是逃跑回家，我将愧见女友们。

在以上双行诗中，已经可见与印地语类似的形态，例如：भल्ला हुआ（भला हुआ）、मारीआ（मारा गया）、महारा कंतु（मेरा कंत）、बहिणि（बहिन）、भग्गा（भागा）、घरु（घर）、लज्जेज्जंतु（लजाती）。

13世纪的长篇叙事诗《地王颂》（*Prithviraj Raso*）被认为使用了梵语、普拉

① 〔印〕迦姆达·普拉沙德·古鲁：《印地语语法》，殷洪元译，商务印书馆，2016，第40页。
② 又译为“金月”。
③ नामवर सिंह, *हिंदी के विकास में अपभ्रंश का योग*, लोकभारती प्रकाशन, १९५४, पृष्ठ ३०६.

克利特语、修罗塞纳阿伯布仑谢语等 6 种语言。

现代印度雅利安语以阿伯布仑谢语的末期语言形态为开端，这一语言被称为阿沃哈特语（Avhatth），这一语言流行于 11 ～ 14 世纪。如上文所述，阿伯布仑谢语以口语形式发端，经过不断发展演化，逐渐成为北印度地区自拉贾斯坦至阿萨姆地区书写韵文的书面语。阿伯布仑谢语书面语化之后，印度各地的方言再次以口语的形式发展起来，阿沃哈特语即指这一时期的地方口语语言。帕蒂亚指出，阿沃哈特语是阿伯布仑谢语发展末期的语言，其基本语言形态仍是发展完善了的阿伯布仑谢语，即修罗塞纳阿伯布仑谢语，阿沃哈特语的产生受到了地方语的影响。[1]与阿伯布仑谢语相比，阿沃哈特语的语音构成没有太多差别，但在语法方面有一定变化，例如格尾的屈折形态进一步脱落，后置词的数量有所增多，例如एन्ने、सन、सउं、ऊपर等。

阿沃哈特语与现代印地语的部分语言形态已具有直观可见的联系，例如अज्ज（आज），जबे（जब）、निअर（निकट）、किमि（कैसे）、फुर（फिर）、बिनु（बिना）。在代词方面，阿沃哈特语与印地语代词形态的相似直观可见。例如，印地语反身代词आप在阿沃哈特语中可见अपन、अप्प、अपनेहु等形态，关系代词जो可见जो、जे、जेन等形态，第二人称宾格已经可见与印地语相同的形态तुम्हें。因此，有语言学家指出："末期阿伯布仑谢语与初期印地语同名。末期阿波布伦谢语蒙上了古印地语[3]的面具，使得印地语从阿伯布仑谢语中脱颖而出。"[3]反之，初期印地语也被称作"过渡时期的阿波布伦谢语（संक्रांतिकालीन अपभ्रंश）"。

语言学家认为，现代印度雅利安语是由阿伯布仑谢语演变而来的 12 种语言，包括信德语、西旁遮普语（Lahnda）、旁遮普语、古吉拉特语、拉贾斯坦语、西印地语、东印地语、比哈尔语、奥里亚语、孟加拉语、阿萨姆语、马拉提语。[4]此外，格里森（George A. Grierson）在《印度语言研究》中对现代印度雅利安语

---

① कैलाशचंद्र भाटिया, *हिंदी भाषा विकास और स्वरूप*, ग्रंथ अकादमी, २०१०, पृष्ठ १९-२०.

② 诞生初期的印地语有多种同义名称，例如पुरानी हिंदी、प्रारंभिक हिंदी、आदिकालीन हिंदी等。此处原文用पुरानी हिंदी一词。

③ कैलाशचंद्र भाटिया, *हिंदी भाषा विकास और स्वरूप*, ग्रंथ अकादमी, २०१०, पृष्ठ ३०.

④ द्वारिका प्रसाद सक्सेना, *हिंदी भाषा का विकासात्मक इतिहास*, विनोद पुस्तक मन्दिर, १९७६, पृष्ठ ३६.

谱系也进行了详细的分析研究（见图 1）。

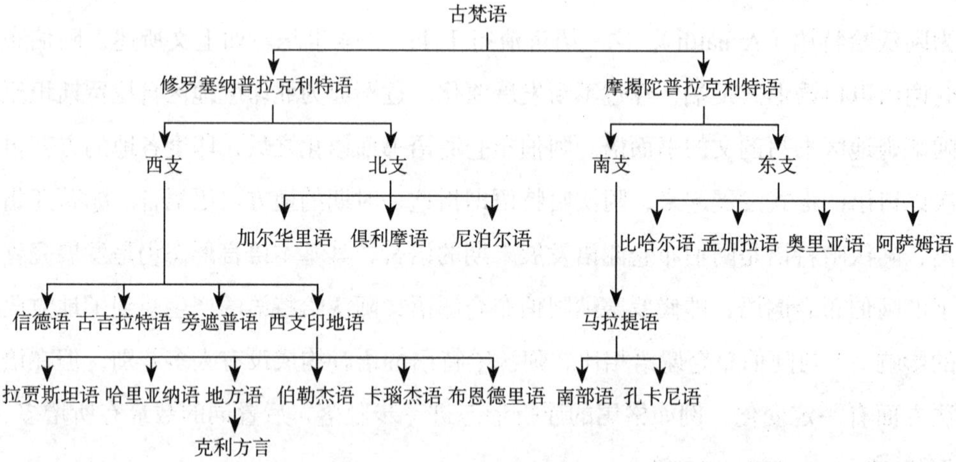


**图1 现代印度雅利安语谱系**

资料来源：笔者根据George A. Grierson, *Linguistic Survey of India*, Vol.V-IX, Goverment of India, Central Publication Branch, 1927自制

印地语隶属于现代印度雅利安语，由修罗塞纳阿伯布仑谢语、半摩揭陀阿伯布仑谢语以及摩揭陀阿伯布仑谢语发展而来。可划分为 5 个次语支，即西支印地语、东支印地语、拉贾斯坦语、比哈尔语和山区印地语。迪伦德拉·沃尔玛指出，这 5 个次语支其后发展为以下多种方言：西支印地语包括克利方言、哈里亚纳方言、伯勒杰方言、卡瑙杰方言、布恩德里方言；东支印地语包括阿沃提方言、巴克利方言、切蒂斯格尔方言；比哈尔语包括博杰普尔方言、迈蒂利方言、摩揭陀方言；拉贾斯坦语包括马尔瓦里方言、斋浦尔方言、梅瓦蒂方言、马尔维方言；山区印地语包括东部山区印地语、中部山区印地语、西部山区印地语。[①]

# 六、结语

印地语是印度的联邦官方语言。从语言的发生学和谱系学角度来看，印地语

① धीरेंद्र वर्मा, *हिंदी भाषा का इतिहास*, हिंदुस्तानी एकेडेमी, १९४९, पृष्ठ ६४–६८.

属于印欧语系印度伊朗语族中的印度雅利安语支，是印度文化的重要载体之一。印地语中有“语言似水流动”（भाषा बहता नीर）的说法，将语言比作一条流动的河流。河水不知道如何停止流动，却明白到什么地点将改变流向。“河水每四柯斯[①]的距离改变一次，而语言每八柯斯的距离改变一次。”（चार कोस पर पानी बदले，आठ कोस पर वाणी।）语言演变是语言的自然属性也是社会变革、文化发展、语言接触的结果。印地语的起源可以追溯到吠陀时期的普拉克利特语以及吠陀梵语，先后经历古代印度雅利安语时期的吠陀普拉克利特语、吠陀梵语、古典梵语，中古印度雅利安语时期的巴利语和碑文语言、书面化的普拉克利特语、阿伯布仑谢语，在现代印度雅利安语时期形成初期语言形态。印地语的语言演变过程体现了语言形式由口语向书面语再向口语，以及语言形态由简单向复杂再向简单循环发展的特点，也体现出印欧语系语言由屈折词尾的综合型语言向附加后置词的分析型语言过渡的特征。

［特约编辑：贾岩］

① “कोस”音译为“柯斯”，印度长度单位，约等于2英里。

# 印度伊斯兰文化中的阿拉伯伊斯兰文化成分

## ——以乌尔都语中的阿拉伯语借词为例

孔　亮[①]

**摘　要：** 文化接触以语言接触为手段，而语言接触必然涉及词汇系统。词汇集中体现民族文化的特性和差异，而借词在文化交流中起到了承载文化信息、记录交流过程与结果的作用，考察借词，可以比较清晰地看到文化交流的媒介、方式和内容。乌尔都语是印度伊斯兰文化的重要组成部分，它在形成过程中大量借用了阿拉伯语词汇。从词义角度考察乌尔都语中的阿拉伯语借词，可以了解印度伊斯兰文化中源自阿拉伯伊斯兰文化的成分。在物质文化层面，阿拉伯语借词的指称对象涉及饮食、服饰、器具和建筑等领域。这一方面说明在上述领域，乌尔都语中缺少相关阿拉伯伊斯兰物质文化载体的对应表达，另一方面说明阿拉伯伊斯兰文化在这些领域或特点突出，或成果丰硕，因而被印度文化吸收。在制度文化层面，阿拉伯语借词的指称对象涉及行政、军事、司法等领域，另外还存在一些“波斯化阿拉伯语借词”，说明阿拉伯伊斯兰制度文化曾经是强势文化，并在波斯文化的参与下，对印度文化产生了深刻影响。至于精神文化层面，阿拉伯语借词的指称对象主要涉及伊斯兰教的信仰、功修、礼俗仪轨、神职人员和伦理道德，表明阿拉伯伊斯兰精神文化借助宗教传播，广泛参与了印度伊斯兰精神文化的构建。

① 孔亮（1988～），战略支援部队信息工程大学洛阳校区讲师，在读博士研究生，主要研究领域为巴基斯坦语言文学、巴基斯坦历史与文化。

**关键词**：乌尔都语；阿拉伯语；借词；阿拉伯伊斯兰文化；印度伊斯兰文化

文化接触必须以语言接触为手段，文化间的交流与融合必定在语言上有所反映。[①]词汇是语言中最敏感、最活跃的要素，民族文化的特性和差异在词汇中表现得最为集中。[②]历史上每次文化接触的浪潮都有可能在一些语言中沉积下或薄或厚的借词层。[③]借词不仅在文化交流中起到了承载文化信息的作用，而且还有记录功能，考察词汇借用情况，可以比较清晰地看到文化交流的媒介、方式和内容。[④]

作为印度本土发展起来的独立语言，乌尔都语的形成与发展同伊斯兰文化在印度的传播和演化密切相关；同时，作为印度伊斯兰文化的重要组成部分，乌尔都语又充分体现了伊斯兰文化对印度文化的影响。这一点在乌尔都语与波斯语、阿拉伯语等语言的词汇关系上有所印证：有学者认为，约23%的乌尔都语词汇借自波斯语、阿拉伯语或突厥语；[⑤]另有学者利用语料库统计出了乌尔都语的1 000个基本词汇，其中波斯语借词217个，阿拉伯语借词299个，据此断定超过一半的乌尔都语基本词汇是借词。[⑥]

伊斯兰文化起源于阿拉伯半岛，在对外传播过程中吸收了大量波斯文化元素，波斯语也是其进一步东传的重要媒介。然而，伊斯兰文化实质上是一种以宗教为本的文化。[⑦]从宗教传播的角度来说，阿拉伯语无疑更为重要：《古兰经》用阿拉伯语写成，圣言、圣行靠阿拉伯语记载，对虔诚的穆斯林而言，阿拉伯语是

① 戴昭铭：《文化语言学导论》，语文出版社，1996，第225页。
② 国少华：《阿拉伯—伊斯兰文化研究：文化语言学视角》，时事出版社，2009，第135页。
③ 邓晓华：《人类文化语言学》，厦门大学出版社，1993，第250页。
④ 邢福义：《文化语言学》，湖北教育出版社，1989，第198页。
⑤ Abdul Ghaffar Khan and Mohammed Ahmad Alward,"Arabic Loan Words in Urdu: A Linguistic Analysis", *Speech and Context International Journal of Linguistics, Semiotics and Literary Science*, no.1, 2011, p.31.
⑥ Maria Isabel Maldonado Garcia, "A Courps Based Quantitative Survey of the Persian and Arabic Elements", *Pakistan Vision*, vol.16, no.1, 2015, p.93.
⑦ 孙承熙：《阿拉伯伊斯兰文化史纲》，昆仑出版社，2001，第14页。

真主之语，具有神圣性。此外，阿拉伯语借词（简称“阿语借词”）还蕴含着阿拉伯固有文化的色彩。所谓阿拉伯固有文化，是指伊斯兰教产生前阿拉伯人的文化，它与伊斯兰文化交接、叠印在一起，形成了阿拉伯伊斯兰文化体系。因此，考察乌尔都语中的阿语借词，可以清楚地了解印度伊斯兰文化中源自阿拉伯伊斯兰文化的成分。

为方便分析，笔者以印度学者穆罕默德·侯赛因·扎尔加尔（محمد حسین زرگر, Muhammad Hussain Zargar）梳理出的乌尔都语中的阿拉伯语借词为基础，[①] 参考商务印书馆2012年出版的《汉语乌尔都语分类词典》，结合自身语言学习积累，构建了“乌尔都语中的阿拉伯语借词分类表”（简称“阿语借词分类表”）。此外，笔者通过巴基斯坦费罗兹森兹出版社（Ferozsons Private Limited）2007年出版的《现代乌尔都语费罗兹辞典》（فیروز اللغات اردو جدید）对表中所有借词进行了查证，确定了其来源。

## 一、从阿拉伯语借词看源自阿拉伯伊斯兰物质文化的成分

物质文化是人改造自然界的活动方式及其全部产物，是文化系统的表层，也是其发展的基础与动力。就文化接触而言，物质文化是一种文化接受、吸收外来文化最快、最直接的层次。在接触新文化的过程中，人们总是根据自己的知识、需要和兴趣对新事物、新概念加以分类、赋义和命名，而词语借用正是其常见方式。历史上，北印度土著接触阿拉伯伊斯兰文化的过程亦然，这在乌尔都语中的阿语借词上有所体现。

乌尔都语从阿拉伯语借用了不少名词，其中一些名词涉及饮食、服饰、器具和建筑等物质文化载体。例如：

---

① محمد حسین زرگر, اردو اور ہندی کا لسانی اشتراک : صوتیات و لفظیات کی سطح پر, سرینگر : کشمیر یونیورسٹی, 2015, pp.80–86.

## 饮食类

| | | | |
|---|---|---|---|
| عنب | 葡萄 | منقہ | 葡萄干 |
| تمر | 椰枣 | نبیذ | 椰枣汁，鲜果汁，椰枣和大麦制成的酒 |
| زبدہ | 黄油，奶油 | شہد | 蜜，蜂蜜 |
| عسل | 蜜，蜂蜜 | حریرہ | 用面粉和糖做成的甜食 |
| حلوا | 用粗面、糖和黄油做成的软甜食 | شراب | 酒，饮料 |
| صہبا | 白葡萄酒 | عرق | 蒸馏水，果汁，乳浆，糖浆，烧酒 |
| زلال | 纯净水，过滤水，冰甜水 | شربت | 甜饮，加糖的清凉饮料，糖水，果汁 |

## 服饰类

| | | | |
|---|---|---|---|
| صافہ | 头巾，缠头巾 | علاقہ | 丝绦，佩带，边饰，缠头巾上的饰物 |
| قمیص / قمیض | 衬衣，带领衬衫 | قبا | 长衫，前开襟长袍 |
| عبا | 大氅，长袍 | برقع | 罩袍，面罩，面纱 |
| ازار | 围裤，宽松肥大的裤子 | ازار بند | 腰带，裤带 |
| فرو | 被罩，单子，披肩 | صوف | 羊毛，粗制毛织品，毛毯 |

## 器具类

| | | | |
|---|---|---|---|
| ظرف | 瓶，盆，罐 | صندوق | 箱，盒，匣 |
| طبلہ | 大盒子，小箱子 | طبق | 盘子，托盘，大浅碟 |
| کتاب | 书，书籍，书本 | صحیفہ | 小册子，书刊，杂志，天书，经书 |
| جلد | 书皮，皮革，合订本 | لفافہ | 信封，封套，封皮，包装袋，遮盖物 |
| خط | 便签，信 | صفحہ | 页，张 |
| قلم | 笔，钢笔，写字工具 | طباشیر | 粉笔 |

## 建筑类

| | | | |
|---|---|---|---|
| مسجد | 清真寺，礼拜的地方 | صومعہ | 礼拜堂，修道院，寺院 |
| محل | 楼，宫殿 | حویلی | 大房子，宫殿 |

| | | | |
|---|---|---|---|
| محراب | 拱门，壁龛 | منبر | 讲坛，布道台 |
| منار | 宣礼塔，灯塔 | برج | 圆顶，塔 |
| قبہ | 拱形圆顶，圆顶屋上的尖顶 | دوار/دوارا | 门槛，门框，门廊，门庭 |
| رکن | 支柱，支座，支架 | کرسی | 底座，柱基，台阶 |

在文化接触过程中，借词现象最容易出现在本土语言中缺乏异物质文化载体的对应表达之时。新事物、新概念甫一出现总是模糊不清、游移不定的，只有人们找到相应指称后，它们才会变得清晰、稳定，而词汇借用无疑是最为现实有效的办法之一。因此，如果异文化中的某些物质在本土文化中是不存在的，那么本土语言便常常通过借词来快速、准确地反映这些物质。

在农耕文明时代，借词一般优先反映植物品种和农作物的交流情况。印度河平原和恒河平原水系发达、土地肥沃，在种植业上拥有得天独厚的优势，是北印度的天然粮仓。因此，当地人对来自异文化的农作物和农产品兴趣浓厚。然而，在“阿语借词分类表”中，指称农作物或农产品的只有تمر（椰枣）、عنب（葡萄）和منقہ（葡萄干）。与之形成鲜明对比的是指称常见水果的波斯语借词，如سیب（苹果）、تربوز（西瓜）、خوبانی（杏子）、خربوزہ（甜瓜）、انار（石榴）、آلوچہ（李子）等。这一语言事实印证了阿拉伯固有文化被学者们称为“沙漠文化”的合理性。[①] 沙漠文化的特点之一是不宜农耕、物质匮乏：阿拉伯半岛绝大部分是沙漠，岛内没有一条常流河，大部分地区干旱、炎热，土地含盐量高，不利于植物生长。之所以指称椰枣、葡萄和葡萄干的阿拉伯语词被乌尔都语借用，主要是因为其特征明显。椰枣和葡萄均原产于西亚，阿拉伯半岛便是产地之一。椰枣树和葡萄树耐旱、耐盐碱，可在绿洲中生长，而沙漠地区日照强烈、昼夜温差大，非常适合水果积累糖分；同时，空气干燥且多风，很容易令水果流失水分，成为干果。所以，半岛出产的椰枣、葡萄和葡萄干粒大、味甜，颇受阿拉伯人青睐，传入印度后，相关阿拉伯语词随之被当地语言借用，继而进入了乌尔都语。在高等教育出版社2014年出版的《乌尔都语汉语词典》中，منقہ的解释是“一种无籽大粒的葡萄干”，而

① 国少华：《阿拉伯—伊斯兰文化研究：文化语言学视角》，时事出版社，2009，第15页。

乌尔都语中还存在指称葡萄和葡萄干的波斯语借词，即انگور和 کشمش，以及指称椰枣的本土原生词کھجور。这些语言事实从一个侧面说明，由阿拉伯半岛传入印度的椰枣、葡萄和葡萄干与众不同，是阿拉伯固有物质文化的重要载体，因而成为印度伊斯兰文化的组成部分。

“饮食类”中的其余阿语借词也具有特殊的文化含义。حلوا（用粗面、糖和黄油做成的软甜食）和حریرہ（用面粉和糖做成的甜食）为甜品，زبدہ（黄油、奶油）和عسل / شہد（蜂蜜）是制作甜品的原料，عرق（糖浆）、زلال（冰甜水）和شربت（加糖的清凉饮料）属甜饮，شراب（酒）、صہبا（白葡萄酒）和عرق（烧酒）则属酒精类饮品。由此可见，阿拉伯人爱糖嗜酒。这种嗜好既出于生活现实考虑，也基于原料供应便利，还得到了宗教经典的鼓励，反映出阿拉伯人对美好生活的憧憬。沙漠自然条件恶劣，生活资料匮乏，吃大量甜食既能果腹，又能满足营养需求，还能减少用餐次数，高效、实用；喝冰凉的甜饮既能解暑，又能补充能量，令人向往。椰枣具有极高的营养价值，富含多种维生素和天然糖分，既可作粮食，又是制糖、酿酒的原料，且盛产于阿拉伯半岛，所以在伊斯兰教诞生之前，就被阿拉伯人广泛用于制作甜食，与之相似的还有营养价值颇高的蜂蜜。此外，阿拉伯人中的绝大多数是游牧民，又称“贝都因人”，他们以放牧、养畜为生，常吃肉饮乳，自然能熟练掌握乳制品的加工方法和应用途径；与此同时，枯燥艰辛的游牧生活使他们养成了寄情于酒、及时行乐、无拘无束的习惯。这些文化元素在《古兰经》中亦有体现。《古兰经》第 47 章第 15 节这样写道：“敬畏的人们所蒙应许的乐园，其情状是这样的：其中有水河，水质不腐；有乳河，乳味不变；有酒河，饮者称快；有蜜河，蜜质纯洁；……永居乐园者，难道与那永居火狱，常饮沸水，肠寸寸断的人是一样的吗？”[①]因此，可以说上文列举的指称甜食、甜饮、酒类及相关制作原料的阿语借词都能体现阿拉伯伊斯兰物质文化的特点，亦能证明其在印度伊斯兰文化中的存在。

在不同文化体系内，劳动人民精心创造、发明、制作的物品和相关技能是各自物质文化的精华，它们在不同文化体系间交流，自然也在借词层留下了烙印。

① 《古兰经》，马坚译，中国社会科学出版社，2013，第 406 页。

印度伊斯兰文化的形成基础是印度穆斯林人口的大幅增加，其中，外来穆斯林占据很大比重，他们对印度本土的物质文化产生了深刻影响，这在服饰文化、器具文化和建筑文化上体现明显。

除了长相特征外，外来者与土著之间最显著的区别在于服饰打扮。阿拉伯半岛白天日光强、风沙大，穿垂及脚踝的长袍和宽松肥大的裤子既能使人免于暴晒，又利于排汗散热，而裹缠头巾可以遮挡风沙；到了夜晚，温度骤降，人们往往会披上布单或毛毯。此外，为了美观，阿拉伯人还会在长袍外穿及膝衬衫、系腰带，给缠头巾做边饰。所以صافه（缠头巾）、قبا（长衫）、عبا（长袍）、قمیص（带领衬衫）、ازار（宽松肥大的裤子）、علاقه（缠头巾的边饰）等阿语借词指称的衣物是阿拉伯人的固有装束。伊斯兰教诞生后，阿拉伯人的着装开始遵循遮蔽羞体的原则，女性尤甚，除脸、手和脚之外皆为羞体，于是برقع（罩袍），即“布尔卡”①，成为其标准服饰。北印度传统服饰文化与之大相径庭。北印度的气候属于热带季风型，长期高温、降水分季、空气湿度较大是突出特点，故当地土著习惯于穿着暴露。外来穆斯林在北印度建立统治后，一些政治上处于弱势的土著为提升社会地位而选择了改宗，继而接受了包括阿拉伯穆斯林在内的不同穆斯林社团的服饰文化，语言上即表现为借用、吸收相关词汇。这一点还可以通过乌尔都语中指称服饰的波斯语借词，如دستار（缠头巾）、گلوبند（围脖）、شال（披肩）、دستانه（手套，臂铠）、شلوار（马裤）、موزه（皮袜，靴子）、جراب（长筒袜）等，得到印证。若将这些词汇所指称的衣物组合起来观察，会发现其很符合中亚牧民或骑兵的形象，而不似穿着清凉的北印度土著。

各类器具是各地区人民生活的必需品。乌尔都语中表达不同器具的名词既有原生词，如پیالی（小水杯）、بیری（皮桶、水筒），也有波斯语借词，如باردانه（箱子、麻袋）、چاقو（小刀），表示相同或类似器物的阿拉伯语词进入乌尔都语，得益于阿拉伯文书法的广泛传播。阿拉伯文书法艺术肇始于誊抄《古兰经》，约在8～9世纪兴盛起来。由于阿拉伯文书法能宣扬《古兰经》，又能反映审美情趣，弥补伊斯兰文化中具象绘画、雕塑缺失的遗憾，故受到广大穆斯林的欢迎，逐渐成为

① برقع（burqa）的音译形式，由长袍、头巾和面罩 / 面纱组成。

最重要的伊斯兰艺术形式。阿拉伯文书法通过书写、铸造、雕刻、编织等手段，附着于书籍、钱币、器皿和织物之上，在满足世俗民生需求的同时，也满足了人们的精神需求，其载体的价值因而大幅提升。这些载体随伊斯兰教的传播和穆斯林人口的流动进入北印度并被当地人接受，相关词汇随之被当地语言吸收。由于书法在伊斯兰艺术中占据重要地位，书籍装帧业蓬勃发展，成果丰硕。起初，书籍封面以皮革制成，后来出现了压型、漆革的纸质封面，并装饰繁复的阿拉伯植物纹饰，随着技术发展，铜铸或铁铸模具代替了手工凿刻，封里装帧材料也由皮革发展到金粉。[①] 因此，可以说ظرف（器皿）、صندوق（箱子）、رکاب（托盘）、کتاب（书籍）、صحیفہ（小册子）、جلد（书皮）、لفافہ（封皮）、خط（便签）、صفحہ（页）、قلم（笔）、طبع（硬币）、صیغہ（模具）、ضرب（印模）等阿语借词是阿拉伯伊斯兰书法艺术载体被印度文化吸收的明证。

建筑是艺术品中最具持续性的一种，宗教建筑则是建筑艺术的主要代表。寺院是神灵之家，信徒们总是尽心竭力地使寺院具有更高的品格，所以对虔诚的穆斯林而言，建筑艺术的最高表现形式就是清真寺。[②] 与此同时，清真寺还是阿拉伯帝国扩张和伊斯兰文化传播的历史见证者。历代哈里发每征服一地，便会在当地建造清真寺。清真寺的核心结构基本是固定的，包括礼拜殿（礼拜堂）与配殿（配堂）、凹壁、讲坛、庭院、宣礼塔、拱顶和券门等。清真寺因伊斯兰教传播而进入北印度，指称其本身及内里结构的阿拉伯语词，如مسجد（清真寺）、محل（殿）、صومعہ（礼拜堂）、صحن（庭院）、محراب（凹壁）、منبر（布道台）、منار（宣礼塔）等，随之被当地语言吸收，进而被乌尔都语继承。

在前伊斯兰时代，北印度的建筑基本是平式的，多采用梁柱式结构。由于长横梁并不牢固，所以建筑物一般不大，且内部支柱很多，不仅缺乏曲线美，而且占用了空间。伊斯兰建筑风格的突出特点是券拱结构，其优点在于：墙壁承重性能好，建筑物不需横梁便可占据较大空间，穹顶和拱形门窗造型美观，为进一步装饰奠定了基础。以礼拜殿为例，其内部被数根彼此独立的支柱分割成若干柱

① 秦惠彬：《伊斯兰文明》，中国社会科学出版社，1999，第 341 页。

② 〔美〕希提：《阿拉伯通史》，马坚译，商务印书馆，2009，第 299 页。

廊，支柱分柱基、柱身和柱头三部分，柱头间无梁、檩连接；拱顶由数个交叉的券拼接而成，立于圆柱或棱柱上，阿拔斯王朝时期，出现了尖券上的弯拱顶，进一步增加了拱顶的高度；券一般用于构造门窗，形状包括锐圆形、半圆形、钝圆形、马蹄形等。形制上更加先进的伊斯兰建筑在北印度取得了辉煌成就，拉合尔古堡、泰姬陵、贾汉吉尔陵、巴德夏希清真寺等是典型代表，语言上即表现为قبہ（拱顶）、برج（圆顶）、رکن（支柱）、کرسی（柱基）、دوار / دوارا（门框）等词汇被乌尔都语吸收、使用。

## 二、从阿拉伯语借词看源自阿拉伯伊斯兰制度文化的成分

制度文化是文化系统的中层，包括在社会中形成的制度、风俗和人际关系以及相关理论、规范等。[①] 制度文化的交流是一种复杂现象，从历史进步的总体趋势来看，先进的、充满活力的制度文化得到广泛传播是主流，而这一过程通常会在词汇借用中留下痕迹。

按照一般历史规律，语言与文化在地位上基本保持一致：强势文化的语言通常是强势语言，强势文化总是从高处流向低处且总能找到渗透途径，强势语言亦然。相比于周边的希腊—罗马文化和波斯文化，本质上属于沙漠游牧文化的阿拉伯固有文化处于弱势地位，特别是在制度方面。不过，在伊斯兰教出现后，局面发生了逆转：阿拉伯固有文化与伊斯兰教紧密地联系在一起，并随着“圣战”范围的扩大不断接触、吸纳被征服地区的文化元素，再经过复杂的文化交融、整合与积淀，形成了阿拉伯伊斯兰文化，从而逐步向强势文化迈进，并在阿拔斯王朝时期达到巅峰。

伊斯兰教是宗教革命与社会革命相结合的产物。从初创时期的穆斯林宗教公社到中世纪的阿拉伯帝国，伊斯兰教一直奉行政教合一的政治制度，信仰、行政、军事、司法等都统一在了伊斯兰旗帜下，作为宗教语言的阿拉伯语随之成为

① 邢福义：《文化语言学》，湖北教育出版社，1989，第203页。

了强势的官方语言和民间通用语言。因此，很多涉及国家机器的阿拉伯语词汇被乌尔都语借用、吸收，例如：

### 行政类

| | | | |
|---|---|---|---|
| نظم | 安排，布置，秩序 | نسق | 规章，制度，秩序，安排，排列 |
| سلطانی | 君权，王权，统治权 | سلطنت | 王朝，帝国，王国，王权，统治权 |
| ریاست | 公国，土邦，领地，统治，治理，领导 | سرکار | 政府，国家，朝廷，法院 |
| سلطان | 国王，皇帝，苏丹，统治者 | حاکم | 统治者，官员，头人，地主 |
| امیر | 埃米尔，酋长，王公，首领，贵族 | نواب | 土邦王公，统治者，头人，省长 |
| سفاک | 暴君，屠杀者；残暴的，专制的 | ظلم | 残酷，压迫，专横，专制，迫害 |
| صوبہ | 省，省份 | ضلع | 地区，行政区，县 |
| محلہ | 城市里的区，社区，居民区，街坊 | تحصیل | 收税区域，收税部门 |
| ملازم سرکار | 政府雇员，公务员 | ملازم | 职员，仆人，侍从 |
| مقدم | 先行者，村长，领导者 | منشی | 文书，秘书，书记，文员 |
| سفارت | 外交，外交使命，使馆工作，大使职务 | قاصد | 使节，信使 |

### 军事类

| | | | |
|---|---|---|---|
| حرب | 战争 | مہم | 重大任务，运动，行动，战役，战斗 |
| فتنہ | 暴乱，暴动，叛变，叛乱 | قتل | 屠杀，诛戮，杀害 |
| حملہ | 侵犯，攻击，进攻，袭击 | قبضہ | 占领，占有，夺取，控制 |
| فتح | 胜利，赢，成功 | صلح | 调停，和谈，休战，停战，达成协议 |
| فرار | 逃跑，逃离 | سلح | 武器，工具，盔甲，装甲 |
| اسلحہ | 武器 | خنجر | 匕首，短剑 |
| فوج | 军队，部队 | بحریہ | 海军，舰队，战舰 |
| رسالہ | 骑兵，骑兵队 | مقدم | 先头部队，先遣队，前卫 |

**司法类**

| | | | |
|---|---|---|---|
| عدالت | 法院，法庭，公平，正义，法官 | ضابطہ | 法规，法典，法令，法律，条例，制度 |
| انصاف | 公正，公平，裁决，司法，审判 | منصفی | 正义，公正，公道，判决，仲裁 |
| مقدمہ | 诉讼，告状，打官司 | دعویٰ | 诉求，宣称，诉讼，起诉 |
| جرح | 盘问，询问，审问 | بحث | 辩论，申辩，辩护 |
| ثبوت | 证据，证明，证物 | اقرار | 契约，允诺，约定 |
| عذاب | 惩罚，处罚 | عوض | 赔偿，赎金，酬劳，报仇，报复 |
| قید | 关押，监禁，坐牢，制约 | ضمانت | 担保，保释，保证 |
| ثالث | 仲裁人，公断人，长老会，五老会 | منصف | 副法官，仲裁人 |
| مختاری | 授权，委托 | امانت | 托付物，委托品，信托，托付 |
| مختار | 代理人，代表，律师 | موکل | 委托人，授权人，委托律师 |
| وکیل | 代理人，副手，顾问，律师 | امین | 受托人，保管人 |

伊斯兰教初创时期，先知穆罕默德（Muhammad）建立起了“兄弟制度”，将信徒逐渐整合成了政教合一的社会组织——穆斯林公社。在该组织中，他除了具有使者、先知的宗教职权外，还有国家元首的一切世俗权力，这为以后的哈里发国家及阿拉伯帝国奠定了基础。[①] 新生的阿拉伯政权充满活力、积极进取，通过军事手段实现了快速扩张。不过，阿拉伯人在被征服地区并没有进行劫掠式破坏，反而吸收了土著统治集团丰富的管理经验，在归顺的前提下将其纳入统治阶层，利用其扩大自己的统治基础。这一点在阿拔斯王朝得到了充分体现。

750年，艾布·阿拔斯（Abu al–Abbās）借助波斯新穆斯林（马瓦里）的力量推翻了倭马亚王朝，建立起阿拉伯帝国的第二个王朝——阿拔斯王朝。由于缺乏管理经验，阿拔斯王朝初期的哈里发们特别倚重治国经验丰富的波斯贵族，并仿效其统治方式，设立大臣、宰相职位，采取波斯萨珊王朝的管理体制。[②] 这使得阿拉伯伊斯兰文化在制度层面吸收了波斯文化的元素。然而，阿拉伯人在借

① 秦惠彬：《伊斯兰文明》，中国社会科学出版社，1999，第19页。

② 纳忠、朱凯、史希同：《传承与交融：阿拉伯文化》，浙江人民出版社，1993，179页。

鉴、学习波斯政治制度时，并没有机械地照搬照抄，而是按需所取、为己所用，并逐步使之阿拉伯化。

事实上，阿拔斯王朝的政治制度基础仍是政教合一，其最高统治者一直是由阿拉伯人担任的哈里发，统治阶层始终由阿拉伯人主导。相比于仍带有游牧文化色彩的倭马亚王朝，阿拔斯王朝的“神权统治”意味更加浓厚：哈里发们将最高权力和权威归于真主，宣称自己是真主权力的代行者，是伊斯兰教的捍卫者和保护者。要实现宗教治国，要被征服民族接受阿拉伯人的政治和思想统治，最佳途径是使更多人信奉伊斯兰教。所以，历代统治者都十分重视伊斯兰教的传播和发展并为此采取了诸多措施，如长期实施“奉教、纳人丁税、战斗”[①]政策；发起大规模移民运动，通过杂居、通婚等方式加强对被征服民族的同化；定阿拉伯语为官方语言，要求一切公务行文只用阿拉伯语；加强对伊斯兰教的研究，促进圣训学、经注学、教义学、教法学等宗教学科的发展。在一系列政策举措的推动下，大批被征服者改宗，接受了伊斯兰教的行为规范和生活方式，在行政管理、司法实践和日常交际中遵循伊斯兰教律例。

阿拔斯王朝前期是阿拉伯伊斯兰文化的全盛时代。当时的阿拉伯伊斯兰文化是一种强势文化，它不仅继承了希腊—罗马文化、波斯文化和印度文化的精华，而且对世界上其他文化产生了广泛而深远的影响。[②]与之相对应的是，阿拉伯语对其他语言的影响力也日渐增强。

《古兰经》以阿拉伯语降世，履行伊斯兰教功修必须依靠阿拉伯语，而且经过百年翻译运动的洗礼，阿拉伯语在10世纪初已成为集宗教、政治、经济、军事、法律、科技等多种功能于一体的综合性语言，是阿拉伯伊斯兰文化的支柱之一，因而许多语言纷纷从阿拉伯语借词。以波斯语为例，其借入的阿拉伯语词汇占总体的60%～70%，且不局限于宗教领域，而是延及各个方面。[③]乌尔都语亦然，在行政、军事和司法领域借用了大量阿拉伯语词汇，从一个侧面印证了阿拉

---

① 皈依伊斯兰教者可享受与阿拉伯穆斯林同等待遇；可以保留原来的宗教信仰，但要交纳人丁税；若既不皈依奉教也不交税，那阿拉伯穆斯林只能对其采用武力，杀死无罪。

② 周烈、蒋传瑛：《阿拉伯语与阿拉伯文化》，外语教学与研究出版社，1998，第68页。

③ 国少华：《阿拉伯—伊斯兰文化研究：文化语言学视角》，时事出版社，2009，第179页。

伯伊斯兰文化在这三个领域的强势和对印度文化的影响。

首先，如前文所述，阿拉伯语成为阿拉伯帝国的官方语言后，国家的行政管理便实现了阿拉伯化，异族归顺者必须学习阿拉伯语才能更好地在社会中立足。其次，阿拉伯人本身好勇尚武，伊斯兰文化又增强了其凝聚力和战斗力，使民族传统转变成军事优势。阿拉伯军队严格遵守先知穆罕默德在世时的规定和哈里发的指令，纪律严明，士气高昂，吃苦耐劳，在帝国扩张的过程中功勋卓著。[①]例如骁勇善战的骑兵和骆驼兵，其机动性和适应能力极强，且战术灵活，往往能够出奇制胜。因此，阿拉伯军队的战略战术、武器装备和人员构成等要素自然成为周边其他势力学习、效仿的对象。再次，伊斯兰教的入世性使其始终关注制度文化建设，众多教法学家在《古兰经》和《圣训》的基础上，通过公议和类比，提出了许多带有法律示范效应的见解或论断，成为后世断案、仲裁的依据，而随着伊斯兰教在阿拔斯王朝前期正式成为政治制度，这些见解和论断也随之法律化。

然而，制度文化与物质文化不同，其传播过程需要时间积累和制度本身的稳定。在阿拉伯伊斯兰制度文化融入印度本土文化的过程中，阿拔斯王朝的贡献并不大：一来，阿拔斯王朝的疆域只到达印度河流域，并未深入印度腹地；二来，王朝自9世纪中叶起便开始衰落，远离核心区的省纷纷独立。应该说，阿拉伯伊斯兰制度文化主要是通过波斯文化间接影响印度本土文化的，而在其中起主要作用的，是波斯化的突厥人。伽色尼王朝、古尔王朝、德里苏丹王朝等入侵或统治北印度的王朝皆是由中亚的突厥穆斯林建立的，不过其民族文化元素，如绘画、文学、建筑、音乐、舞蹈、饮食、服饰等，长期在萨珊王朝的影响下已完全波斯化了。在他们身上，阿拉伯伊斯兰文化与波斯文化交织在一起，之后在多个穆斯林王朝统治北印度期间渗透进当地文化。这一点，可以从乌尔都语中一类特殊的借词，即词根源于阿拉伯语、词缀源于波斯语的借词，得到印证。鉴于词根是词义的基础，本文仍将该类借词归为阿语借词，并将其简称为“波斯化阿语借词”。

① 黄运发：《伊斯兰教与阿拉伯民族的崛起》，载朱崇礼主编《伊斯兰文化论集》，中国社会科学出版社，2001，第172页。

这一类借词在乌尔都语中为数不少，限于篇幅只列举部分与行政、军事和司法有关的：

表1 乌尔都语中的部分波斯化阿语借词

| 阿拉伯语 | | 波斯语 | | 乌尔都语 | |
|---|---|---|---|---|---|
| 词根 | 意义 | 词缀 | 意义 | 词汇 | 意义 |
| محله | 社区，街坊 | دار | 持有……者，具有……的人 | محله دار | 区长，邻里头面人物 |
| ضلع | 行政区，县 | | | ضلع دار | 区或县的行政长官 |
| فوج | 军队，部队 | | | فوج دار | 指挥官，司令员，军官 |
| جمع | 团体，派别 | | | جمعدار | 士官，班长，警长，巡长 |
| رساله | 骑兵，骑兵队 | | | رسال دار | 骑兵，骑兵军官 |
| فوج | 军队，部队 | کشی | 吸引，忍受 | فوج کشی | 进攻，进犯 |
| ضلع | 行政区，县 | بندی | 连接 | ضلع بندی | 行政区划 |
| سلح | 武器 | پوش | 穿上……的 | سلح پوش | 武装的；战士，士兵 |
| اسلحه | 武器 | خانه | 房屋，寓所 | اسلحه خانه | 弹药库，武器库 |
| قید | 关押，监禁 | | | قیدخانه | 监狱 |
| صف | 行列，队列 | آرائی | 装饰，装点 | صف آرائی | 列阵，战术，兵法 |
| ضمانت | 保证 | نامه | 协议，证书 | ضمانت نامه | 书面担保，保释保证书 |

注：该表为笔者自制。

阿拉伯人统治波斯的时间超过了500年，其间阿拉伯语作为官方语言使用，大多数波斯人因而很快掌握了阿拉伯语，学者们用阿拉伯文著书立说，贵族则深度参与阿拉伯帝国的管理。因此，可以说阿拉伯伊斯兰文化与波斯文化、阿拉伯语与波斯语是互相影响、彼此交融的。波斯语借入阿拉伯语词的方法有原文照搬、音译、意译、音译加波斯语词缀等。[①]所以乌尔都语中的“波斯化阿语借词”应源于波斯语中的阿拉伯语音译词根加波斯语词缀构成的词汇。后来，随着波斯化的突厥穆斯林占领并长期统治北印度，这些词汇亦被当地语言吸收，最终进入了乌尔都语。由此可见，阿拉伯伊斯兰制度文化是在波斯文化的参与下，成为印度伊斯兰文化的成分的。

① 国少华：《阿拉伯—伊斯兰文化研究：文化语言学视角》，时事出版社，2009，第179页。

## 三、从阿拉伯语借词看源自阿拉伯伊斯兰精神文化的成分

精神文化是指属于精神、思想、观念范畴的文化，能反映某民族的一些特征，如思维方式、价值取向、伦理观念、心理状态、审美情趣等，是文化系统的深层。精神文化层面的交流同样通过词汇借用留下痕迹，借用对象、范围和流向体现出一定的社会取向和群体意识。①

阿拉伯伊斯兰文化的特点是以阿拉伯语为载体，以《古兰经》和《圣训》为主导，②可见，其精髓是伊斯兰教和阿拉伯语。如前文所述，伊斯兰教是一种政治制度、一种社会规范，但归根结底是一种思想观念、一种道德标准，是精神层面的产物，而阿拉伯语是伊斯兰教传播的重要媒介。因此，乌尔都语中存在大量与伊斯兰教有关的、反映其精神文化的阿语借词。例如：

**信仰与功修类**

| | | | |
|---|---|---|---|
| اسلام | 低头，顺从，顺服，伊斯兰教 | مسلمان | 穆斯林 |
| الله | 安拉，真主 | خدا | 真主，造物主，主人 |
| رسول | 使者，先知，受真主委派带着天书的人 | نبی | 信使，使者，传送真主信息的人 |
| قرآن | 《古兰经》 | سنت | 圣训，传统，礼节，方式，行为 |
| تقدیر | 运气，命运 | جزا | 来世的回报，善报，善果 |
| قیامت | 末日，清算日 | آخرت | 最终，结局，地府，死期，世界末日 |
| ملک | 天使，天神 | جن | 火中诞生的鬼怪，妖精，魔鬼，精灵 |
| شہادت | 证词，殉教，作证言，清真言 | صلوة | 礼拜，祈祷，祷告，赞颂 |
| صوم | 把斋，斋戒 | رمضان | 斋月 |
| زکات | 施舍，善事，课税，天课 | حج | 朝觐 |
| زیارت | 对圣地、圣物的访问，拜访，朝觐 | دعا | 向真主祈求，求真主宽恕，祝福 |

① 邢福义：《文化语言学》，湖北教育出版社，1989，第205页。

② 仲跻昆等：《阿拉伯：第一千零二夜》，吉林摄影出版社，2000，第31页。

## 礼俗仪轨类

| | | | |
|---|---|---|---|
| عقیقہ | 穆斯林婴儿的剃胎发和命名仪式 | نکاح | 婚礼，按伊斯兰教教法举行的结婚仪式 |
| دفن | 埋葬，掩埋 | فاتحہ | 诵读“法谛海”让灵魂安息 |
| عید | 尔德节，节庆，纪念日，吉祥 | عاشورا | 阿舒拉节，哀悼节 |
| حلال | 合法的，清真的，符合伊斯兰教规定的 | حرام | 非法的，污秽的，违反教义的 |
| گناہ | 违反教规的行为，错误 | شر | 坏事，邪恶，不安宁 |
| جنابت | 不洁，肮脏，污染 | علت | 恶习，过错，缺点 |
| عیب | 缺点，欠缺，罪过，罪孽，错误 | جرم | 错误，过失，犯罪，罪恶 |

## 宗教人士类

| | | | |
|---|---|---|---|
| صوفی | 苏非派，苏非派教徒，禁欲主义者 | شیخ | 大师，圣人，苏非修道堂的教主 |
| عارف | 神秘主义者，神学家，圣贤 | اولیا | 圣人，圣徒，修士 |
| ولی | 圣人，圣徒，苦行僧，修道士 | فقیر | 托钵僧，苦行者，修行者 |
| صحابی | 圣门弟子，先知穆罕默德的伙伴 | مرید | 宗教学生，弟子，门徒，追随者 |
| مولوی | 伊斯兰教学者，教法学家 | عالم | 学者，伊斯兰教学者 |
| امام | 教长，宗教领袖，通晓伊斯兰经典的人 | فقیہ | 精通伊斯兰教法典的人，教法学家 |

## 伦理道德类

| | | | |
|---|---|---|---|
| مومن | 诚实的，笃信的 | شہید | 殉道的，为真主献身的，牺牲的， |
| شفیق | 善良的，仁慈的，怜悯的 | شجاع | 勇敢的，英勇的，无畏的 |
| جزم | 坚定的，坚固的，不动摇的 | عقل | 智慧的，理智的，聪明的，合理的 |
| علیم | 聪慧的，博学的，无所不知的 | اقتصادی | 经济的，节约的 |
| حسد | 嫉妒，妒忌 | بخل | 吝啬，小气 |
| بغض | 仇视，憎恶 | حرص | 贪婪，贪心，野心 |
| کذب | 撒谎 | غضب | 暴怒，蛮横，压迫 |
| کبر | 傲慢，自大 | بےحیائی | 无耻，不知廉耻 |
| حکمت | 机智，智慧，才智 | شجاعت | 勇敢，英勇，无畏 |
| عفت | 纯洁，自制，节欲，清廉 | عدالت | 公平，正义，公正，平等 |

《古兰经》和《圣训》是伊斯兰文化的基础。在穆斯林的概念里，《古兰经》是真主通过天使传达给先知穆罕默德的天启，具有绝对权威，它规定了伊斯兰教的根本信仰和基本功修，如“六信”和“五功”。前者是指虔信真主、使者、经典、天使、后世和前定，它们构成了伊斯兰教信仰的主要内容，是伊斯兰文化的精神内核；后者包括诵念清真言、礼拜、斋戒、纳天课和朝觐，它们相辅相成，共同构筑了系统完整的伊斯兰教功修制度，是穆斯林虔诚信仰的基本体现。阿拉伯伊斯兰文化融入印度文化的最根本体现是大量当地人改信伊斯兰教，在这一过程中，他们要接触、学习、理解伊斯兰教的基本概念和功修，所以乌尔都语中存在一些与之有关的阿拉伯语词汇。

宗教是阿拉伯伊斯兰文化的核心，而非全部。宗教文化与阿拉伯人的生活实践和历史经验相结合，在多个方面衍生出子文化，伊斯兰习俗文化便是其中之一。穆斯林的生老病死、饮食起居、婚丧嫁娶、节日庆典等都要遵从一定的伊斯兰仪轨。改宗不仅仅限于信仰、理念的改变，还包括生活习惯、礼俗仪轨的调整。随着外来穆斯林在北印度建立起稳固的统治，土著要适应新的人文环境，融入新的统治阶层，势必要了解、学习伊斯兰习俗，并在生活中躬亲践行。以伊斯兰教最重要的开斋节（عید الفطر，小尔德节）和宰牲节（عید الاضحیٰ，大尔德节）为例：前者为庆祝斋月结束而设，其间穆斯林要向亲友赠送甜食或水果，给孩子准备礼物或打赏仆人；后者为纪念先知易卜拉欣（Ibrahim）遵从真主旨意，其子伊斯玛仪（Ishmael）勇于为信仰献身的故事而设，其间穆斯林要宰牲献祭并将部分肉分送给亲友或邻里中的穷人。乌尔都语中除了عید（尔德节）之外，还存在 عیدی（尔德节时向亲友赠送的礼品，给孩子或仆人的礼钱）、قربان（为真主敬献的物品）、قربانی（宰杀牲畜）等与两大尔德节相关的阿语借词，说明北印度穆斯林不仅认可尔德节的精神内涵，而且接受了相应的庆祝方式。又如丧葬习俗，印度教徒传统上多采取火葬，穆斯林则按宗教要求实施土葬。穆斯林的丧事从速、从简：一般仅以白布裹尸，停尸 3 天后便下葬，其间宗教人士诵读《古兰经》相关章节，以示逝者从容归真。如今，在乌尔都语中存在دفن（埋葬）、کفن（裹尸布）、فاتحہ（诵读“法谛海”）等阿语借词，说明伊斯兰丧葬习俗很早便被北印度穆斯林接受，并一直沿袭下来。

在阿拉伯伊斯兰文化与印度本土文化融合再造的过程中，伊斯兰教学者，尤其是苏非派大师，发挥了重要作用，在语言层面即表现为相关阿拉伯语词，如صوفی（苏非派）、شیخ（大师）、عارف（神秘主义者）、فقیر（苦行者）等，被乌尔都语借用、吸收。苏非派是伊斯兰教内部信奉神秘主义的派别，以苦行、禁欲作为修行方法，强调摆脱世俗世界的桎梏，忽略教义、肤色和阶级差异。在伊斯兰教向印度传播期间，苏非派借鉴、吸收了佛教的修持习俗，通过设立修道堂、创办学校、施舍助人等方式，积极向印度社会的下层民众传教布道。相较于坚持强制推行伊斯兰化政策的正统派乌里玛，苏非派大师的教谕和训诫更能体现伊斯兰教简洁、平等的特点，对遭受压迫的、社会地位低下的群体而言更具吸引力。此外，苏非派对许多非伊斯兰的风俗习惯采取了容忍、接纳甚至吸收的态度，从而使印度的穆斯林社会展现出较强的文化包容性，这在如今印度和巴基斯坦两国的穆斯林身上亦有所体现。

根据“阿语借词分类表”，伦理道德类借词在体现精神文化的借词中占比很大，而《古兰经》中也包含穆斯林的伦理道德和品行修养等内容，《圣训》则对伊斯兰教的道德要求做出了全面论述，由此可见，道德始终在阿拉伯伊斯兰精神文化层面占据重要位置。阿拉伯伊斯兰道德本质上属于宗教道德，其伦理观始终以宗教信仰为前提、核心和目的。[①] 对穆斯林而言，个人的道德操守和素质修养应服从并服务于伊斯兰信仰，这在语言上亦有所体现。例如《古兰经》中真主的99个尊称，其用词都有引申的内涵意义。[②] 一方面赋予了真主崇高品德和超凡能力，另一方面体现了伊斯兰教对穆斯林个人道德和修养的要求。其中，部分词汇被乌尔都语吸收，如下表所示：

① 秦惠彬：《伊斯兰文明》，中国社会科学出版社，1999，第275页。

② 宛耀宾主编：《中国伊斯兰百科全书》，四川辞书出版社，1994，第63页。

表2 乌尔都语中对应真主尊称的部分阿语借词

| 阿拉伯语中的真主尊称 | | 乌尔都语中的对应借词 | |
|---|---|---|---|
| 词汇 | 意义 | 词汇 | 意义 |
| القدوس | 圣洁之主 | قدوس | 纯洁的，神圣的 |
| الحکم | 公断之主 | حکم | 公断人，仲裁人，斡旋人，调解人 |
| العدل | 公正之主 | عدل | 公平，正义，公正，公道 |
| اللطیف | 仁厚之主 | لطیف | 精致的，优美的，纯洁的，神圣的 |
| الشکور | 善报之主 | شکور | 感恩戴德的，非常珍惜的，赏赐的 |
| الحافظ | 荫庇之主 | حافظ | 捍卫者，维护者；监护的 |
| الحکیم | 至睿之主 | حکیم | 智者，学者，哲学家 |
| الجامع | 聚集万物之主 | جامع | 综合的，全面的，完整的 |

注：该表为笔者自制。

伊斯兰道德首先要求穆斯林确立和表达对真主的信仰，在实践中爱真主所爱，恨真主所恨，行应受赞许之举，禁应受责罚之举。[①] 真主尊称所用的阿语词汇被乌尔都语吸收，表明其所指对象不仅是一个宗教概念，而且包含了对世俗生活中个人道德的要求。类似的例子还有伊斯兰教提倡的“四大美德”（ملکاتِ فاصلہ），即机智（حکمت）、勇敢（شجاعت）、忠诚（عفت）和公正（عدالت），以及禁止的“八大恶习”（ملکاتِ ردیہ），即嫉妒（حسد）、吝啬（بخل）、憎恶（بغض）、贪婪（حرص）、撒谎（کذب）、暴怒（غضب）、傲慢（کبر）和无耻（بے حیائی）。指称它们的阿拉伯语词进入乌尔都语，表明改宗后的北印度土著充分认识并接受了伊斯兰基本道德，且朝着“知行合一”的方向迈进。除此之外，以“信仰面前，人人平等”为核心的伊斯兰道德还提倡尊老爱幼、扶危济困、善待友邻等人道之举，认可诚实守信、勇敢坚毅、公正仗义、乐善好施等品行操守，而在伊斯兰教诞生前，阿拉伯人本身就具备尊师崇知、勤俭务实的特点。在伊斯兰教东传的过程中，这些阿拉伯伊斯兰道德所包含的内容逐渐为北印度本土人所接受，成为印度穆斯林精神文化的重要组成部分，而这也在乌尔都语中的阿语借词上得到了体现，如مومن（诚实的）、شفیق（善良的）、شجاع

① 马明良：《伊斯兰文化新论》，宁夏人民出版社，1997，第78页。

（勇敢的）、جزم（坚定的）、عقل（智慧的）、علیم（博学的）、اقتصادی（节约的）等。

## 四、结语

文化交流给词汇借用提供了条件，同时也将其作为手段。各个时代、不同社会之间的文化交流都会在借词中留下生动的痕迹。

伊斯兰教诞生并兴起于阿拉伯半岛，自其诞生后，伊斯兰文化便成为阿拉伯人的主流文化，它与阿拉伯固有文化在时间与空间上交叠，并吸收了周边其他文化的先进元素，最终形成阿拉伯伊斯兰文化。这种文化以阿拉伯语为载体，以宗教经典为主导，通过军队、商人、移民、宗教人士等向四周扩散，反映在语言层面，就是阿拉伯语词汇被大量借用。

乌尔都语是印度伊斯兰文化的重要组成部分，在形成和发展阶段，借用、吸收了不少阿拉伯语词汇。这些词汇的所指分布在物质文化、制度文化和精神文化层面，不仅展现了阿拉伯伊斯兰文化影响印度文化的媒介和方式，而且记录了后者从前者借鉴、吸收的具体内容，为考察印度伊斯兰文化中源自阿拉伯伊斯兰文化的成分提供了新视角和新思路。

［特约编辑：王靖］

# 2022 年国际布克奖得主印地语作家吉丹贾丽·斯里专访[①]

贾　岩　杨天琦[②]

**摘　要：** 当地时间 5 月 26 日晚，2022 年国际布克奖在伦敦揭晓，印度印地语作家吉丹贾丽·斯里（गीतांजलि श्री / Geetanjali Shree）凭长篇小说《沙墓》（*रेत समाधि / Tomb of Sand*）获奖，成为第一位获此殊荣的印度 / 南亚本土语种作家。英译者黛西·罗克韦尔（Daisy Rockwell）共同获奖。颁奖词评价《沙墓》称："这是一部迷人、有趣且极富原创性的小说，同时也是一声急切而及时的反抗，反抗那些横亘于宗教、国家、性别之间的界限和壁垒的破坏性影响。"奖项揭晓前夕（5 月 20 日），笔者用吉丹贾丽·斯里的母语——印地语——对她进行了书面独家专访。在访谈中，吉丹贾丽·斯里分享了她近段时间以来聚光灯下的生活状态，探讨了《沙墓》的主题、意象、风格及其背后的创作理念，还就印巴分治、女性主义、创作语言、印地语文学、中国文学、中印文学交流等话题表达了她的见解。吉丹贾丽·斯里在评述文学、社会、历史等议题时，对单一叙事、二分法观念和标签化定义展现出鲜明的解构

---

① 本文系国家社科基金青年项目"印度进步主义文学思潮中的'中国动因'研究"（项目编号：21CWW007）的阶段性研究成果。

② 贾岩（1988～），北京大学外国语学院南亚学系助理教授，主要研究方向为印度语言文学、中印文学关系、印度文化；杨天琦（1997～），北京大学外国语学院硕士研究生，主要研究方向为印度语言文学。

意识。与此同时，她也不加掩饰地袒露自己的不满、哀伤和困惑，直言她作为创作者的能与不能、为与不为，以及她作为时代洪流中普通人的失与得。作为吉丹贾丽·斯里入围国际布克奖以来与中国学界和读者进行的首次直接对话，本次访谈有助于增进我们对这位作家以及由她代表的当代印度本土语种文学的关注和认识。

**关键词：** 吉丹贾丽·斯里；《沙墓》；当代印地语文学；印度文学；国际布克奖

**问：** 访谈伊始，我们首先想向您表示祝贺。您的小说《沙墓》入围了 2022 年国际布克奖短名单，这不仅是该奖项创立以来首次入围的印地语小说，也是第一部入围的南亚本土语种小说。我们首先想要了解的是，小说入围后，您的生活发生了怎样的变化？感觉如何？

**答：** 谢谢你们的祝贺。我的生活发生了许多变化。突然间，人们开始知道我的名字，关于我的文章也开始不断涌现。很多很多的采访，还有更多在等着我。我的小说销量取得了前所未有的飞跃，尤其是《沙墓》。用国内外不同语种翻译出版这部小说的邀约络绎而来。过去大概三周时间，我一直在巴黎，那里也是同样一番情形。实际上，《沙墓》的法译本要先于英译本问世，而且还入围了一项法国文学大奖[①]的短名单，但法国人讨论更多的还是国际布克奖的短名单。

感觉如何？当然很好。但我知道，这一切都只是数日喧哗，很快就会归于平静。我的工作是写作。唯有写作能让我心满意足。

正如你们在问题中指出的那样，《沙墓》是国际布克奖历史上第一部入围短名单的印地语小说，也是第一部入围的南亚语种小说。因此，人们应当牢记，所有的南亚语种都蕴藏着出色的虚构类作品。

**问：** 泰戈尔的著名诗集《吉檀迦利》（孟加拉语名গীতাঞ্জলি，英语名 Gitanjali，

① 即爱弥尔·吉美亚洲文学奖（Le Prix Émile Guimet de littérature asiatique）。

意为“献歌”）是印度文学的瑰宝，也是深受中国读者喜爱的印度文学经典。您的名字和这部诗集的名字相同，这其中是否有什么联系？

**答：**在印度的大众意识中，泰戈尔的位置无可替代，而《吉檀迦利》某种程度上已经成了他的同义词。父母在给我起名的时候，内心怀揣的正是这样一种感情。既然提到大众意识，我想补充的是，今天的人们比过去更多地听到“吉檀迦利 / 吉丹贾丽”这个词，但主要不是人名，而是美容院、街区和火车专列的名字！

**问：**《沙墓》的标题十分吸引人。我们注意到，小说中关于“沙墓”的直接表述并不多，但每次出现都令人印象深刻，尤其是下面这段关于母亲脊背的描写——“脊背打磨，造出沙子。她陷进去，沙漫开来……她越来越轻，轻到从沙中冉冉升起，像是升起于一座坟墓……”读到这里，我们很自然地将这位母亲和几乎与她同龄的印度共和国联系在一起——从“沙墓”中升起的母亲形象，似乎隐喻着从分治废墟中重生的“印度母亲”。您是否认同这种解读？对您而言，“沙墓”作为小说标题，是否有着更深、更广的象征含义？

**答：**你们独特的解读令我折服，真是妙极了！就我所知，还从来没有谁给出过这样的诠释。无论在理论上还是实践上，我始终认为，如果一部作品经我之手完成，那么我就不再拥有阐释这部作品意涵的权利。在写作过程中，意识的许多层次在同一时间被激活，而作家本人并不能完全察觉在这个过程中究竟发生了什么。不仅仅是比喻、象征、意象，哪怕是再稀松平常的词汇，我都无法一一说清它们是在何时、出于何种目的、以何种方式产生的。随着小说的展开，我的意识和潜意识中一定会产生对国家、分治等问题的关切，但我并未对此做出任何预先规划。

这让我想起来，疫情封锁结束后，当我离开母亲家，回到自己在德里的公寓时，那个家——对，我的家——已经消失了。它被压在这些年的尘埃里，生锈了，破败了，腐蚀了，面目全非了。我哭了出来，兀自坐在那儿，想着该从哪里挖起，才能让我的家重见天日！与此同时，我的心中也泛起一阵极度的痛楚。这是什么奇怪的地方？这不是我的国家。我的国家被埋在了哪儿？我该如何才能将它重新建立？

这一瞬，家和国联结了起来，个人的痛苦变成了普遍的痛苦。

**问：**毫无疑问，“女性”是《沙墓》的一个重要主题。小说情节围绕一对母女展开，母亲在 80 岁之前一直任劳任怨地为家庭奉献着自我，女儿则是一位“离经叛道”的女性主义者，整天把“女性觉醒”“性别差异”挂在嘴边。这样的设定在现代印度文学中并不鲜见，而其中更具女性意识、更加“现代”的女儿，往往是作家们认同的对象。《沙墓》的独特性和超越性在于，在母亲住进女儿的公寓后，二人的身份发生了微妙的对调。对调的不仅是她们的家庭角色，同时还有她们所代表的“现代性”。“重生”后的母亲愈发自由，她和海吉拉（第三性别者）朋友罗希来往密切，不断尝试新鲜的事物和生活方式。她似乎变成了这对母女关系中更加“现代”的那个。您为什么选择从这一独特视角来展现老年女性的人生体验？这与您在第一部小说《母亲》（माई）中对不同代际女性的刻画有何不同？

**答：**或许我无法立马给出你们想要的答案，但我会尽量以自己的方式说些我能说的。在我看来，你们提到的“独特视角”在小说的“阳光”和“边界”这两部分体现得最为充分，但我不敢说这是“我的视角”。正如你们所言，这两部分出现了母女关系对调的叙述。在这段叙述中，没有任何内容是事先预设的。我不会在写作之前，事先为故事打好草稿。故事是这位 80 岁的母亲创造的！

身为作家，我的过往有一点和小说中的女儿很像，那就是不得不跟随在母亲身后。然而，女儿的经历和我的过往相比，有一个致命的差异：可怜的女儿跟随在母亲身后，面临各种危险，甚至命悬一线；而我在书写这些内容时，不管我的内心和脑海中经历了什么，我都是安然无恙的。那个被你们称作是“我的视角”的东西，在我看来，其实是母亲重生的能量。

说到《母亲》中的母亲和《沙墓》中的母亲，二者之间的相似之处是很容易想象的。在《沙墓》的第一部分“背”中，母亲把脸转向墙，不再理会家人，好像是从《母亲》中走出来的一样。但此后，她的身上却发生了革命性的转变。

**问**：“印巴分治”是《沙墓》的重要主题，也是印地语文学中反复出现的主题之一。您出生于1957年。作为一位出生于“后分治时代”的作家，您对分治的理解和再现与耶谢巴尔（यशपाल / Yashpal）、毗什摩·萨赫尼（भीष्म साहनी / Bhisham Sahni）、克里希娜·索波蒂（कृष्णा सोबती / Krishna Sobti）等亲历过分治历史的作家相比，有何不同？

**答**：我认同你们所说的，“विभाजन”（partition）是《沙墓》关涉的根本议题。但这里的“विभाजन”不单指国家的“分治”，也指任何其他形式的“分隔”。诚然，在小说最后一部分，印巴分治成了叙事中心，但在此之前，小说中始终隐藏着许多其他形式的分隔——性别的分隔、人与自然的分隔、人与其他生物的分隔、有生之物与无生之物的分隔、阶级的分隔、宗教的分隔，等等。正如你们在上面某个问题中指出的那样，这部小说第二部分的精髓所在，正是男人、女人和海吉拉之间的分隔。

至于亲身目睹印巴分治并书写这一骇人悲剧的作家，你们已经悉数了他们当中的一些代表人物。《沙墓》中关于瓦加（Wagah）边境的叙述，正是关于这场悲剧之殇的记忆。然而，上一代人的分治书写也在不同程度地借分治悲剧之名散播着一种具有侵略性的冷酷和麻木，我对瓦加边境的记述中就夹带着对这种倾向的不满。我这代人虽未亲历1947年的分治现场，但我们注定要目睹那场分治以越来越残酷的方式一再重演。

**问**：这本小说讨论的话题实际上是相当沉重的，例如分治、女性、宗教、现代性等。然而，全书语言诙谐幽默，充满机智的文字游戏和轻盈的音乐性，许多情节的设置像闹剧一般，令人啼笑皆非。此外，小说中还出现了许多奇妙的意象，比如“门”、小孙子送的“手杖”、儿媳穿的“锐步运动鞋”、母亲手腕上的“镯子”……这些意象被赋予了灵魂，活脱脱地成了小说中的“角色”。您的写作风格将形式的“轻”和话题的“重”巧妙地融合在了一起，这在过去的印地语小说中是比较罕见的。您是如何创造出这样一种独具一格的写作风格的？

**答：**你们能从小说中发现并欣赏如此之多的内容，我由衷地感到开心。关于你们心中好奇的这个“为什么”，想必你们已经猜到，我无法就这个问题给出完美且令人满意的答案。你们可能需要亲自去小说中寻找线索。我只能说，我的天性在我写作风格的形塑过程中确实发挥了一定的作用。我始终认为，人性本善。然而，在处理世间的各种事务时，总有些人，或故意为之，或自欺欺人，逐渐沉湎于种种怪诞行为。人们在目睹此类行为之后，会愤怒，会烦躁。但我总是避免这样的消极反应，或许因为在我的认知中，愤怒、烦躁、悲恸，都不如谈笑风生来得奏效。依我之见，不直接言说话题的“重”，而是通过其他方式或路径去讨论它，视线反而更能直抵话题本身，心胸也会更加开阔。拓展人生视野和忍耐力的法门，恰恰蕴藏在“轻”的智慧里。

**问：**您能熟练地使用英语写作，却坚持用印地语进行文学创作。这是一种自发的“本能”，还是一种有意识的“选择”？

**答：**很多人惊异于我用英语讲话和写作的方式。他们好奇，我为什么不索性用英语进行文学创作。不仅如此，许多人在许多场合都表达过这样的诧异：当我明明可以用英语这样的世界性语言写作时，为什么偏要以印地语这样的地方性语言创作文学？有好几次，我因为用印地语写作而获得赞誉，好像我冒了天大的危险似的。就这个问题，我写过很多，也谈过很多。时至今日我只想说，人们应该为提出这样的问题而感到诧异。毕竟，当一个人用别的语言而非自己的母语进行文学创作时，才真正让人感到奇怪。现如今，英语的支配地位已经如此显著，以至于像我这样说印地语的人用母语写作，竟成了提问的主题和赞美的由头！印度的殖民历史得为这种是非混淆的局面负责。

**问：**您在2010年发表的一篇文章中谈到，作为一名熟谙印、英双语的写作者，您在创作时“内在”（interior）总是不断发生着“写”（writing）和“译”（translating）的交互过程。[①] 请问在《沙墓》的写作过程中，这个“译写连续体”（translating-writing continuum）依然存在吗？还是会随着写作经验的积累逐渐弱化？

**答：**我记得，在那篇文章中，我谈到了一部作品借助翻译从一种语言进入另一种语言之前，在其书写过程本身当中无法避免的翻译过程，也就是从作家内在产生而后获得词语形式的过程。《沙墓》的创作不可能脱离这一必然过程，该发生的翻译势必会发生。的确，经年累月的写作自有其效果。这种不可避免的翻译现在所带来的麻烦比以前更小。但在撰写《沙墓》的过程中，困难时刻仍时有发生。

**问：**《沙墓》的主题具有很强的普世性，它触及很多异质文化的人们所共同面临的问题。国际布克奖的认可和世界各地读者和评论家的积极反馈，很好地证明了这一点。但与此同时，我们也可以称之为一部“印度小说”。它的“印度性”部分体现为印地语这一语言载体，另一部分根植于小说自身的形式和内容。我们想知道，在黛西·罗克韦尔的英译本中，小说的“印度性”多大程度上、以何种方式得以保留？或者说，“印度性”是否是您真正关心的问题？

**答：**你们就《沙墓》“印度性”所提出的问题，实际上只有非印度人才能做出有意义的回应，而不是我。很多年前，我的第一部小说《母亲》已经让我从这样一种幻觉中解脱出来，那就是可以把我书写中的印度元素和普世元素区分看待。它让我反思，当我在写作的某个时刻意识到某件事物的印度性时，我在多大程度上可以声称，这件事物仅仅是印度的，而没有普世性。《母亲》被译入的第一个外语是塞尔维亚语。我应邀参加了译本发布会。让我倍感惊喜的是，在那

---

① Geetanjali Shree, “Writing Is Translating Is Writing Is Translating Is”, in Maya Burger and Nicola Pozza eds., *India in Translation through Hindi Literature: A Plurality of Voices*, Bern, Berlin, Bruxelles, Frankfurt am Main, New York, Oxford, Wien: Peter Lang, 2010, pp.267–276.

里，小说中那位我原以为只属于北印度的母亲，却让前来参加发布会的人们纷纷联想起他们自己的母亲。当这部小说的英语、法语和德语译本相继推出后，我又在英国、法国、瑞士和德国的讨论现场收获了相似的体验。所以，我想把这两个问题送回给你们，以及那些即将读我作品的人们。

**问：**我们注意到，您将《沙墓》献给了印地语小说家克里希娜·索波蒂。在小说扉页的题记中，您称她为“导师、灵感和无比亲近的挚友”。想必她在您的创作生涯中扮演了十分重要的角色。和索波蒂一样，您也经常被贴上“女性主义作家”的标签。您是否认同这一标签？

**答：**于我而言，能够获得克里希娜无尽的关爱是一大幸事。她是位非凡的作家，也是个非凡的人。无论在创作中还是人生中，她都创造仅属于自己的道路，与众不同、桀骜不驯。我会毫不犹豫地承认，她影响过我。然而，一个人如果被克里希娜这样的人所影响，那么这个人也一定有属于自己的身份，有开拓自己的道路并沿之前行的能力，而不是甘于成为她的副本。

克里希娜一次又一次地被赋予“女性主义作家”的称号，而事实是，她一直都在反抗这个标签。她是个文学家，正如男性文学家本质上也是文学家一样。如果不能将别人的经验转化为自己的经验，创造便无法实现。在想象和经验的层面上，一个人如果无法超越自身的生理性别，那么她 / 他的创造也将会是有限且狭隘的。

是的，我也常被称作“女性主义作家”。问题不在我，而在于那些这样称呼我的人。

**问：**现当代印地语文学不乏佳作，也不缺品质上乘的英译本。但这些英译本由于大多在印度本土出版发行，而未获得大范围的国际关注和影响力。在很长时间内，印度当代文学在“世界文学”中一直被印度英语作家所代言。您的这次入围无疑将打破这一局面。我们一方面由衷地为您的突破感到高兴，另一方面也颇感无奈，因为这似乎进一步印证了，对于非欧美地区（包括印度和中国）的当代文学来说，译成英语、在欧美出版并获得西方文学大奖，似乎是“成为世界文学”的唯一法门。您如何看待当今“世界文学”语境下印地语文学的机遇和挑战？

**答：**基于我刚才就我个人的印地语写作以及南亚语种丰富的文学遗产所做的分享，你们应该可以看出，在这个问题上，我完全赞同你们的观点。亚洲语种文学想要获得世界性的身份和存在，发行优秀的译本是必由之路。相比于作家，出版社需要在这项事业中发挥更大的能动性。在这方面，日本早已向我们展示了成功的道路。

**问：**对于中国读者来说，印地语文学仍十分陌生。《沙墓》为他们打开了一扇了解印地语文学的窗口。我们相信，这本小说的汉译本一定会在不久的将来问世。您可否借此机会，为中国读者介绍几位您个人十分欣赏或对您产生过重大影响的印地语作家？

**答：**既然你们表达了对《沙墓》汉译本问世的信心，那么我只能说“老天保佑”“借你吉言”了！就当代印地语文学而言，我首先要提的就是克里希娜·索波蒂（कृष्णा सोबती / Krishna Sobti）①。除她之外，还有室利拉尔·舒格勒

① 克里希娜·索波蒂（1925～2019），印地语作家。出生于旁遮普地区的小村庄，从小受到旁遮普地方文化熏习。因此，旁遮普乡村是她创作的重要主题，她的作品中也融入了大量旁遮普方言。早期，她的作品多聚焦于女性问题，关注女性自我意识觉醒，强调身体书写，代表作有小说《该死的米德罗》（*मित्रो मरजानी / Mitro Marjani*）与《黑暗中的向日葵》（*सूरजमुखी अँधेरे के / Surajmukhi Andhere Ke*）。她常被大众视作“女性主义作家”，但她本人并不认同这一标签。创作生涯后期，她力求跳出原有框架，将视野投射至宏大的社会叙事，完成了群像式小说《生命之书》（*जिन्दगीनामा / Zindaginama*）。小说以她童年时代居住的旁遮普地区为舞台，架构出一个在20世纪初被历史浪潮裹挟向前的印度村庄，描绘了村庄内形形色色的居民和他们的故事。1980年，克里希娜·索波蒂凭借该作斩获印度文学院奖。1996年，她获得印度文学院院士席位（Sahitya Akademi Fellowship）。2010年，印度政府授予她莲花装勋章（Padma Bhushan），以表彰其在现代印地语文学领域的杰出贡献。

（श्रीलाल शुक्ल / Shrilal Shukla）[①]、拉希·马苏姆·勒扎（राही मासूम रज़ा / Rahi Masoom Raza）[②]、维诺德·古马尔·舒格勒（विनोद कुमार शुक्ल / Vinod Kumar Shukla）[③]、门朱尔·埃赫代沙姆（मंज़ूर एहतेशाम / Manzoor Ahtesham）[④]、乌莎·普丽衍娃达（उषा प्रियंवदा / Usha Priyamvada）[⑤]。与我同辈或晚辈的作家中，我立马想到的有格杨·贾杜尔维迪（ज्ञान चतुर्वेदी / Gyan Chaturvedi）[⑥]，特别是他的讽刺小说《闹剧》（*स्वाँग*），还有萨拉·拉伊（सारा राय / Sara Rai）[⑦]、阿尔卡·萨拉奥吉（अलका सरावगी /

---

① 室利拉尔·舒格勒（1925～2011），印地语作家，一生共创作20余部小说，以戏谑的笔法与辛辣的讽刺闻名。1969年，他凭借讽刺小说《宫廷曲调》（*राग दरबारी / Raag Darbari*）获印度文学院奖。2008年，他获得"毗耶娑奖"，获奖作品为《比思兰普尔的圣人》（*बिस्रामपुर का सन्त / Bisrampur Ka Sant*）。2011年，他一举斩获印度文坛最高奖"格扬比特奖"（Jnanpith Award）。

② 拉希·马苏姆·勒扎（1927～1992），印度小说家、诗人，同时使用印地语和乌尔都语进行文学创作。他出生于穆斯林家庭，作品多聚焦于分治与印穆关系，包含浓烈的政治色彩。他的第一部长篇小说《半个村庄》（*आधा गाँव / Aadha Gaon*）描写了印度北方邦东部边区农村穆斯林群众的家庭生活、经济状况和社会文化，小说一经出版就引起广泛关注，备受好评。

③ 维诺德·古马尔·舒格勒（1937～），印地语小说家、诗人，曾出版多部诗集，包括《印度斯坦胜利将近》（*लगभग जय हिंद / Lagbhag Jai Hind*）和《那人穿着一件暖和的新外套走了，如思想般》（*वह आदमी चला गया नया गरम कोट पहनकर विचार की तरह / Vah Aadmi Chala Gaya Naya Garam Coat Pehankar Vichar Ki Tarah*）。他的小说《仆人的衬衫》（*नौकर की कमीज़ / Naukar Ki Kameez*）被先锋导演马尼·高尔（Mani Kaul）改编成同名电影。1999年，他凭借小说《墙上住过一扇窗》（*दीवार में एक खिड़की रहती थी / Deewar Mein Ek Khirkee Rahati Thi*）获印度文学院奖，被称作"印地语魔幻现实主义"的代言人。

④ 门朱尔·埃赫代沙姆（1948～2021），印度作家，作品多聚焦于印度穆斯林社群生活，代表作有小说《枯萎的榕树》（*सूखा बरगत / Sukha Bargad*），短篇小说集《在斋月中死去》（*रमज़ान में मौत / Ramzan Mein Maut*）。2003年，印度政府授予其莲花士勋章（Padma Shri）。

⑤ 乌莎·普丽衍娃达（1930～），印地语作家、翻译家，早年获全额奖学金前往美国留学，后定居美国，但她始终坚持用印地语写作。她的处女作《五十五根柱子和红墙》（*पचपन खम्भे लाल दीवारें / Pachpan Khambe Laal Deewarein*）被BBC拍成电影，后改编成电视剧。此外，她的代表作还有长篇小说《拉蒂卡，别停下》（*रुकोगी नहीं राधिका / Rukogi Nahin Radhika*）、《剩余的旅行》（*शेष यात्रा / Sheshyatra*），短篇小说集《生活和玫瑰花》（*जिन्दगी और गुलाब के फूल / Jindagi Aur Gulab Ke Phul*）等。

⑥ 格扬·贾杜尔维迪（1952～），印度小说家、专栏作者，以讽刺小说闻名，代表作有《十二月份》（*बारामासी / Baramasi*）和《地狱之行》（*नरक - यात्रा / Narak Yathra*）。2015年，印度政府授予其莲花士勋章。

⑦ 萨拉·拉伊（1956～），印度作家、翻译家、编辑，普列姆昌德的孙女。其作品多聚焦于当代印度普通人的日常生活，以散文般的语句和偏意识流的叙事风格，深入挖掘平凡个体的复杂内涵。同时，她主张使用"印度斯坦语"（Hindustani）写作，认为南亚印度教徒与穆斯林享有共同的语言与文化传统。代表作有《燕子的飞行》（*अबाबील की उड़ान / Ababil Ki Uran*）和《迷宫》（*भूलभुलैयाँ / Bhulbhulaiyam*）。

Alka Saraogi）[①]、尼拉克茜·辛格（नीलाक्षी सिंह / Neelakshi Singh）[②]、靳登·邦代（चंदन पांडे / Chandan Pandey）[③]……他们都是我青睐的作家。

**问：**这是您第一次用印地语接受中国学者和媒体的采访。在访谈最后，我们想代表中国读者问一个他们都会好奇的问题：您读过哪些中国文学作品？有什么想对中国读者说的吗？

**答：**很惭愧，我读过的中国文学并不多。因为在印度，想要获得中国文学作品的译本并非易事。在我的成长过程中，几乎每个受过教育的印度人都接触过鲁迅的作品。那之后，好像一切都戛然而止了。最近我读到了一些华裔作家的作品，印象深刻。我的回答中虽然满是惭愧和内疚，但它同样暗含着这样一种愿望——中印两国人民都要为了解彼此丰富的文学传统而做出特别的努力，而我已准备好，在你们的引领下，走进广阔的中国文学世界。

[特约编辑：何演]

① 阿尔卡·萨拉奥吉（1960～），印地语作家，出生于加尔各答一个马尔瓦尔人家庭。她的小说《迦梨城志：沿溯支川》（*कलि - कथा वाया बाइपास / Kali-Katha : Via Bypass*）以家族史的形式回溯了马尔瓦尔人自英国殖民时期以来的族群迁徙历程，被学术界赞誉为优秀的后殖民主义作品。2001年，她凭借这部作品获得印度文学院奖。2006年，她的小说《剩下的卡登卜利》（*शेष कादंबरी / Shesh Kadambari*）获"比哈里奖"（बिहारी पुरस्कार）。

② 尼拉克茜·辛格（1978～），印地语青年作家，代表作有小说《游戏》（*खेल / Khel*），短篇小说集《如候鸟般等待》（*परिन्दे का इन्तज़ार - सा कुछ / Parinde Ka Intzaar Sa Kuchh*）。

③ 靳登·邦代（1982～），印地语青年作家，代表作有短篇小说集《遗忘》（*भूलना / Bhulana*）和《爱情骗局》（*इश्क - फ़रेब / Ishq-Fareb*）。

# 南亚社会与政治

南亚学

South
Asian
Review

# 印度基督教大学初探：发展历程、体系地位与社会影响

王伟均[①]

**摘　要：**印度基督教大学是印度各基督教教派自19世纪初期开始创办的带有基督宗教性质的高等教育院校。其在印度经历了萌芽期（1817～1857年）、成型期（1857～1947年）和成熟期（1947年至今）三个阶段的发展，历经自由化—国有化—私有化三个主要过程，并不断适应印度高等教育体系政策的调整，如今已成为印度高等教育体系中发展最成熟的部分之一。在长达200年的发展历史中，印度基督教大学始终沿着自治学院政策的发展方针向前发展，保持了其既强调宗教作用，又实施开放型办学的基本特色，并在整个印度高等教育体系中一直发挥着模范作用，为满足印度不断增长的教育需求而持续发展与壮大，为印度社会和国家服务。印度基督教大学对印度高等教育的建立与发展产生了重要而深远的影响，在印度高等教育体系中占有着不可替代的地位：首先，它在印度现代高等教育体制的建立上发挥了先行者的作用，并对印度现代高等教育体系的建设和发展做出了重要的贡献；其次，它紧随印度高等教育体制与系统的发展，已成为印度高等教育体系中不可分割的一部分；再者，其对印度女子高等教育院校的发展起到了巨大的作

① 王伟均（1984～），深圳大学饶宗颐文化研究院助理教授，主要研究方向为印度文学与文化、中印文学与文化交流。

用。在社会层面，印度基督教大学对印度社会的现代化发展，特别是女性解放事业和低种姓群体人才结构变化产生了重要的影响。

**关键词**：印度基督教大学；印度基督教；印度高等教育；妇女教育；低种姓群体教育

印度的高等教育系统规模庞大，结构复杂，主要由大学与学院组成，体系内公私学校并立，正规与非正规教育机构并存，传统大学与新型高校共发展。印度基督教大学是印度各基督教教派自19世纪初期开始创办的带有基督教性质的高等教育院校。由于印度基督教派门类繁多，教徒的语言与社会传统又各不相同，因此这里的基督教是一个泛指的概念，包括东正教、天主教和基督新教。印度基督教传统认为，基督教进入印度的历史可追溯至公元1世纪，归功于基督十二使徒之一的多马（Apostle Thomas），他“于公元52年抵达印度的穆泽里斯港（Port of Muziris）传播基督福音”[①]。此后，印度基督教经历了中世纪前叙利亚东正教、葡萄牙殖民时期天主教与英国殖民时期基督新教相继兴盛的发展时期，如今已经成为继印度教、伊斯兰教后的印度第三大宗教。至2011年，印度基督教徒人数为27 819 588，约占印度总人口的2.3%。[②]因此，印度基督教大学也泛指东正教、天主教与基督新教等印度基督教各教派及其教会、传教士在印度创办的大学。由于印度高等教育体制规定，公立学校为“大学”（University），私立学校为“学院”（College），早期的基督教大学基本上属于私立大学，因此通常称之为“学院”，随着印度高等教育体系的发展，一些学院经过当地政府授权批准，后来也改称为“大学”。印度基督教大学在印度的发展已有200多年的历史，在印度高等教育及其社会工作中发挥了重要的作用。

① Erwin Fahlbusch et al., *The Encyclopedia of Christianity*, *vol.5*, Grand Rapids: Wm. B. Eerdmans Publishing, 2008, p.285.

② Ministry of Home Affairs, Government of India, *2011 Census of India - Population by Religious Community*, February 25, 2022, http://www.censusindia.gov.in/2011census/C-01.html.

## 一、印度基督教大学的发展历程

作为人类最早的文明发源地之一，印度有着悠久的文化教育传统。印度古代很早就出现了具有高等教育性质的中心或机构，如公元前 1000 年左右的婆罗门教育中心塔克撒西拉（Takasasila）和婆达沙拉（Pathshala），4 ～ 5 世纪的佛教教育中心那兰陀寺（Nalanda）、超戒寺大学（Vikramshila），以及 10 世纪后穆斯林统治时期建立的麦克台卜（Maktabs）、维德亚拉（Vadyalaya）和马德拉沙（Madrasa）。古印度这些高等教育中心或机构，尽管都具有显著的宗教性，目的在于传播宗教信仰、服务政治统治，但它们同时都极具包容性和开放性，为古代印度创造了灿烂的文化。即便进入西方殖民势力入侵的 17 ～ 18 世纪，"印度仍注重东方文学和宗教哲学的教育，对西方教育无动于衷。实施高等教育的主要机构是'马德拉沙'（Madrasa）和'维德亚拉'（Vadyalaya）这样的高等教育中心和旧制大学"[①]。然而，"现代印度的高等教育很少归功于中世纪的学习中心，现代印度大学的产生与传统的高等教育机构没有正式的联系或者是这些机构的继续"[②]。此外，首位抵达印度传教的耶稣会传教士方济各·沙勿略（Francois Xavier），于 1452 年在印度南部喀拉拉邦的科钦（Cochin）创办了一所西式学校——圣保罗学院（St Paul's College，SPC），这是西方教会在印度开办的第一所基督教学校。尽管被称之为"学院"，但这一时期的圣保罗学院在学科建制上只相当于初等神学教育机构，并不属于真正的高等教育机构，它为后来基督教在印度的广泛传播和传教士建立教会学校奠定了基础。

印度真正现代意义上的高等教育的形成与产生，"始于 19 世纪英国殖民统治时期"[③]。其中，基督教在印度大力兴办教育事业，所创办的基督教大学为其做出了重要的贡献。印度基督教大学在印度的发展，经历了三个主要时期。

---

① 王桂：《当代外国教育——教育改革的浪潮与趋势》，人民教育出版社，1995，第 491 页。

② 赵中建：《战后印度教育研究》，江西教育出版社，1992，第 17 页。

③ N. Jayaram, "Higher Education in India: Massification and Change", in Philip G. Altbach & Toru Umakoshi eds., *Asian Universities: Historical Perspective and Contemporary Challenges*, Baltimore & London: The Johns Hopkins University Press, 2004, p.85.

## （一）萌芽期（1817～1857年）

1857年前，印度处于英国东印度公司统治时期。印度基督教大学萌芽于这一时期，教会创办的基督教学院是其主要形式。与此同时，它也是印度现代高等教育体系开始成型的时期。这一时期，促成印度基督教大学萌芽的因素，主要有两个方面。

首先，基督教传教事业在印度的兴起与印度中世纪高等教育机构的衰落。17世纪，随着西方殖民贸易的扩张，西方基督教传教士开始大量进入印度。为了方便传教，传教士们不仅学习印度本土语言与文化，并且将圣经翻译成多种印度本土语言。18世纪，英国东印度公司在印度次大陆陆续建立统治。依附于殖民统治带来的便利，基督教在印度发展迅速。为了加快传教事业的发展，教育被基督教教会作为传播基督教思想、扩大基督教影响的重要手段，西方先进的教育理念随之得到广泛传播。

东印度公司统治初期，针对印度教育采取所谓“中立政策”（Neutral Policy），即对印度旧有的教育制度既不干涉也不支持。与东印度公司中立态度不同的是，基督教传教士与一些英国在印官员对印度教育产生了强烈的热情。他们认为，东印度公司的“中立政策”事实上鼓励了印度本土教育。不同的声音在英国国内引发了一场有关印度教育的三大派别之争。其中，东学派（Orientalism）尊重印度本土文化、提倡保存和推广印度本土教育；西学派（Anglicism）歧视印度文化与教育、提倡西式教育改造印度社会；基督教传教士派（或福音派）则既有宗教优越感，又恐惧印度文化，倡导以英语教育作为传播基督教的媒介，改革印度社会落后面。三派虽目的不同，但都旨在推进印度教育改革。为了进一步推行传教事工，基督教传教士派主张必须借助于教育渠道来传播教义，要求东印度公司给予传教士教育实践的自由。随着传教活动的深入，在印度创立基督教大学被列为其中的重要手段之一。

与此同时，传统的印度宗教教育受到西方教育理念的冲击，日益衰落。至19世纪初，马德拉沙和维德亚拉等高等教育中心尽管依然存在，“但是这类学校的规模已经很小了，有的只有几个学生。190所维德亚拉中只有1358名学生，平均每所学校学生不到 8 名。”[①] 即便是 1781 年，首任印度总督沃伦·黑斯廷斯（Warren Hastings）创建加尔各答马德拉沙学院，极力发展印度传统教育，也已无力挽救此类高等教育的颓势。这为基督教传教士推进基督教教育和创办基督教大学提供了更为有利的环境条件。

其次，英国东印度公司的两次教育政策调整与相关法案的出台，分别促成了印度第一所基督教大学的诞生和印度现代高等教育体系的初步成型，为各印度基督教大学的相继诞生创造了政策与体系优势。有关印度教育的激烈争论，最终促成英国东印度公司于 1813 年出台《特许状法》（The Charter Act），在社会、宗教与教育等多个方面做出政策改变。在宗教层面，《特许状法》中的基督教工作法案允许和“规定在加尔各答建立英国国教教堂，对基督教传教士开放，还有与此相关的鼓励发展教育”[②]。这一法案的出台，也成为官方合法化基督教传教士在印推行西式教育的发端，传教士被允许在印度创建学校，兴办各种层次的教育。

在这一法案的支持与鼓励下，英国圣公会差会（Church Missionary Society，CMS）于 1817 年在喀拉拉邦的科提亚姆创办了印度第一所基督教大学——CMS 学院（CMS College Kottayam），开启了基督教在印创办高等教育的先河。1818 年，英国浸信传道会（Baptist Missionary Society）传教士威廉·克理（William Carey）、乔舒亚·马施曼（Joshua Marshman）和威廉·沃德（William Ward）共同在西孟加拉邦的塞兰坡（Serampore）创办了后来享誉世界的塞兰坡学院（Serampore College）。此后，基督教传教士在印各地相继创办了一批基督教学院，形成了印度私立高等教育院校创立的一个小高峰。

1853 年，鉴于印度当时动荡的社会形势，为了更好地服务于殖民统治，防止大规模社会变化的发生，英国殖民议会讨论与总结了此前数十年印度的教育状况。1854 年，查尔斯·伍德（Charles Wood）委员会制定了一个印度教育发展计划，史称《伍德教育急件》（Wood's Education Despatch）。急件的颁布，“正式确立了印度高等教育大学制度，被誉为‘印度高等教育的基石’，对印度教育的发

---

① 叶丽芳：《印度大学附属制度研究》，浙江师范大学硕士论文，2007，第 10 页。

② 陈群：《英属印度高等教育的殖民化》，华东师范大学硕士论文，2009，第 9 页。

展具有深远的影响”[①]。同时，它也标志着“一套殖民地时期的高等教育系统开始成型”[②]。这不仅为英印政府在印创办西方模式的高等教育奠定了基础，开启了印度的现代教育，同时也为印度基督教大学纳入印度高等教育体系开辟了道路。此后，基督教传教士在印办学成为普遍现象，教会学校与教会大学迅速发展成为印度教育的重要组成部分。

萌芽期的印度基督教大学，从开创性意义上来讲，称得上是印度现代高等教育的引路者。如CMS学院，尽管建立初衷在于教授英语，以此来传播基督教教义与西方文化，但却对引介西方文化与西式教育体制起到了启蒙与示范作用，很快成为英印政府为满足政府对公务员需求的教育机构。英印统治者将其视为“由教会创办的一座知识的灯塔”，“先于印度当地政府承担起教育的义务”[③]。而塞兰坡学院，创办之初就开始面向印度所有种姓与宗教信仰群体招生，同时开设东方文学与西方科学等兼顾东西文化的课程，成为在印度走开放型办学道路的先行者。

不仅如此，这一时期的基督教大学，主要由私人创立，教育经费主要来自宗教组织、社团组织、其他法定权威组织等的各类捐助，教育动机都是慈善性而非盈利性的。尽管其大多规模小、办学力量薄弱，学院间又缺乏联合，但是它们都致力于在印度探索新式教育，为促进印度社会转型发挥了极为显著的作用。特别是天主教传教士在印创立的基督教学院，所占比例非常高，为当地的经济社会发展做出了积极的贡献。

因此，萌芽时期的基督教大学不仅是印度高等教育的引路者，而且从一开始就是印度高等教育体系中不可或缺的部分。基督教大学在萌芽期的大力兴办，为基督教传教活动开辟了新的领域，成为这一时期英印统治者培养社会人才的重要摇篮之一。但是也正因其一创办就受到英国殖民者的重视，大量事务与殖民统治挂钩，因而其教育从一开始就染上了与殖民者同谋的殖民色彩。

① 何蓉：《印度高等教育性别平等政策效果分析》，湘潭大学硕士论文，2016，第11页。

② 〔美〕德瓦什·卡普尔、裴宜理：《中国与印度高等教育改革中的国家角色》，钟周、农雨桐译，《清华大学教育研究》2015年第3期，第3页。

③ 赵峥嵘：《基督教大学对中印高等教育影响之比较》，复旦大学硕士论文，2006，第9页。

## （二）成型期（1857～1947年）

1857年的印度民族大起义给予英国殖民者沉重的打击，英国政府结束了东印度公司在印的统治，英国王室正式接管印度，英国对印殖民政策也随之进入新的阶段。印度民族大起义后的英印政府为了强化对印殖民统治，一方面加强了与印度封建上层的联盟，另一方面加速印度教育西方化的进程，大力举办高等教育，传播西方文化，培养英统区行政人才，从而开创了印度高等教育发展的新局面。这种局面一直持续到1947年印度独立。在这一时期，印度高等教育体制逐渐成型，印度基督教大学继续随着印度高等教育的走向而发展，教会学院的框架逐渐成型，已然成为现代意义上的大学。

这一时期，促成印度基督教大学发展成型的因素主要有两个方面。其一，是伦敦大学办学模式在印度的建立以及印度高等教育附属制度的诞生与确立。1857年的印度民族大起义，不仅结束了英国东印度公司在印的统治，同时也粉碎了英国政府与基督教激进传教士"使印度基督教化的狂想，殖民政府不再直接鼓励传教，传教士们无力改变印度多种宗教并存的现象，多种宗教的并存使印度的社会更加复杂化"①。在印实施的基督教教育模式遭到了巨大的挑战，新政府不得不尝试开始采用新的办学模式。

1857年，英帝国政府按照英国伦敦大学的办学模式，正式创办了印度最早的三所大学即加尔各答大学、孟买大学和马德拉斯大学。1882和1887年，又建立旁遮普大学和阿拉哈巴德大学。伦敦大学办学模式"具有一种设法使散布广泛而有不同倾向的学院一致起来的意义"②，它不仅能够将分散在同一管辖区不同地区的高等学院统一于同一体系之下，减少教育成本，做到自给自足，而且能够避免多宗教信仰学生居住在一起可能带来的宗教冲突问题。

伦敦大学办学模式在印度的建立，同时确立了印度高等教育附属制度的诞生，并使其在随后的印度高等教育体系中扮演了重要的角色。以此模式创办的印

① 叶丽芳：《印度大学附属制度研究》，浙江师范大学硕士论文，2007，第15页。

② 〔美〕巴巴拉·伯恩：《九国高等教育》，上海师大外国教育研究室译，上海人民出版社，1973，第298页。

度早期的大学，“其实只是一种考试机构，本身不开展教学活动，主要是对自己管辖的附属性学院以及分布在印度各地的学院规定课程、组织考试和授予学位，教学工作则在各学院进行”[①]。

印度基督教大学的发展成型与印度高等教育的附属制度的确立、发展是分不开的。“附属制度从宗教意义上来说，有利于学院的管理和运行，避免不同宗教的学生在一起容易引发的矛盾，这也是附属制度发展的因素之一。”[②]附属制度的诞生与确立，使得基督教大学很快成为各大学的附属学院。如1857年，CMS学院成为马德拉斯大学的附属学院，塞兰坡学院则成为加尔各答大学的附属学院。时至今日，附属学院依旧是印度高等教育系统中教育机构的主体，支撑着印度庞大的高等教育体系。

其二，英印政府对高等教育发展所采取的“自由放任政策”，促进了印度私立高等教育的兴盛，进一步推动了基督教大学的发展。英印政府的“自由放任政策”，即政府不再开办官方学院，转而鼓励个人与非政府团体负责的民间办学私立大学与学院，避免官方与民间竞争。但民办私立高校依然采取附属制，附属于不同地区的官办大学。在这一社会背景与高等教育政策的鼓励下，民间私立大学创办兴盛，印度附属大学发展迅速，这种态势持续了近50年之久。“从1881年到1901年，印度已经建立了9所大学和247所学院（包括私立院校），在校生人数3万多人。”[③]基督教大学也迎来了发展的另一个兴盛期，创办了一大批学院，其中著名的有加尔各答的圣沙勿略学院（St. Xavier’s College, 1860）、孟买的圣沙勿略学院（1869）、德里的圣斯蒂芬学院（St. Stephen’s College, 1882）等。

然而，印度民族战争的愈演愈烈与两次世界大战的冲击，阻碍了印度基督教大学的进一步快速发展，印度基督教大学随之进入了相对缓慢的发展阶段。19世纪末，印度民族主义的兴起与一批印度民族学院的创办，引起了英国殖民统治者的不安。英印寇松（George Nathaniel Curzon）政府于1904年颁布印度《大学

① 赵峥嵘：《基督教大学对中印高等教育影响之比较》，复旦大学硕士论文，2006，第10页。

② 叶丽芳：《印度大学附属制度研究》，浙江师范大学硕士论文，2007，第15页。

③ J.C. Aggarwal, *Landmarks in the History of Modern Indian Education*, New Delhi: Vikas Publishing House PVT. LTD., 2006, p.19.

法》(Universities Act)，改变了长期以来的“自由放任政策”，将高等教育学校纳入政府的控制。此后十余年间，印度几乎没有建立新的附属大学。基督教大学的发展同样受到影响，“1901年至1920年间，印度总共只创办了11所基督教学院，其中有一所农学院、一所女子学院和一所体育学院”[①]。比较有影响力的学院有1902年美国长老会（Presbyterian Church USA）于印度北方邦阿拉哈巴德创办的尤因基督学院（Ewing Christian College），1909年巴色会（Basel Mission）于喀拉拉邦成立的马拉巴尔基督教学院（Malabar Christian College）。

20世纪20年代至1947年印度独立前，印度基督教大学的发展基本处于英印政府的控制之下，尽管发展缓慢，但得到进一步发展，不仅基督教学院的数量继续增加，而且原有基督教大学在规模与质量上进一步得到提升。在这期间，“印度又创办了29所基督教学院，其中包括三所女子学院、一所医学院和两所教育学院”[②]。这些基督教大学中许多成为全印度著名的高等学府，天主教会所创办的基督教学院尤为引人注目。如特蕾莎修女（Blessed Teresa of Calcutta）创办于喀拉拉邦科钦市的圣特蕾莎学院（St. Teresa College, 1925），方济各会（Order of Friars Minor）创办于梅加拉亚邦（Meghalaya）的圣安东尼学院（St. Anthony's College，1934），耶稣会伯特伦神父（Rev. Father Francis Bertram）创办于泰米尔纳德邦的罗耀拉学院（Loyola College, 1925）等，其中圣特蕾莎学院因其领先的女子教育而成为当时印度高等教育的先驱之一，而罗耀拉学院则列为印度最好的十大学院之一。

这一时期的基督教大学沿袭此前开放型办学的模式，虽然办学经费的来源发生了变化，既有各类捐助，也开始向学生收取学费，但教育的基本动机变化不大。在课程设置与办学模式上，基督教大学已经采用西方现代高等学府模式，附属学院的框架基本成型，完全符合社会需求，因此成为真正现代意义上的大学，为这一时期的印度社会培养了大量优秀的人才。

---

① 赵峥嵘：《基督教大学对中印高等教育影响之比较》，复旦大学硕士论文，2006，第12页。

② 赵峥嵘：《基督教大学对中印高等教育影响之比较》，复旦大学硕士论文，2006，第14页。

## (三)成熟期(1947年至今)

1947年,印度获得独立。独立后的印度政府继承与延续了英属印度时期已经成型的高等教育体制,并进一步改进使其完善成熟,建立了门类齐全的高等教育体系。新政府在全国范围内兴办学校,大力发展教育。独立后的印度基督教大学,随着印度高等教育体制的完善而逐渐成熟。

印度基督教大学在独立后的成熟化发展道路,得益于四个方面的因素。

其一是印度基督教的本土化,促使印度本土教会的兴起,为本土基督教兴办基督教大学奠定了基础。“印度独立后,基督宗教教会受到政治独立观念的冲击,教会民族化、本色化的呼声日益强烈。”[①] 新印度政府更是采取严格措施限制传教士与外国差会入境传教,进一步加快了印度基督教本土化的进程。其中,印度天主教经历1949年的主教会议和1950年的教会会议两次宗教会议,进行本土化改革,成为印度天主教教会本土化发展史上的里程碑。在此后的10到20年间,印度的基督教总体上完成了本土化的进程,基督教教会基本实现了由印度人掌管。在这场宗教本土化的进程中,印度基督教得到了新的发展,先后成立了诸如印度福音教会(Evangelical Church of India, 1952)、莎伦团契教会(Sharon Fellowship Church, 1970)、新印度教会(New India Church of India, 1976)等一大批新教会。

其二,是印度独立初期宽松自由的教育政策,促使基督教新旧教会兴起了创办基督教学院的风潮。印度基督教大学从而得以继续扩展,尽管在整个高等教育体制中的比例越来越下降,但数量和规模都大有增加。至1967年,印度“全国拥有130所大学级别的基督教学院,有78个属于罗马天主教,7个属于东正教,还有45个属于基督新教。大部分基督教学院分布在南部的泰米尔纳德邦、安得拉邦、喀拉拉邦和卡纳塔克邦。……基督教学院的学生占据了印度高等教育学生中的1/10(110万人中的11.75万人),天主教学院约7万,基督新教学院4万,叙利亚东正教机构7 500人。拥有教师大约6 300名。总体来看,这些学院39%

---

① 赵峥嵘:《基督教大学对中印高等教育影响之比较》,复旦大学硕士论文,2006,第20页。

的学生和 49% 的教职工是基督徒”[①]。

在这股基督教办学风潮中，喀拉拉邦的本地教会马多马教会（Mar Thoma Church）最为活跃。“从 1952 年起建立了六所学院”[②]，其中还包含一所师范培训学院和一所特殊教育学院。在这些兴办的基督教大学中，还出现了专门培养神学学生与神职人员的专职学院，称之为神学院或圣经学院。这些学院主要分布在基督教相对发达的马哈拉施特拉邦、安得拉邦、卡纳塔克邦、喀拉拉邦、泰米尔纳德邦等地区。如莎伦团契教会，分别成立了五所神学院和五所圣经学院，其中包括专门为女子开设的莎伦女子圣经学院（Sharon Women's Bible College）和信仰女子神学院（Faith Theological Seminary for Women）。[③]

其三，1967 年成立的全印度基督教高等教育协会（All India Association for Christian Higher Education, AIACHE），使印度基督教大学形成了基督教教育联盟，进一步巩固了印度基督教大学的发展。全印度基督教高等教育协会是一个自发性的专业组织，由印度不同基督教派创立的与教会相关联的高等院校组成，它将印度全国各地的东正教、天主教与基督新教联合在一起，最大限度地发挥它们在教育上的作用，服务社会与国家。至 2017 年，全印度基督教高等教育协会的高等院校成员已达 350 所，包含门类齐全的各类院校。依据教会分布来看，“161 所学院与天主教会有关、69 所与新教教会有关、19 所与东正教会有关、22 所与宗派间联合管理委员会或基督宗教组织有关”[④]。

其四，20 世纪 90 年代印度政府实施的高等教育私有化政策，即自治学院政策，推动了印度基督教大学的新一轮快速发展。建国初期，印度的新政府在很长一段时间内满怀豪情，向私立高等教育投入大量资金，希望以补助金制度对私立高等教育实施“国有化”，将其纳入国家公共高等教育体系之内进行管理，遭到了大量私立高校的共同抵制。至 20 世纪 80 年代末期，随着印度出现的一系列重

① R.D.N. Dickinson, "Reflections on Christian Higher Education in India", *International Review of Mission*, vol. 56, no. 224, 1967, pp.478–479.

② 赵峥嵘：《基督教大学对中印高等教育影响之比较》，复旦大学硕士论文，2006，第 20 页。

③ 赵峥嵘：《基督教大学对中印高等教育影响之比较》，复旦大学硕士论文，2006，第 20 页。

④ 赵峥嵘：《基督教大学对中印高等教育影响之比较》，复旦大学硕士论文，2006，第 26 页。

大社会转折，高等教育也进入新的变革与转型期。1990年，印度政府实行结构调整改革，大力缩减政府对高等教育的资金支持，取而代之的是支持高等教育的私有化，推动了印度私立高校的又一次迅速发展。这次发展以政府改革僵化的附属高等教育体制，解除对附属大学在教学与管理等方面的严格限制与约束，给予学院自治权的自治学院政策实施为标志。基督教大学在这次改革中重新回到了最初的私有化发展模式，迎来了新一轮的快速发展。印度著名的基督教学院圣约瑟夫学院（The Saint Joseph's College, 1844）、泰米尔纳德的圣沙勿略学院和基督教医学院（Christian Medical College, 1900）相继被政府认可为自治学院。

但是，印度建国初期，印度基督教大学的发展也遭遇了严重阻碍因素的影响，即印度政府“国有化”政策，出现过对抗中向前发展的艰难阶段。但是，印度自20世纪40年代以来的教育发展历史表明，印度“对私立教育机构的控制均告失败或流产”[①]。基督教大学在这次反“国有化”控制的过程中起到了巨大的作用。如在对私立教育十分宽容的喀拉拉邦，基督教社群十分活跃。“从1959年到1972年左右，基督教社群办的学校从1 471所增加到1 809所，增幅达23%，高校增幅达到12.5%。1984年，基督教会办的高校有61所。”[②]1957年，新成立的邦政府出台了教育法案，想要通过政府拨款控制私立高等教育机构，将私立学校国有化，遭到了当时控制着70%私立学校的基督教社群的抵制。抵制甚至得到了印度教部分种姓社群的支持，最终酿成了1959年的流血冲突，法案最终重新修订。1967年，喀拉拉邦邦议会拟定喀拉拉大学法案，再次尝试将喀拉拉邦130所高等学院中的115所私立高校国有化。法案再一次遭到不同社群的不满与抵制，基督教社群联合其他社群在喀拉拉邦的所有教区发起抵制行动，迫使法案再次被重新修订。当时基督教“教堂控制了115所私立学院中的64所”[③]。

然而，尽管受到各种抵制，印度政府的补助金制度还是发挥了很大的作用。随着私立高等院校接受补助金的范围不断扩大，全国大部分私立学院都接受了政

---

① A. Abdul Salim and P.R. Gopinathan Nair, *Educational Development in India: The Kerala Experience since 1800*, New Delhi: Anmol Publications PVT. LTD., 2002, p.216.

② 宋鸿雁:《印度私立高等教育发展研究》，华东师范大学博士论文，2008，第25页。

③ 宋鸿雁:《印度私立高等教育发展研究》，华东师范大学博士论文，2008，第25页。

府资助，其中包括许多基督教学院。这种局势一直持续至 1990 年自治学院政策的实施。

此后，印度基督教大学在经历了自由化—国有化—私有化阶段的相继发展过程后，完全成为独立印度高等教育体系的一部分。此时的基督教大学的数量已大大地超过了此前的任何一个时期。尽管在教育经费的来源方面发生了一定的变化，但在办学规模、课程设置等方面，基督教大学已经与印度其他大学没有什么差别，已然成为印度高等教育体系中发展最成熟的部分之一。

进入 21 世纪后，印度基督教大学继续沿着自治学院政策的发展方针向前发展。保持了其既强调宗教作用，又实施开放型办学的基本特色。虽然印度普通学院的数量要大大超过基督教学院，然而印度基督教大学在整个印度高等教育体系之中，依然发挥着模范的作用。印度基督教大学为了满足印度不断增长的教育需求继续发展与壮大，为印度社会和国家服务。

## 二、印度基督教大学在印度高等教育体系中的地位

目前，印度高等教育系统已经发展成为世界上仅次于美国与中国的第三大高等教育系统。据印度大学拨款委员会（UGC）报告显示，截至 2016 年，印度共有 799 所大学，其中 44 所中央大学，540 所邦立大学，122 所准大学，90 所私立大学，五家依照国家法建立与运营的机构和 75 家国家重点机构，包括全印度医学科学院（AIIMS）、印度理工学院（IIT）和印度国家信息学院（NIT）等。在这些大学与机构之下，还有包含 39 071 家学院在内的其他高等教育机构在运营，分为政府学位学院和私立学位学院，其中包含 1 800 家专属女子学院，此外还有 11 923 家独立机构。[①] 在这样庞杂的高等教育体系中，目前只有数百家的印度基督教大学。虽然只占有很少比例，但是由其发展历程来看，基督教大学在印度高

① Department of Higher Education, Ministry of Human Resource Development, Government of India, *All India Survey on Higher Education* (*2015–2016*) , New Delhi: Department of Higher Education, Ministry of Human Resource Development, Government of India, 2016.

等教育体系中占有着不可替代的地位，对印度教育事业的发展产生了重要而深远的作用，缩短了印度高等教育与西方高等教育的差距。

首先，印度基督教大学在印度现代高等教育体制的建立上发挥了先行者的作用，并对印度现代高等教育体系的建设和发展做出了重要的贡献。印度学者杰亚拉贾（Nirmala Jeyaraj）认为，印度的现代高等教育体制，始于“英国在印加强统治时，威廉·克理（William Carey）、约翰·威尔逊（John Wilson）和亚历山大·杜夫（Alexander Duff）等传教士所开创的时期”①。这一时期，印度基督教大学在印度的创办，由于受到了英国在印殖民统治者教育政策的影响，较之印度其他宗教大学的发展要容易得多。也正是因此，印度最早的基督教大学——喀拉拉邦 CMS 学院才得以创立，并开启了创办印度西式高等教育的先河。其发挥的启蒙与示范作用，以及紧随其后陆续创立的印度基督教学院，迅速成为当时印度高等教育的引路者。此后，印度基督教大学一方面顺应了印度高等教育体制的发展，另一方面也成为一股重要的力量对印度高等教育体系的建设发生着重大的影响。特别是在私立高等教育的国有化过程当中，其发挥了私有高等教育机构群体强大的力量，促使新印度政府几次修订教育法案。这些都表明，印度基督教大学在印度现代高等教育体制的建立和发展上发挥了不可忽视的作用，在印度高等教育体系中占有着不可替代的地位。

其次，印度基督教大学已经发展成为印度高等教育体系中不可分割的一部分。印度基督教大学在印度的发展，是随着印度高等教育体制与系统的发展而发展的。在其发展的过程中，经历了私有化—国有化—再私有化的总过程，目前已经发展成为符合印度社会和高等教育需求的教育形式之一。从规模上来说，印度独立以前，印度基督教大学就已在印度国家高等院校中占据了 10% 左右的比例。尽管目前在比例上明显下降，但其数量还在呈上升的趋势。而且印度基督教大学门类丰富，有女子学院、男子学院、教育学院、工程学院、社会工作学院、法学院、家政学院，也有艺术、科学和商学院等。基督教大学教学课程的覆盖面从预

① Nirmala Jeyaraj, “Christian Colleges and Higher Education in India”, in Nirmala Jeyaraj, *Higher Education: Vision and Mission for Twenty-First Century*, Tamil Nadu: Lady Doak College, 1998, p.124.

科到博士后研究一应俱全。既有传统的语言教学与文理科教育，也有顺应时代发展的生物科技和计算机科学等课程。而且，许多历史悠久的基督教学院，如今都已经发展成为印度乃至世界著名的院校，成为当今印度优质高等教育资源的重要组成部分。例如 2017 年印度评选出的“2017 印度最佳大学”中，班加罗尔基督大学（Christ University, Bangalore，其前身为班加罗尔基督学院）摘得了全国 13 个领域中科学技术、建筑管理学、工商管理学三个领域的最佳。

此外，1967 年成立的全印度基督教高等教育协会，使印度基督教大学形成一个联合的整体，更加强化了其不可分割的重要性。全印度基督教高等教育协会的教育计划惠泽印度包括基督教徒、印度教徒、穆斯林、锡克教徒以及其他宗教社群在内的所有宗教信仰人群。多元化的院校建制，使得印度基督教大学在印度高等教育领域扮演着十分活跃的角色。

再者，印度基督教大学对印度女子高等教育院校的发展起到了巨大的作用。殖民时期前，印度妇女在社会中的地位极其低下，整个印度社会对于妇女受教育存在着根深蒂固的偏见。印度社会自吠陀时代开始就认为妇女只是男性与家庭的附属品，女性的社会价值和受教育的需求始终没有得到重视，长期被排斥在正规教育之外。因此，殖民时期前的印度妇女没有接受教育的机会，更毋庸说接受高等教育。印度学者皮拉伊（Jaya Kothai Pillai）认为，印度妇女的专业高等教育从 19 世纪末才真正开始，基督宗教在其中发挥了决定性的作用。[①] 基督教在印度的传播与发展，打破了印度女子无法接受教育的传统偏见。基督教传教士开办的女童学校，成为印度妇女开始接受教育的起点。在基督教教会创办的学校中，印度女子不仅可以像男性一样接受基础与中等教育，而且优秀的妇女还能够进入相应的女子学院接受高等教育。因此，印度妇女开始接受高等教育，可以说得益于印度基督教大学教育的发展。印度基督教创办的基督教女子学院，开启了印度现代女子高等教育院校从无到有、从萌芽步入初步发展的阶段。

“1951 年，印度接受高等教育的女生数量为 4 万人，而到了 1988 年，这

① Jaya Kothai Pillai, “Development of Women's Education”, in Nirmala Jeyaraj, *Higher Education: Vision and Mission for Twenty-First Century*, Tamil Nadu: Lady Doak College, 1998, p.37.

个数字是12万，女生与男生人数比也从1951年的14：100提高到1988年的46：100。”① 在基督教大学中，这个数字更高，至1967年，“印度基督教大学中拥有44家独立的女子学院。女子学员在这些大学学生人数中的比例达到了35%”②。印度基督教大学重视妇女高等教育，对印度妇女高等教育的发展做出了不可磨灭的贡献。

## 三、印度基督教大学对印度社会发展的影响

自16世纪西方基督教随葡萄牙殖民者进入印度以来，“基督教对印度的思想界产生了深刻影响，不论经济、社会、道德和宗教改革，皆源于耶稣基督及其思想”③。作为西方基督教教会在印度传教产物的印度基督教大学功不可没，它在传播耶稣基督及其思想的过程中起到了关键性的作用。印度基督教大学，不仅对印度的教育发挥了重要而深远的作用，而且促进了印度社会的现代化发展，对印度整个社会的现代化进程产生了重要的影响。

### （一）促进印度社会现代化和全球化专业人才的培育

印度基督教大学已经历经两个世纪的发展，从早期西方传教士创立的基督教学院，到如今完全脱离西方教会的印度本土教会大学，对印度社会的发展都产生了重要的影响。印度所有的基督教大学，在办学宗旨上，“都重视对青年人进行完整而个性化的教育，要努力培养有知识、有道德、有社会责任感、有神灵启示的国民，为现在和未来的印度乃至全世界服务”④。从这一意义上来讲，印度基督

① Jaya Kothai Pillai, “Development of Women's Education”, in Nirmala Jeyaraj, *Higher Education: Vision and Mission for Twenty-First Century*, Tamil Nadu: Lady Doak College, 1998, p.54.

② R.D.N. Dickinson, “Reflections on Christian Higher Education in India”, *International Review of Mission*, vol. 56, no.224, 1967, p.482.

③ 于可：《当代基督新教》，东方出版社，1993，第250页。

④ 赵峥嵘：《基督教大学对中印高等教育影响之比较》，复旦大学硕士论文，2006，第27页。

教大学不仅是基督教教会培养教会人才的摇篮，更是为整个印度社会培养高素质合格人才的重要基地。

早期的印度基督教大学尽管大多带着推广基督教和西方文化的动机，伴有很强烈的文化渗透色彩，甚至被认为是进行前置性文化移植的文教工具。然而客观上，印度基督教大学的建立对于引进和介绍西方文化起到了启蒙与示范作用，有助于印度社会接受西方文化，实现东西方文化的交流，促进印度社会向现代社会的转变。在西方传教士看来，印度社会充满着各种罪恶与压迫，而基督教教义及其所反映的西方文化能够改造印度社会，推进印度社会的进步。他们创办的印度基督教大学，也正是基于向印度边缘社会群体提供服务而产生与发展壮大的，例如基督教医学院和基督教女子学院。这些基督教大学不仅为基督教培育了大量的基督教信徒，促进了印度基督教教会的自立，同时也为印度各个重要的领域，包括外交领域培养了大量优秀的专业性人才。印度基督教大学对西方文化的引入和社会陋习的改良，加快了印度现代化的进程，推动了印度当地社会的发展。

如今，印度基督教大学的影响，已经远远超出了建设印度高等教育与推进印度社会发展的层面。在人类全球化的今天，印度基督教大学在课程设置与具体教学层面紧扣时代的脉搏，以此应对当今印度乃至人类社会所面临的环境破坏、民族冲突、恐怖主义与大规模毁灭性武器扩散等威胁。“要求基督教大学中的所有学生学习关于生态和环境的跨学科课程，增设帮助学生正确分析媒体传播事实和价值的课程，通过论坛和研讨会提高学生对跨国公司的积极和负面影响、全球化带来的好处和坏处等问题的应对能力。”① 这种敢于应对社会危机和敢于奉献的精神源自于印度基督教大学悠久的办学理念与传统，“已经成为印度高等教育史上的宝贵财富，现在依然激励着很多有志之士投身于印度的高等教育事业”②。

---

① Nirmala Jeyaraj, “Christian Colleges and Higher Education in India”, in Nirmala Jeyaraj, *Higher Education:Vision and Mission for Twenty-First Century*, Tamil Nadu: Lady Doak College, 1998, pp.136–138.

② 宋鸿雁：《印度私立高等教育发展研究》，华东师范大学博士论文，2008，第 20 页。

## （二）推动印度社会妇女解放事业的发展

由于受到印度社会男性为本位的妇女观以及印度传统观念、社会习俗和宗教信仰等影响和制约，印度女性长期处于不平等的社会地位。不仅如此，印度社会普遍对女性受教育存有偏见，女性受教育的需求不但没有受到重视，反而遭到歧视。印度社会认为："一个受过教育的妇女可能产生多疑的性格，无法在一个联合的庞大家庭体系中调整自己，不参加义务的农业耕种，也可能不受丈夫的控制。"①甚至认为，只有妓女和舞女才会学习读写，一个会读写的女子最终会沦为寡妇。这些观念严重束缚了印度妇女的思想，使得印度女性少有受教育者。

印度妇女思想观念的转变与印度妇女解放运动的发展归因于印度女子现代教育的发生，其源头可以追溯至基督教传教士在印创办的女子学校与女子教会大学。尽管女子教会大学的办学目的"并非为了促进印度女性的发展，但他们较早关注女子教育，并为以后女子教育的发展奠定了一定的基础"②。印度女子教会大学与后来倡导教育性别平等化的印度基督教大学所实施的西方现代教育影响了印度女性的个人性格、行为习惯和价值观，使受过教育的印度女性的性别意识和社会意识开始觉醒，逐渐摆脱传统观念的束缚，发展成为具有男女平等观念和社会责任意识的新时代女性。同时，基督教大学向印度女性教授的育儿、卫生、医护等方面的知识以及道德教诲与文化知识，对于养育孩子和培养孩子的自我个性起到了至关重要的作用，并促进了家庭关系的改善。印度女性的社会和家庭地位由此得到了显著提高。因此，印度基督教大学不仅推动了印度教育的公平与均衡发展，而且促进了印度人才性别结构的优化。

此外，基督教大学的女子教育对于改善印度妇女社会处境、提高女性参与社会活动和改善自身社会地位的水平起到了不可忽视的作用。基督教大学所培养出来的许多女性在接受教育后积极投身到传播文化知识、发展妇女事业的社会活动之中。她们有些兴办学校，有些创办妇女杂志，有些直接参与印度妇女协会、全

---

① 陶洁：《域外女性》，北京大学出版社，1995，第50页。

② 郑桂珠：《印度独立后女子高等教育发展研究》，厦门大学硕士论文，2006，第12页。

印妇女大会等妇女组织的成立与建设之中，推动了印度妇女的思想启蒙和社会参与。基督教大学所培养的新女性在印度1918年“取消选举性别歧视”争取妇女选举权运动、妇女享有平等财产权、印度《禁止通婚法》等具有社会影响的重大运动中发挥了重要的作用。同时，印度基督教女子学院也为印度培养出了第一代职业女性，这些女性广泛分布在学术界、宗教界、医疗界等领域工作，为印度各领域的发展做出了贡献。

总之，印度基督教大学及其女子教育对于印度社会妇女思想解放和印度妇女社会生活地位的提高以及社会各领域的发展发挥了并将继续发挥着举足轻重的作用。

## （三）改变印度社会低种姓群体人才结构的现状

低种姓群体是印度社会种姓制度的产物。作为印度特有的一种等级结构森严的社会制度，种姓制度在印度已有数千年的历史，其稳定性与封闭性闻名于世。种姓制度将印度人划分为婆罗门、刹帝利、吠舍和首陀罗四大种姓，此外还有“不可接触者”或“贱民”，以此解决社会分层。以上五个种姓等级在几千年的分化中逐渐形成上万个亚种姓。尽管印度于1947年独立时废除了这一残酷的制度，但种姓制度至今仍深刻地影响着印度的政治、经济、文化、教育及社会各层面。

印度的低种姓群体通常包括除婆罗门、刹帝利和吠舍阶层之外，由“贱民”与首陀罗等群体形成的表列种姓（Scheduled Castes）、表列部落（Scheduled Tribes）和其他落后阶级（Other Backward Classes）。“‘其他落后阶级’包括背弃印度教而皈依其他宗教的‘贱民’和游牧部落及其他少数部落等。”①英国统治印度次大陆时期，将他们称为“受压迫阶层”。前殖民时期，印度的受教育权基本垄断在前三个等级特别是婆罗门的手中，首陀罗与贱民则完全不享有受教育权

① 张学强、许可峰：《“优惠政策”与“预留政策”——民族公平视域下的中、印高等教育招生政策比较》，《比较教育研究》2010年第1期，第49页。

利，更不用说接受高等教育。印度这种教育不公状况直到英印殖民政府出台相应的倾斜政策才得以改善。

基督教进入印度后，为了摆脱长期受压迫的地位和获得人身自由，印度大量的低种姓人群皈依了基督教。目前，印度现有的2 700多万的基督教徒中，低种姓基督教徒约占2 000万，其中表列种姓9.0%、表列部落32.8%和其他落后阶级24.8%，构成了印度基督教徒的主体。[①]尽管基督教不承认种姓制度，但是基督徒中也有高低种姓之分。例如在果阿邦，天主教内种姓等级观念浓厚，像印度教传统一样，高低种姓基督徒之间不会通婚，许多教堂内高低种姓基督徒隔区而坐，此类例子举不胜举。然而，为了改变低种姓人群的悲惨状况，基督教教会采取了作为社会分层及流动主体因素之一的教育作为途径，在改变印度低种姓群体命运层面做出了很大的努力。基督教教会在印度各地开展的各种类型的教育，尤其是基督教大学，面向不同种姓、不同宗教信仰的印度学生开放，走开放型办学的道路，吸收了大量的低种姓学生。由于大多印度高等种姓与基督教在宗教教义、办学理念以及教学内容上有分歧，使得早期基督教教会学校的学生来源主要来自低等种姓人群，20世纪30年代末这种状况尤为明显。因此，印度基督教大学的创办，无疑为低种姓群体提供了大量接受高等教育的机会，改变了印度低种姓群体在印度高等教育人才中的分布，优化了印度各阶层的人才结构。

此外，独立后的印度基督教教会组织，大力发展神学院或圣经学院，吸收低种姓人群，专门培养成基督教神学学生与神职人员，传播基督福音。例如由印度本土教士约安南（K. P. Yohanan）于1978年创立的传教组织亚洲福音传道会（Gospel for Asia），致力于培养、派遣和协助有志于去边远地区的传教士到亚洲各地建立教堂、传播基督福音，其中大量的低种姓人群被培训与发展成为传教士和牧师。至2016年，“亚洲福音传道会已经拥有超过56家的圣经学院，其以整个印度文化和方言为服务宗旨，致力于以本土方言和文化培训本地传教士，使他们成为高效率的牧师。目前，已有超过9 000人次的本土传教士通过了这些圣经

① India Prime Minister's High Level Committee, *Muslim Minorities of India: Report and Recommendations of the Sachar Committee*, Mumbai: Centre for Study of Society and Secularism, 2006.

学院的培训”[①]。由于高效的传教事工，这些圣经学院目前已经发展成为亚洲地区最具效率的传教力量之一，影响力已经远远超出了印度本土。

## 四、结语

从 1817 年第一所基督教学院 CMS 学院的创办开始，印度基督教大学历经了西方殖民统治时期和独立后新时期不同教育政策变革与转型带来的冲击与影响，走过了自由化、国有化、私有化等不同形式的发展道路，依然深具影响地存在和发展于印度高等教育体系之中，至今已具有 200 多年的历史。印度基督教大学的发展几乎是与印度高等教育体系的发展同步进行的。在长达 200 余年的历史长河中，印度基督教大学始终关注印度不同时期的历史发展脉动，在办学理念、课程设置、学校管理等方面不断变革与转型，从而适应时代与社会的需要和紧跟印度高等教育的发展。印度基督教大学坚持的开放型办学理念、多元化教学模式和教会联合办学的案例等，既为印度高等教育体系的发展提供了借鉴与指导的作用，同样也受到了印度高等教育体系发展带来的反作用与冲击。印度基督教大学的发展因此也形成了自己鲜明的风格特点。如今，印度基督教大学中许多院校的影响力早已超出了印度本土，在为印度高等教育与印度社会发展做出贡献的同时，也为整个人类社会的健康与和平发展贡献着自己的力量。

［特约编辑：张幸］

① Bill Cooper, *Gospel for Asia President*, *K.P. Yohannan*, February 25, 2022, https://christiannews.christianet.com/1108734315.htm.

# 阿富汗塔利班意识形态的演变、原因与影响

马黛瑞　席　猛[①]

**摘　要：**在政治文化基础、地缘政治环境和国际体系秩序等多种因素共同作用下，阿富汗塔利班的意识形态出现从激进化到温和化，从坚持普什图宗派主义到提倡阿富汗民族主义，从盲目排外、反对现代文明到积极寻求国际认同、适应现代化等趋势演变。尽管产生了回归理性思辨传统和融入国际秩序的积极转变，然而内部意识形态不统一且保守主义占主导等因素仍是塔利班政权稳固发展的巨大阻碍。如何将伊斯兰法理学依据创制转化为具体的、切实可行的、符合阿富汗政治文化和社会发展需求的政治经济制度与治理策略是塔利班获得政治合法性、实现阿富汗政治建构的必要前提，也是实现阿富汗经济重建、解决民生问题与安全治理必须要回答的现实命题。美国的经济制裁、国际社会的孤立与质疑、阿富汗境内外各方政治势力的博弈增加了阿富汗前景的不确定性。塔利班只有履行承诺，证明意识形态的“温和”转型，才能突破目前的战略困境。塔利班政权的建立对欧亚地缘政治格局带来重大冲击，也对亚洲区域安全带来更多不稳定性。只有打破认知屏障，厘清塔利班政权的意识形态，才能明了其政治意图，预判其政治行为，对其意识形态外溢效应、外交战略与地缘政治影响做出更准确、客观的判断。

**关键词：**阿富汗塔利班；普什图瓦里；政治伊斯兰；民族主义

---

① 马黛瑞（1985～），上海外国语大学国际关系与公共事务学院/中东研究所2019级博士研究生，主要研究方向为中东政治、伊斯兰教；席猛（1983～），中央广播电视总台亚非中心普什图语译审，主要研究方向为阿富汗语言文化。

随着美军撤出阿富汗，塔利班势如破竹控制全境，阿富汗问题再次成为国际社会关注的焦点。一支曾经实施严酷统治的保守激进势力再次夺取政权，在一定程度上反映了阿富汗的真实国情与民意基础。阿富汗未来的政治建构离不开塔利班的全面深度参与，其意识形态不仅关系到阿富汗的政治制度设计和政治发展进程，也关乎周边国家的战略安全与地区的和平稳定。

## 一、早期塔利班意识形态的构成要素

20 世纪 90 年代苏联入侵阿富汗后，阿国内外矛盾空前激化，政治环境错综复杂。“马赛克式”族际社会构成使得国家内部宗派主义盛行，政治派别林立，军阀混战不止，政府低效腐败，经济严重失衡，社会民生凋敝。历史上，英国、苏联相继入侵，周边巴基斯坦、伊朗、沙特等国家培养“代理人”渗透干涉，阿富汗政府和人民被边缘化。内外因素共同作用下，阿富汗社会秩序长期失衡，安全形势恶化，逐渐沦为地区大国博弈的战场和恐怖主义滋生的温床。

在这一背景下，主要来自阿富汗德奥班德宗教学校的学生们揭竿而起，组建了名为“塔利班”的军事武装组织，提出“铲除军阀、恢复和平、重建家园”和“建立真正的伊斯兰政权”[①]的政治口号。不同于一些政治伊斯兰组织或政党，早期塔利班既没有健全的组织机构，也没有严明的组织纪律，更没有一套成熟系统的思想指导和政治理论，[②]其意识形态是普什图瓦里（Pashtunwali）、德奥班德主义（Deobandism）、萨拉菲瓦哈比主义[③]（Wahhabi Salafism）和阿富汗民族主义糅杂的产物。

---

① 贾春阳、杨柳：《阿富汗问题三十年（1979 ～ 2009）：地缘政治、民族与宗教》，《南亚研究》2009 年第 4 期，第 66 ～ 75 页。

② اسماعيل محمد عامر : (( طالبان في طريقها لحكم أفغانستان )) ، عام 2021 ، ص 34 ~ 35.

③ 本文中萨拉菲主义指萨拉菲瓦哈比主义，不做具体分类，其普遍特征为宗派教条主义、反对理性思辨、对异质文明的不宽容、社会文化保守、对“定叛”“圣战”等词汇的泛化解读等。

## （一）普什图瓦里是阿富汗塔利班意识形态的基本底色

普什图瓦里（Pashtunwali）亦称为“普什图法典”，是由阿富汗普什图人的生活规范演变而成的道德、社会规约的不成文法。十数个世纪以来，阿富汗所在地区各部落的实际掌权者是部落长老和宗教学者，而普什图瓦里则成为部落解决社会事务的部族秩序与管理规则，具有支持部落社会分权和自治传统、重视尊严与荣誉、服从权威、复仇、热情好客、规定妇女遵守“帷幕”（purdah）习俗等特点。这种部落政治结构与文化规范既是整个阿富汗国家的社会文化，也是塔利班意识形态的基本组成部分，是其政权赖以立足的基石。

塔利班最初的政治目的是确立普什图人的政治领导权。普什图人是阿富汗最大的民族集团和传统统治者，而大多数塔利班领导人和成员都属普什图族裔群体。在首次执政时期，塔利班领导人表现出十分强烈的普什图沙文主义作风，不愿与其他民族分享政治权力，对少数民族持敌对态度，要求印度教徒与锡克教徒佩戴异教徒标识，公开宣称占全国人口10%左右的什叶派哈扎拉族不是穆斯林，甚至制造了多起大规模屠杀哈扎拉平民的暴恐事件。塔利班注重重建阿富汗的秩序与和平，但试图将普什图人的意愿强加在所有阿富汗人身上，遭到了其他部族的抵制，于是转而寻求以温和、笼络的方式将政治领导权维持在普什图人手中。

塔利班的国家治理理念以普什图瓦里为主要依据。首次执政期间，塔利班否定了穆兄会提倡的伊斯兰现代化思想，坚持部落自治，以普什图瓦里为政治决策和制定法律的主要参考。出于维护部落荣誉，遵循庇护（Nanawatai）访客的传统部落“待客之道”，毛拉·穆罕默德·奥马尔（Mohamed Omar）甚至强硬回绝美国，拒不交出本·拉登。虽然塔利班宣称以伊斯兰沙里亚法[①]治国，但在处理具体事务时仍会优先以普什图瓦里为依据。所谓根据伊斯兰法理施行的残酷刑法以及针对妇女的苛刻要求，实际上更大比重是遵循普什图部落传统文化与部落习惯法的要求。

---

① “沙里亚”是伊斯兰法律体系的总称，包含宗教礼仪、民事法律规定和刑罚，并非具体的法律条例和裁断判决。

普什图瓦里是塔利班获取阿富汗人集体认同与普什图部族支持的强大优势。根据普什图文化，部落结构由核心家族、部落、部落联盟和族群组成，成员之间没有等级结构和常设机构，从下到上保持对家族和部落的忠诚。发生分歧或冲突时，由各地部落长老和宗教学者组成的支尔格会议（Jirga）解决。因此，地方势力只是形式上保持对中央政权的服从和支持，实际情况却是“政令不出喀布尔”。地方部落与中央政权的冲突成为阿富汗政治体制建设的主要障碍，无论是君主立宪、威权共和制还是美式民主制都无法顺利实现国家建构。因此塔利班设立酋长制度，通过维护部落利益来迎合长老们的政治诉求，使得塔利班能够保存实力并获得胜利。2001 年阿富汗战争期间，塔利班化整为零，主要通过部落获得人力和财力支持保存了自身实力；与美国和谈后，塔利班又通过普什图瓦里认同顺利策反各部落势力，填补了广大农村的权力真空；在美军撤出时，政府军一触即溃，塔利班则迅速控制阿富汗全境，夺取政权。

## （二）政治伊斯兰是阿富汗塔利班意识形态的核心内容

政治伊斯兰意识形态是政治人将伊斯兰进行政治化加工的产物，通过重新解释部分教义、发明传统等方法，把特定政治主张包装成宗教责任，其核心目标指向政治权力。[①] 伊斯兰教是阿富汗最重要的传统文化，是获取各民族和部落势力支持的认同资源，在塑造伊斯兰运动的政治意识方面发挥着关键作用。塔利班在承袭德奥班德思想的基础上，借鉴了部分萨拉菲思想，经过毛拉领导层的诠释后形成了具有阿富汗本土特色的政治伊斯兰意识形态，旨在夺取阿富汗政权，建立以沙里亚教法为基础的国家秩序。

塔利班的极端意识形态是对德奥班德思想异化的产物。德奥班德思想及该思想主导下的德奥班德运动均是在抵制英国殖民侵略和西方文化冲击的背景下兴起的，它追求伊斯兰文明复兴，有尊经复古的保守主义倾向，但并不极端。起源于德奥班德学校的塔利班有选择性地继承了其思想，即奉行苏非传统，遵循哈乃斐

① 钱雪梅：《政治伊斯兰意识形态与伊斯兰教的政治化》，《西亚非洲》2009 年第 2 期，第 24 页。

教法学派[①]和马图里迪教义学派[②]；主张复兴正统伊斯兰教，恢复由宗教领袖或教法学者主导的、以伊斯兰教法为基础的伊斯兰国家和社会秩序；反对帝国主义，抵制异质文化，反对西化、世俗化。塔利班领导层大多为缺乏文化与宗教知识的宗教学生和中下层毛拉，其思想掺杂保守的部落观念，对现代政治制度与社会思潮一无所知，并不具备发布教法说明的资质。他们罔顾历史背景与时代发展，仅根据自身的理解对教法教义进行表面字义的狭隘解读，实施对国家事务、社会制度和个人生活的严苛法治。如恢复古代野蛮的截肢刑法，简单粗暴地排斥包括电视、手机等现代信息技术在内的文明生活方式。这种极端思想行径背离了哈乃斐学派灵活的"创制"精神和马图里迪学派倡导宽容、温和、中正的理性思辨传统，受到主流伊斯兰社会批判，以至德奥班德学校也声明塔利班极端意识形态与之无关，并发布教法令谴责恐怖主义和自杀式袭击，将塔利班政权定性为"非伊斯兰"。

塔利班的政治伊斯兰意识形态在萨拉菲主义影响下进一步暴力化、激进化。20世纪70～80年代，随着沙特支持的参加反苏"圣战"的大量外国战士的到来，阿富汗及巴基斯坦等周边国家的宗教学校乃至整个社会都产生了浓厚的萨拉菲倾向。萨拉菲派遵循严格的萨拉菲教义，否认马图里迪等其他伊斯兰传统学派，宣称其唯一正统性，拒绝理性和"创制"，注重对伊斯兰教经典进行严格刻板的字面解读。在政治上，它要求以萨拉菲教义规范国家的政治架构和社会秩序，"回到正统哈里发时代"，"用沙里亚替代一切世俗法律"，反对世俗化和现代化。塔利班首次执政时的政治理念和对教法、少数族裔的宗教观念反映出明显的萨拉菲色彩。[③]一是主张回到伊斯兰教"黄金时代"，实行被伊斯兰主流认为是过

① 哈乃斐教法学派是伊斯兰教四大教法学派之一。该派在立法思想上一贯倡导运用"推理"原则和个人意见创制教法，尤以重视个人意见和灵活创制法律著称，主张要具体案例具体研究解决，不应囿于经训原文。

② 马图里迪教义学派是伊斯兰教逊尼派两大教义学派之一，主张天启与理性并重，用思辨方法来解释、论证伊斯兰教信仰，既反对唯理主义，亦反对绝对排斥理性的倾向，属于温和的折衷派。

③ مولاي حفيظ الله حقاني : (( طالبان أفغانستان : من حلم الملا إلى إمارة المؤمنين )) ، معهد الدراسات السياسية في إسلام آباد، 1997، صـ 193 ～ 197.

时政治制度的“哈里发制度”，自称“埃米尔”[①]；二是反对起源于西方的现代政党政治、宪政民主制度。它拒绝建立政党，认为政党是愚昧的宗派主义，反对西式民主是因为“人民主权论”中，人民是国家最高权力的来源这一核心思想有悖于“真主主权论”[②]；三是呼吁恢复原旨教义和传统，对阿富汗社会、教育与文化生活展开全面的净化与改造，如过分注重外在形式，要求男子蓄须，禁止穿少数民族彩色服饰，要求女性穿戴黑色罩袍和蒙面面纱等，禁止一切绘画、音乐等现代艺术与文娱活动，禁止女性参政和外出工作等。塔利班吸收“定叛”信条，视非伊斯兰文物为蒙昧的异教偶像的态度，视其他如什叶派教徒、锡克教徒、印度教徒为“异端”进行残酷迫害，炸毁巴米扬大佛等行为也都可以看到萨拉菲思想的痕迹。

塔利班深受萨拉菲主义影响，但仅从伊斯兰学理视角来看，两者在教义方面存在尖锐对立。实际上，早期塔利班排斥萨拉菲教义和现代伊斯兰主义在阿富汗的传播，招募更多萨拉菲主义者旨在通过结盟壮大武装实力，对“基地”等极端武装组织的庇护与合作更多是基于政治现实考虑而非意识形态吸引。泛伊斯兰口号也无法掩饰塔利班抵抗敌对武装势力的策略以及重建阿富汗秩序的真实意图。

## （三）阿富汗民族主义是阿富汗塔利班意识形态的必要因素

国家认同是实现民族国家构建、实现政治整合和获得政治合法性的根本条件。阿富汗人的现代民族意识、国家概念与爱国精神是在抵抗英国和苏联入侵的斗争过程中被激发觉醒的。普什图人是反苏战争的主力。早期塔利班成员中不少人曾参加反苏抗战，继承了普什图人的阿富汗民族主义思想。

塔利班的政治理想仅限于阿富汗境内，坚持民族自决原则，坚决反对外国

① “埃米尔”一词为阿拉伯语音译，意为“信士的长官”。历史上，哈里发国家所属各地封建领主和各行省最高行政长官被称为埃米尔。现当代如巴林、卡塔尔、科威特等阿拉伯君主制国家的元首仍沿用该称谓。

② “真主主权论”是萨拉菲主义主要原则之一，由赛义德·库特卜提出，即立法权、统治权乃至司法权归于真主。有主流伊斯兰学者批评这一思想缺乏宗教依据。

干涉或依附大国势力。塔利班曾宣称其政治目标包括恢复和平，捍卫阿富汗统一。毛拉奥马尔曾明确表示只关心阿富汗境内问题，志在平息国内军阀混战，无意参与地缘政治争斗，也无心干预他国政治斗争。美国发动阿富汗战争后，塔利班更是自称“民族解放运动”，凭借反美强硬态度在民众心中塑造民族主义卫士的形象。

塔利班没有“去地区化”的泛伊斯兰主义思想，也没有建立跨地域、跨民族“哈里发国”的政治议程。半个多世纪以来的战争导致阿富汗极度贫困，缺乏资金来源的塔利班与拥有雄厚财力却苦于无容身之处的本 · 拉登一拍即合。塔利班为“基地”组织提供生存和训练场地，以换取大量资金和人员装备，达到收买各部落军阀、驱除外国势力干涉、打倒傀儡政府的目标，“基地”则利用阿富汗向周边各国输出“全球圣战”思想。因此，塔利班的阿富汗民族主义是它区别于“基地”组织、被“伊斯兰国”诟病为意识形态缺陷的原因之一。阿富汗民族主义和萨拉菲主义两种意识形态的斗争最终也导致了塔利班内部的分裂。无论建立何种政治体制，阿富汗民族主义始终是实现族际政治合并的必要条件。将族群认同升华凝聚为共同的国家身份认同是美国扶持下的前世俗政府未能实现的难题，也是塔利班目前实现国家建构面临的最大困难。

## 二、当代塔利班意识形态的发展与演变

2021 年 8 月 15 日攻占喀布尔后，塔利班宣布组建临时政府。为维护核心意识形态，塔利班仍实行伊斯兰教法和舒拉民主制，坚持建立政教合一的伊斯兰酋长国立场，以实现国家认同与宗教认同的有机统一。虽然属性未发生实质性变化，但相较于 20 年前首次执政，新任政权的意识形态有了显著的进步倾向。塔利班淡化了普什图瓦里中的狭隘宗派观念，改善了同少数族裔的关系；开始回归传统学派，在强调宗教合法性的同时明确摒弃极端萨拉菲主义；更加注重从现实出发，接受现代化思想，奉行温和的内外政策，更具包容性和开放性。

## （一）撇清与萨拉菲主义的关系

学派教义的差异和政治理想的分歧决定了塔利班意识形态与萨拉菲主义之间的不可调和性。塔利班批判萨拉菲主义是无宗派主义，其宗教学者尤其持排斥态度，宣称敌视瓦哈比运动，认为它是“偏离的团体，敌视教派，定叛穆斯林”[①]。而萨拉菲主义者指责有苏非背景的塔利班为“异端”与“迷误者”。“基地”组织著名理论家阿布·穆萨布·苏里（Abu Musab al-Suri）在《阿富汗、塔利班和伊斯兰之战》一书中也对塔利班进行了方法论批判，包括“无知、粗鲁和游牧主义，滥用教法而判定毛杜迪、哈桑·班纳与赛义德·库特卜为异端，传播苏非主义、对哈乃斐学派的偏执，逢迎国际社会的立场”等。尤其塔利班在执政期间一再要求加入联合国，更是引起萨拉菲主义者的怨愤。[②]

“9·11”事件后，萨拉菲主义在阿富汗的生存空间进一步受到挤压。美国的军事打击使塔利班几乎遭遇灭顶之灾。作为始作俑者的萨拉菲主义遭到重视普什图传统的保守派的抗议和严重排斥，他们不仅为普什图族发声，也为整体阿富汗境内民族发声，呼吁建立建设阿富汗国家，而不是挑衅美国，掀起所谓全球“圣战”。而后，更加激进极端的圣战萨拉菲组织“伊斯兰国”频频制造恐怖袭击事件，致使萨拉菲教义在阿富汗民众中认可度急剧下降。

塔利班萨拉菲色彩的淡化和它与沙特关系的“降温”有直接关系。为了和本·拉登撇清关系，沙特宣布与塔利班政权断交，停止了资金与人员支持，驱逐了阿富汗驻沙特使馆代办穆莱·穆塔乌拉。2008 年沙特主导的阿富汗和谈宣告失败，由支持政治伊斯兰的卡塔尔取而代之。作为保守、严格的萨拉菲瓦哈比意识形态的主要输出国，沙特与塔利班的疏远也沉重打击了萨拉菲主义的传播。近日，沙特对塔利班政权持谨慎态度，除了对伊斯兰运动持敌视态度外，也和王储萨勒曼重返更温和开放的伊斯兰转型策略有关。塔利班高层更是直言不接受萨拉

① 穆罕默德·马哈茂德：《塔利班：现实与期待》（阿拉伯文），https://www.alhurra.com/different-angle/2021/08/23/ طالبان-الواقع-والمتوقع%C2%A0。

② 伊斯拉姆·曼西：《“德奥班德”与亚洲政治伊斯兰思想渊源》（阿拉伯文），2021 年 8 月 23 日，https://www.ida2at.com/deobandi-intellectual-origins-of-political-islam-in-asia。

菲瓦哈比主义，也是希望能摆脱之前的消极形象，与其划清界线。

## （二）与境内恐怖主义势力切割

从多哈和平谈判开始，阿富汗境内各极端武装组织就已成为塔利班实现政治理想和阿富汗和平进程的主要障碍。塔利班当局在多个场合表示高度重视邻国和西方国家的安全关切，保证阿富汗领土不会被用来对付任何国家。

塔利班与“伊斯兰国”之间宗教认知和政治主张的分歧使得两者早已反目成仇。2013 年，“伊斯兰国”就指责塔利班在毛拉奥马尔去世后迷失了方向，变得越来越具民族主义倾向。塔利班拒绝成为“伊斯兰国呼罗珊省”和重建“哈里发国”，建立“阿富汗民族国家”的态度使得双方关系迅速恶化。多哈谈判启动后，“伊斯兰国”更是指责塔利班与“异教徒国家”建立联系，成为美国代理人，宗教原则被腐蚀，和平协议是“为叛教的塔利班武装和十字军之间的长期联盟作掩护”①。它以叛教罪为借口报复杀害普什图部落领袖与士绅，抢占塔利班势力范围，策反其分支武装叛变，发动多次暴恐袭击挑战其权威。塔利班则斥责“伊斯兰国”为犹太人工作，除与俄罗斯、伊朗合作发动全面攻势外，还关闭了受“伊斯兰国”控制和影响的宗教机构和组织、学校，逮捕处决了一些相关领导人。此外，塔利班与部族间紧密合作打压“伊斯兰国”的生存空间，并就针对“叛教”指控发布声明从法理学角度进行解释和回击。近期“伊斯兰国”实施喀布尔机场和昆都士清真寺的爆炸袭击，妄图挑起教派和部族积怨冲突。面对严重挑衅，塔利班处决“伊斯兰国呼罗珊省”组织领导人艾布 · 欧麦尔 · 呼罗珊尼（Abu Umar Khorasani）以示警告，其反恐意愿与决心毋庸置疑。美国也表示“有可能”就打击恐怖组织与塔利班展开共同反恐合作。

但是，因塔利班为一些试图分裂周边国家的反政府极端武装组织提供基地、进行培训和装备的“前科”，美国、俄罗斯、中国等世界大国和周边国家仍持续

① 科尔 · 邦泽尔：《“基地”组织与“伊斯兰国”在阿富汗的方程式》（阿拉伯文），2021 年 9 月 25 日，https://www.independentarabia.com/node/261891/سياسة/تحليل/معادلة–القاعدة–مقابل–داعش–في–أفغانستان。

施压，给出与恐怖势力切割的“红线”，敦促它尽快付诸切实行动。前不久，塔利班促成了巴基斯坦塔利班与巴政府之间的停火协议。强硬派代表临时政府内政部长西拉朱丁·哈卡尼（Sirajuddin Haqqani）表示，一旦和谈失败就会对巴塔采取军事行动。这是塔利班在国际压力下履行承诺释放的积极信号。美国要求塔利班不再充当“基地”组织的避风港，而塔利班发言人也否认了与“基地”组织存在“效忠”（Bay'ah）关系。鉴于哈卡尼领导的哈卡尼网络与“基地”存在联盟关系，强行驱逐“基地”组织可能导致塔利班内部分裂和军事冲突，塔利班不大可能将昔日“盟友”直接移交给各国。接下来，保持何种距离或采取何种方式控制和处理“基地”“乌伊运”“东伊运”等武装组织，将在很大程度上考验塔利班与各部落之间的协调能力，对阿富汗政局的掌控能力和外交应对能力。

### （三）接受现代化并融入现时世界秩序

塔利班首次执政时试图完全取消现代性，并在阿富汗各大城市中进行了一场全面的反现代化运动。新一代塔利班不再盲目排斥现代化，其意识形态也体现出一些现代性特征。第一，建立现代国家政治制度与治理体系。塔利班发言人扎比胡拉·穆贾希德（Zabiullah Mujahid）表示，阿富汗将拥有一个强大的伊斯兰政府……有权实行符合人民价值观的治理方式，理应得到其他国家尊重。[①] 塔利班以阿富汗人民代表的身份发言，要求尊重阿富汗主权，证明它认可人民、主权、民族、现代国家等概念。第二，尊重国际秩序并致力于融入国际社会。塔利班表示愿意在相互尊重的前提下与包括西方在内的所有国家建立友好关系。它主动展开外交攻势，积极处理同邻国关系，与利益攸关国共同探讨阿富汗局势发展，同时要求获得阿富汗在联合国的合法代表资格，出席联合国大会一般性辩论并发表讲话。第三，将恢复经济秩序作为首要任务。面临最难的“经济考卷”，塔利班一改首次执政时维持自然经济的落后观念，呼吁国民尽快复工复产，积极展开与

---

① 新华社：《阿富汗塔利班说计划组建一个包容性政府》，2021 年 8 月 18 日，http://www.xinhuanet.com/mil/2021-08/18/c_1211335713.htm。

多国对话。除了请求国际社会给予经济援助和人道主义援助，它还邀请中国、俄罗斯、伊朗、印度、巴基斯坦等国家建立经济贸易合作，特别是多次强调要继续参与中国主导的“一带一路”合作，搭上中巴经济走廊“顺风车”的愿望。塔利班对世界各国持开放态度，急于在国际舞台上获得发言权，推动阿富汗经济社会发展，也反映出它已摆脱教条主义约束，渴望融入现代化进程，实现国家繁荣富强的意愿。近期，塔利班快速有效的社会安全治理手段和积极务实的周边外交表现获得了一些国家政要和国际媒体的肯定。

### （四）对妇女权益和少数族裔的政治宽容

塔利班在赋予妇女权利的态度上也有所让步。其发言人表示妇女是社会重要组成部分，尊重女性接受教育和参加工作的权利，将很快宣布开放各阶段女性教育的计划。目前阿富汗疫情蔓延，药品、设备和医务人员短缺，卫生系统濒临崩溃。塔利班当局表示认可女性在国家各领域特别是在医疗和教育领域的作用，在其要求下，公共卫生部的女性员工和女性医护人员已经返回岗位，全国的小学女生已返校接受教育，部分省市的女子中学已重新开放。虽然目前塔利班对保障妇女权益、尊重媒体自由、禁毒的承诺尚未完全兑现，撤销妇女事务部并表示女性不会进入内阁或担任高级别职位的言行也引起争议与质疑，但也不可否认其言行出现了明显积极的转化迹象。

塔利班内部结构呈现族裔多元化特征，和少数族群达成政治和解并展开多方位合作。首次执政失败后，塔利班为拉拢各少数族裔部落势力，开始淡化宗派主义并在反美口号下逐渐占据道德优势。海巴图拉·阿洪扎达（Haibatura Ahunzada）担任领导人后，从战略和战术上都进行了重要变革，提倡伊斯兰主义和阿富汗民族主义，赦免放下武器的敌对势力，接受各族裔阿富汗人加入塔利班，使其内部民族结构产生了较大变化。为了联合哈扎拉人打击“伊斯兰国”，塔利班主动缓和与伊朗关系，并允许恢复卡尔巴拉朝圣与阿舒拉节，与什叶派的关系得到明显改善。穆贾希德表示，塔利班与2000年相比已经改变方向，根据伊斯兰教法尊重人权和少数民族，向什叶派兄弟保证他们不会受到歧视。[①]塔利班一改以往对少数群体的敌视态度，承诺尊重所有阿富汗人的宗教信仰自由，反对种族和宗教歧视冲突。这不仅可以提升新政权的包容性形象，增强政治合法性，也可以拓展它在少数族群中的影响力，缔结同周边伊朗、乌兹别克斯坦、塔吉克斯坦等利益攸关方国家的友好关系。

塔利班在组建包容性多元政府问题上积极阐明主张，提高了政治透明度和信任度。对反对派特赦和政治宽容也是塔利班被阿富汗社会接受的一个证明。美国撤军之际，塔利班承诺特赦前政府官员，发起由800多名宗教领袖和各派政治领导人参加的大支尔格会议（Loya Jirga）[②]，共同协商确定政体与国体。临时政府成立后，塔利班吸纳了少数族裔和来自北部各省的代表担任过渡政府副国级和部长级职务，如乌兹别克族人阿卜杜尔·萨勒姆·哈乃斐（Abdul Salem Hanafi）任副总理，塔吉克族人卡里丁·穆罕默德·哈尼夫（Qari Din Mohammad Hanif）任经济部长，卡里·法西胡丁（Qari Fasihuddin）任陆军参谋总长。临时政府名单公布后，引起国内外舆论热烈讨论，其中一部分人表示对其政治立场有了新的认知，但也不乏大量批评其包容性不足的声音。虽然国际社会对塔利班的温和政治话语仍存质疑，但世界主要大国提出了要求与期待，各邻国也加紧施加积极正面影响并展开了初步援助和经济合作，联合国也表示正在准备解除制裁。从目前与国际社会的互动情况来看，塔利班的外交能力已有大幅提高，其温和化策略和政治行为已初见成效。

## 三、塔利班意识形态演变的影响因素

塔利班意识形态的变化是阿富汗局势的客观现实和高层领导人主观认识的结

① 阿联酋政治中心：《美国撤军后伊朗对阿富汗的立场》（阿拉伯文），2021年8月15日，https://epc.ae/ar/topic/almawqif-alirani-fi-afghanistan-baed-ainsihab-alquat-alamrikia。

② Jirga，阿富汗传统部族长老会议，类似于雅典式民主的政治协商会议和民主文化，采用一致同意原则。

果，也是当代伊斯兰思潮与地缘政治环境的形势所迫。

## （一）历史的教训积累与现实的政治诉求

再次掌控政权后，温和的政策宣示反映塔利班从以往执政的失败中吸取了经验教训，而中东阿拉伯各国的政治现状也提供了前车之鉴。第一，夺取政权并不意味着阿富汗问题的解决。塔利班首次执政的失败说明仅依靠宗教信条并不能走出治理困境。新政权想要获得国内普遍认同，就必须提供更好的公共服务，承担结束内部冲突、清除恐怖主义和让民众摆脱极度贫困的重大责任。第二，融入主流才是实现国内和国际层面政治和解的正确方式。严苛的刑法和残酷的压迫行径不仅违背伊斯兰教精神，被伊斯兰主流社会抨击排斥，而且只会引起民众的恐慌和反抗，遭到国际社会的唾弃与孤立。第三，发展才是阿富汗问题的根本出路。只有顺应现代化潮流，以发展促和平，才能避免阿富汗成为恐怖主义的温床，避免导致国家失能、经济停滞，才能进行有效良好治理，实现国家长治久安。

面对塔利班新政权，中国、俄罗斯等亚欧10国以及美国为首的西方14国传达了一个共识——承认其政权合法性取决于其在建立体现所有民族政治利益的“真正”包容性政府和维护人权方面的行动。塔利班接手的是一个深受诚信、安全、治理、发展四大“赤字”危机困扰的阿富汗，想要恢复在国际社会的合法身份，解除经济制裁和海外账户冻结，缓解经济和人道主义危机，恢复阿富汗重建，就必须拿出诚意，尊重少数族裔和女性儿童的权利，放弃极端意识形态并与恐怖主义划清界限。这是塔利班回归政治主流必须面对的政治现实和可以选择的唯一路径。

## （二）“克里斯玛型”领袖的影响力

塔利班宗教领袖是身份凌驾于政治领袖之上的最高权威。这一职位具有双重属性，既是拥有对军事、政治事务的最终决定权的国家元首“埃米尔”，也是拥有宗教事务和舒拉议会领导权的苏非精神导师。据有关人士分析，相较于激进保守的奥马尔，现任埃米尔阿洪扎达的思想相对温和。他是一位伊斯兰知识渊博、造诣深厚的教法学家，因维护塔利班的团结统一而在各部族中威望极高，具备魅力型领袖特质。阿洪扎达任埃米尔以来，指挥与国内外各方势力斡旋，极力主张通过政治途径解决阿富汗问题。塔利班进入喀布尔前夕，他也传达了愿意和世界各国建立“良好、强健的外交、经济和政治关系”的意愿。

此外，属温和派阵营的最高政治领导人阿卜杜勒·加尼·巴拉达尔（Abdul Ghani Baradar）是倡导政治谈判的主要推手，一直致力于为停火在内的多项事务铺平道路，以实现阿富汗的持久和平。2018 年特朗普政府要求巴基斯坦释放巴拉达尔来负责多哈谈判，事实也证明巴拉达尔发挥了调解的重要角色。他带领多哈政治办公室与美国前国务卿蓬佩奥达成撤军协议，与特朗普政府签署了历史性和平协议，完成了与拜登政府、与阿什拉夫·加尼政府以及与北方联盟领导人之间的谈判。进驻喀布尔时，巴拉达尔下达了特赦前政府官员并要求他们继续履行职责的指令，命令塔利班成员不得清算报复。阿洪扎达高超的政治权衡之术与巴拉达尔灵活变通的政治策略和包容开放的外交立场是致使塔利班趋向温和化的主要原因之一。阿洪扎达担任宗教精神领导而不直接参与具体行政事务管理；强硬派在临时政府权力构成中占据上风，与温和派存在政治主张分歧；中央政权与地方舒拉关系松散，政令无法上行下效。鉴于以上情况，担任代理副总理的巴拉达尔要顺利推行其温和内政外交理念将面临不小的阻碍，但温和派力量在重大决策中的话语权仍不可小觑。

### （三）卡塔尔扮演的调解引导角色

卡塔尔是阿富汗政治冲突与分歧的主要调解方，在多哈谈判、撤军撤侨和国际协调中扮演了关键角色。自 2013 年塔利班政治办事处在多哈设立后，卡塔尔积极承担阿富汗事务协调工作，为塔利班提供政治庇护、促成谈判等多方位援助，双方逐渐建立了较高水平的政治互信。卡塔尔主流媒体半岛电视台积极推动舆论造势，为塔利班拍摄播出一系列纪录片，为其提供了一个向外界展示主张、改变形象的话语平台。美国撤军后，卡塔尔呼吁阿富汗政府与塔利班和平交接权力，动用大量外交资源帮助各国使馆从喀布尔迁至多哈，派遣航天技术小组解决喀布尔机场运营问题，并为塔利班当局提供大量财政与物资援助。塔利班掌权后，卡塔尔成为首个率团访问的国家，卡塔尔外长更是率先呼吁各国不要抵制塔利班，并协助其展开密集的外交活动，与土耳其、中国、伊朗等邻国交流协商，积极在国际社会为其斡旋。

同为实行酋长制的伊斯兰国家，卡塔尔在短短几十年实现了伊斯兰传统文化与现代文明有机融合，将荒漠地区变革为当下全球发展最成功的经济体之一，成为阿拉伯地区国家治理的典范。此次塔利班采用实用主义策略，进行战略战术调整，承诺缔结联合国和平协议，敞开与欧美国家的对话大门，赋予国民基本人权等一系列成熟的政策举措，其中具有相似部落社会文化背景的卡塔尔贡献了不少在内政外交治理中的执政经验与智力参考。

### （四）穆斯林兄弟会的趋同性影响

卡塔尔官方支持的穆斯林世界学者联盟（International Union of Muslim Scholars）被普遍认为是穆斯林兄弟会（以下简称穆兄会）的精神权威。该联盟前主席优素福·格尔达维（Youssef al-Qaradawi）与塔利班的密切来往已有20余年，一直致力于调解阿富汗政治分歧，在塔利班改变治理方式、向现代伊斯兰主义方向转型、采纳温和的伊斯兰思想方面产生直接影响。在卡塔尔埃米尔建议下，由格尔达维参与的学者代表团与塔利班高层进行交涉，就有关炸毁佛像等行为从伊斯兰法理学角度进行对话，指出极端思想的谬误，提出详尽、诚恳的分析和建议，阻止塔利班的错误行为，帮助解除国际社会的孤立和封锁。[①] 虽然最后调解失败，但塔利班与格尔达维以及该联盟之间的信任逐渐加深，合作日益紧密频繁。2002年，穆兄会在喀布尔成立名为“阿富汗改革和社会发展协会”的政治组织，在阿富汗各地建立了35个分支机构，建造了数十所学校和4所女子学

① 《塔利班摧毁佛像，学者们的调解失败》（阿拉伯文），2001年5月8日，https://www.al-qaradawi.net/node/2035。

院、8 所宗教学校，建立了卫星频道、电台、杂志、报纸、网站以及人道主义协会、医院和诊所等。[①] 多哈谈判启动后，该联盟一直参与其中并引荐塔利班代表团会见如哈马斯、穆兄会等其他伊斯兰运动的领导人，就阿富汗局势和谈判进程进行交流。塔利班组建临时政府后，外交部代理副部长阿巴斯·斯坦尼克扎伊（Abbas Stankzai）率团访问联盟总部，要求联盟发挥指导作用建设和维护阿富汗。联盟主席艾哈迈德·莱苏尼（Ahmed al-Raissouni）表达了“希望与阿富汗的宗教学者就伊斯兰教事务和教法应用问题进行直接对话与合作”的意愿。[②] 联盟敦促塔利班“通过舒拉民主伸张正义，保障自由、尊严与权利，促进各个派别、种族和宗教之间的和解和社会凝聚力，巩固和平，加强人类文明共识”[③]，并表示将会在教育和道德伦理规范方面做出贡献，组建专门的经济委员会为塔利班政权提供专业指导，以规范经济政策、公司、银行和全面的发展战略。[④] 考虑到穆兄会在中东各国成熟的政治运动经验、强大基层组织动员能力和在伊斯兰社会的宗教话语权，以及双方的信任和在宗教事务方面的合作程度，塔利班的政治理念与宗教认同可能会出现与穆兄会趋同存异的发展态势。

## 四、塔利班意识形态的未来发展走向

阿富汗政权的更迭必然带来地区地缘政治的边际效应和其境内伊斯兰各组织间的权力失衡。国际社会对塔利班掌权后的言行各持己见，其中不乏西方的偏见和固有思维，也有邻国与周边国家持尊重和观望态度。关于阿富汗是否会成为全

---

① 哈尼·穆罕默德:《喀布尔的沦陷:“欢乐、骄傲和胜利的一天”……为什么埃及兄弟为塔利班的回归而欢欣鼓舞？》(阿拉伯文)，达拉杰，2021 年 8 月 27 日，https://daraj.com/78547。

②《世界伊斯兰学者联盟主席向阿塔领导人发去贺信》(阿拉伯文)，米斯拉维，https://www.masrawy.com/news/news_publicaffairs/details/2021/8/16/2073815。

③《世界穆斯林学者联盟敦促塔利班实行善治》(阿拉伯文)，卡塔尔半岛频道，https://mubasher.aljazeera.net/news/2021/9/12/اتحاد-علماء-المسلمين-يحث-طالبان-على。

④《塔利班代表谈访问世界穆斯林学者联盟以汲取阿富汗建国思想》(阿拉伯文)，阿拉伯耶路撒冷，2021 年 9 月 19 日，https://www.alquds.co.uk/ يزور علماء المسلمين لاستلهام الأفكار حول بناء الدولة الأفغانية وفد من طالبان。

球恐怖主义的孵化器，是否会引发中东伊斯兰政治运动高潮，塔利班政权的未来走向如何等问题引起各方密切关注与讨论。

## （一）保守意识形态是塔利班政权转型的阻碍

塔利班政权已具备一些现代伊斯兰主义特征，但夺取政权的宗教合法性基础决定它仍将坚持政教合一的政治制度和“毛拉治国”的执政理念。伊斯兰酋长国的名称也可以看出塔利班强调阿富汗的宗教属性，是伊斯兰世界组成部分的意图。塔利班内部保守的强硬派占据有利地位，其意识形态转型短期内难以发生质的改变。塔利班声称建立所谓真正的现代伊斯兰国家并没有先例可循，而且纯粹的伊斯兰国家只是一种理想状态。实现国家稳定与良治，不仅取决于是否符合教义教法，更取决于能否实现社会正义，解决因种族、宗教、宗派、部落产生的权力与利益分配不均；能否提供社会发展所需要的政治、信仰和新闻自由；能否保障基本的人权，设立独立的司法机制。在维护其基本信条即教法治国的基础上，平衡信仰与现实、传统与现代，实现阿富汗现代化问题是一个现实挑战。虽然有分析将塔利班政权与伊朗什叶派政权相提并论，但塔利班政权不同于伊朗的二元政治结构，不具备制度严密的教阶系统和成熟的政治指导思想，还面对中央集权与部落分权之间的矛盾，而且酋长制属于传统政治体制，治理效率低下，难以适应现代社会发展需求，近期的经济与民生治理面临的困境也证实了这一点。

## （二）温和化是塔利班政权大势所趋

塔利班从反政府武装转变为阿富汗当政者和国家利益代表者，首要任务也从推翻世俗政府变为稳定局势、重建秩序、促进国家繁荣发展。身份转换与利益要求的变化决定了温和化是塔利班发展的必然趋势。首先，内部温和派仍是与西方国家谈判以解决政治孤立、实现外交破防、解除经济制裁的主力，周边邻国和国际社会的压力也将促使塔利班付诸变革行动。其次，20多年的世俗政府治理改变了阿富汗城市社会环境与民众思维，很多社会精英与知识分子尤其在数字科技时代长大的青年一代对保守的教法治国理念并不认同。塔利班呼吁技术官僚和科技人才回国参与建设，首先需做到淡化意识形态分歧，集中注意力突破发展政治经济、改善民生、社会公正等治理困境，实现宗教合法性到政治合法性的过渡。无论是主观考虑还是客观情势上，塔利班大概率不会重复首次执政时的严苛法治和残酷统治，也不会为恐怖主义组织提供长期庇护。此外，塔利班一直关注中东变局，对伊斯兰政党与国际政治环境做出研判，接受了部分伊斯兰现代主义思想并认同遵守国际秩序。2011 年以来，政治伊斯兰经过与世俗政权相互制衡妥协的多次博弈，整体上呈现出从极端化、激进化转变为温和化、追求与现代政治理念相容的趋势。主流伊斯兰恢复更新伊斯兰思想的“创制”传统，提倡顺应时代潮流，尊重文明多样性与政治多元化，呼吁根据社会基础采用循序渐进的原则进行政治改革和变革，为人权、少数群体权利、妇女政治角色、文明交往等问题提供了丰富的理论依据。此次塔利班摈除极端观念，回归温和的哈乃斐主流学派，展现灵活包容的形象和成熟稳健的政治智慧，政治伊斯兰的温和化趋势和主流伊斯兰思想功不可没，也势必对其执政理念和过程产生持续影响。

### （三）塔利班的意识形态外溢效应有限

面对塔利班的回归，中东阿拉伯国家大多保持沉默，而一些宗教权威人士以及大多政治伊斯兰组织无论激进派还是温和派都是一副欢欣鼓舞的景象。阿曼国家穆夫提、阿尔及利亚“社会和平运动”、巴勒斯坦哈马斯、伊斯兰圣战组织、黎凡特解放阵线、黎巴嫩真主党、摩洛哥“正义与慈善会”等组织纷纷庆贺阿富汗人民反对西方殖民侵略、摆脱外国势力干涉、获得主权独立的胜利。鉴于与卡塔尔以及世界穆斯林学者联盟的密切关系，塔利班的成功对穆兄会而言不啻为一次成功的演示，不仅为穆兄会提供了实践伊斯兰现代政治理论的平台，也将为其积累执政治理的经验，二者可能会进行更加深入广泛的合作。而对于沙特、埃及、阿联酋组建的反政治伊斯兰、反穆兄会阵营来说，塔利班政权上台则造成一定的消极负面作用。对萨拉菲主义意识形态在中亚和东南亚地区的传播形成阻碍，导致其软实力下降。

塔利班从来就不是一个跨国性组织，也不拥有国际话语权，目前急于解决国内问题，无意亦无暇支持其他伊斯兰运动或“输出”革命，其建立在阿富汗民族主义、苏非传统和部落社会结构基础上的成功，对社会背景和意识形态各异的阿拉伯国家而言只是提供了一种不易复制的模板。如哈马斯就暗示阿富汗的斗争模式适合解决巴勒斯坦问题，但也声明不要将两者联系起来。毕竟塔利班反美反政府运动与巴勒斯坦民族解放运动属于人民正义事业的性质不同。整个中东乃至世界呈现的宗教回归现象是对世俗主义的反弹，塔利班只是伊斯兰复兴运动大潮中的一朵浪花，其胜利掌权对经历了“阿拉伯之春”变革的伊斯兰运动来说更具激励作用和象征性意义，而对整个政治伊斯兰运动的实际影响有限。

## 五、结语

塔利班政权是在军事武装组织基础上发展建立的政权。它的意识形态既继承了阿富汗民族主义，也兼具政治伊斯兰特性，同时又深深植根于本土部落文化，是各种思想的糅合物，并未形成系统的意识形态理论。阿富汗社会文化基础决定了塔利班意识形态的核心，即建立具有普什图瓦里特色的伊斯兰政权的理念未发生本质性变化。在内外因素的制约下，塔利班强调摒除保守、极端的萨拉菲主义和狭隘的宗派观念，呈现出实用主义的风格和温和化的发展趋势。

塔利班承诺要建立少数族裔参与的包容性政治架构，并积极融入当今国际社会秩序。但阿富汗国内各方势力错综复杂，塔利班缺乏掌控全局的能力，也没有消除普什图宗派主义背景，这给阿富汗少数族裔和不同宗教群体的多元化未来带来了不确定性。目前阿富汗处在由乱转治、权力过度的关键阶段，错综复杂的矛盾使塔利班在许多方面仍保持着战时风格和行动模式，内部温和派与强硬派之间仍在较量，其完整的政治架构和内政外交政策还不清晰。塔利班意识形态转型的程度如何，究竟会真正的“质变”还是策略性的“伪装”仍需拭目以待。

20年的西式民主政权在一个月内溃败就证明“历史并未终结”，强制推行世俗化发展不符合阿富汗国情，亦无法化解其安全与发展困境。伊斯兰政权的再现是阿富汗人民寻求符合自身发展道路的一次尝试，也是将伊斯兰政治理念诉诸行动，建立伊斯兰现代国家和社会制度的一次尝试。阿富汗多次政权更迭凸显了西方主导的国际体系秩序的缺陷，文化多样化和秩序模式多元化将是当今世界发展的大势所趋。阿富汗伊斯兰政权的建立无疑如同当年伊朗伊斯兰共和国成立一样，会对政治伊斯兰运动起到启示作用，但其特殊的国情、匮乏的治理经验并不能为之提供可行的执政参考。新生的塔利班政权仍处于不稳定状态，而一个独立和平的阿富汗更有利于周边国家与地区安全。因此，利益攸关国家应该一道努力实现阿富汗局势的全面正常化，鼓励、敦促塔利班政权朝着积极方向发展。

［特约编辑：李丽］

# 苏联阿富汗战争时期美国对巴基斯坦的援助政策[①]

陶　亮　李　敏[②]

**摘　要：**由于地缘战略位置，巴基斯坦一直是美国地区战略的重要一环，美援是双边关系的重要内容。美、巴因利益诉求的不同而导致双边关系的起伏。苏联阿富汗战争爆发后，美国赋予巴基斯坦“前线国家”的战略角色，巴基斯坦也感受到来自南北两边的威胁，两国在共同抗苏上形成共识，巴基斯坦成为美国阿富汗战略的关键。为了强化美巴关系以对付苏联，美国为巴提供了规模大、持续时间长的经济和军事援助。在战争期间，巴基斯坦始终在阿富汗问题上与美国保持了一致，充当了美国支持阿富汗抗苏力量的枢纽和基地，保障了美国阿富汗战略的顺利实施，对最终苏联从阿富汗撤军和冷战结束起了一定作用。印度因素、巴核项目和“人权”等问题始终困扰着美巴关系，只是现实地缘利益为美国优先而暂时被搁置。随着苏联阿富汗战争的结束和冷战的终结，巴基斯坦的战略价值对美国不再重要，美国又以上述问题为由中止了对巴的一切援助，退出了中南亚地区。美国战略上的短视和政策上的草率对20世纪90年代以来该地区的政治与安全产生了严重的影响，这

① 本文系2016年国家社科基金西部项目“阿富汗与巴基斯坦关系研究（1947—2014）”（项目编号：16XSS007）的研究成果。

② 陶亮（1976～），云南大学历史系副教授，研究方向为南亚史、印度洋史，亚太国际关系史；李敏（1980～），云南省社会科学院巴基斯坦研究中心主任、副研究员，研究方向为南亚国际关系。

种影响一直持续地困扰着当下的中南亚和周边局势稳定。鉴于巴基斯坦的地理位置和在阿富汗与伊斯兰世界的影响，美巴关系不论如何龃龉不断，它依然在很长的时间里是美国无法放弃的“非北约盟友”。

**关键词**：美巴关系；苏联阿富汗战争；军事援助；经济援助

独立后，作为伊斯兰大国的巴基斯坦因其地缘战略位置，一直是美国地区战略的重要环节，美国的援助则是维持良好的美巴关系和实现美国地缘战略利益的重要手段。苏联阿富汗战争期间，巴基斯坦在美国阿富汗战略中充当了不可或缺的角色，美国对巴援助构成了美国阿富汗政策的关键组成部分，这既是该时期美巴关系的核心内容，也是考察整个复杂美巴关系的典型案例，对研究21世纪以来的美国对巴政策和中南亚战略具有实证意义。考虑到该时期关联档案解密时间所限，相关研究尚显不足。① 本文意图将该问题置于整个美巴关系历史中，利用新的文献，对苏联阿富汗战争时期美国援巴政策的形成、实施和成效等相关问题进行考察，揭示美国对巴基斯坦和（中）南亚政策的关键考量。

## 一、苏联阿富汗战争爆发后美国对巴政策的转变

基于独特的地缘战略环境和伊斯兰大国身份，独立后的巴基斯坦被美国视

① Shirin Tahir-Kheli, *The United States and Pakistan: The Evolution of an Influence Relationship*, New York: Praeger Publishers, 1982; Rashmi Jain, *US-Pak Relations: 1947–1983*, New Delhi: Radiant Publishers, 1983; Devidas B. Lohalekar, *U.S. Arms to Pakistan: A Study in Alliance Relationship*, London: South Asia Books, 1991; Dennis Kux, *The United States and Pakistan:1947–2000: Disenchanted Allies*, Washington, D.C.: Woodrow Wilson Center Press, 2001; A. Z. Hilali, *US-Pakistan Relationship: Soviet Invasion of Afghanistan*, London: Ashgate Publishing Company, 2005; M.A. Clemson University, 2007; Tariq Ali, *The Duel: Pakistan on the Flight Path of American Power*, New York: Simon & Schuster, 2008；许以民、孙立祥：《里根政府对巴基斯坦的经济和军事援助及其影响》,《湖北大学学报》(哲社版)2018 年第 6 期，第 100 ～ 108 页。值得注意的是印度前外交官 Rashmi Jain 编著的 *The United States and Pakistan 1947–2006: A Documentary Study*, Radiant Publishers, 2007，该书收编了大量美巴两国官方、尤其是巴基斯坦方面的重要声明和政府领导人言谈，内容涵盖了美巴之间的政治、经济、军事关系以及核武器等问题，是研究 20 世纪 80 年代美巴关系的重要参考文献。

为一种积极的战略资源，成为美国全球和地区战略中的重要一环。印巴分治后，印度因其不结盟外交受到美国的批评，巴基斯坦则出于自身安全需求主动发展与美国的关系，先后加入了《东南亚条约组织》(SEATO）和《中央条约组织》(CENTO)，与美国签署双边安全合作协定，在国际事务上与美国保持一致，得到了美国的经济和军事援助。此后，美援成为维持美巴关系的纽带和两国关系的晴雨表。

20世纪50年代后期，随着冷战局势的变化，美国开始实施印巴并重的南亚政策，为两国同时提供援助，试图将两国都纳入美国的战略范畴。但是，美国低估了印巴矛盾，高估了自己在南亚的影响力，印巴并没有按照美国的战略方向发展。美国的援助既没有阻止印度发展与苏联的密切关系，也没有阻止巴基斯坦发展与中国的友好关系。第二次印巴战争爆发后，失望的美国中止了对印度和巴基斯坦的援助。第三次印巴战争爆发后，美国没能阻止巴基斯坦被肢解。美国这一时期的南亚政策既遭致印度的不满，也孕育了巴基斯坦对美国的不信任。

20世纪70年代以来，巴核问题逐步成为影响美巴关系最为敏感的问题。印度核武器化后，巴基斯坦为了自身安全，开始秘密发展核项目，拒绝签署《核不扩散条约》(NPT)，遭致美国不满。卡特政府根据《赛明顿修正案》(The Symington Amendment)，对巴基斯坦实施制裁，停止了对巴援助。① 在巴基斯坦看来，在美国不愿明确保证巴基斯坦安全的情况下，只有核武器方能保障国家生存。美国以援助为条件逼巴基斯坦弃核，巴基斯坦断然不会接受，美国在印巴核问题上的双重标准更是遭致了巴基斯坦国内上下对美国的愤恨。

此外，卡特政府对齐亚·哈克（Muhammad Zia-ul-Haq）政府所谓“人权”问题的严厉批评，加剧了美巴关系的恶化。20世纪70年代后期，中东伊斯兰世界反美情绪高涨，巴基斯坦的反美主义也日益兴盛。1979年3月，巴基斯坦宣布退出《中央条约组织》，11月巴基斯坦激进分子焚烧了美国驻伊斯兰堡大使馆。

---

① 赛明顿修正案，即《1961年外援法》(Foreign Assistance Act of 1961）第669条，主要内容：美国停止对任何从事转让、接受核浓缩或回收装置、核材料或技术的国家提供经济和军事援助，除非接受方将所有核设施置于国际原子能机构的监督下。该修正案于1976年6月30日生效，因联邦参议员赛明顿（Stuart Symington）发起而得名。

苏联阿富汗战争爆发前夕的美巴关系降至历史的最低点。

从巴基斯坦独立到 1980 年之前，困扰美巴关系的主要因素有：其一，美国无法忽视巴基斯坦的地缘战略价值；其二，美国对巴核项目和所谓“人权”状况不满；其三，印度在意识形态上对美国具有重要价值，但印巴矛盾使美国在发展与它们的关系上无法同时兼顾；最后，美国的冷战战略与巴基斯坦自身的安全利益之间的差距导致巴基斯坦不能完全服务于美国的需要。第三次印巴战争后，南亚地区实质上形成了大国支持下的印巴对峙的格局，这与美国的初衷完全相悖。

1979 年 12 月 25 日，苏联阿富汗战争爆发，美国迅速调整其冷战战略，视苏联的行为为重大的地缘战略威胁，即将破裂的美巴关系开始逆转。12 月 31 日，美国国家安全委员会的一份备忘录指出这是二战后苏联首次动用军队在东欧以外的地区建立“傀儡政权”，如果苏联取得阿富汗战争的胜利，巴基斯坦的安全和西南亚的势力平衡将受到严重影响，因此总统必须对苏联行为做出强有力的反应。[①]1980 年 1 月 23 日，卡特在国会年度国情咨文中称：“苏联入侵阿富汗是二战以来对和平最严重的威胁……我们必须清楚地表明我们的立场：任何外部势力控制波斯湾地区的企图都将被视为对美国重大利益的攻击，美国将使用包括武力在内的一切手段予以反击。”[②]

1979 年的伊朗伊斯兰革命使美国失去了波斯湾地区重要的盟友后，巴基斯坦的战略地位凸显。卡特在苏联阿富汗战争爆发的第二天就立即与齐亚·哈克通电话，重申已被尘封的 1959 年美巴双边安全协议，确认美国对巴基斯坦安全的保证，提出给予巴基斯坦军事援助，以共同应对苏联的威胁。[③]美国国务院和国防部阿富汗工作小组向国会提交的报告明确指出要遏制苏联在阿富汗的扩张，美国

---

① “Memo to Z. Brzezinski from Stephen Larrabee Outlines Recommendations and Objectives in Protest of the Soviet Intervention in Afghanistan”, December 31, 1979, *U.S. Declassified Documents Online* (*USDDO*), CK2349098202.

② “Jimmy Carter State of the Union Address 1980” (Full Text), June 20, 2020, https://www.jimmycarterlibrary.gov/assets/documents/speeches/su80jec.phtml.

③ “Memorandum of a Telephone Conversation between President Carter and Pakistani President Zia”, December 28, 1979, U.S. Department of State, *Foreign Relations of United States* (*FRUS*), *1977–1980*, Volume XIX, Washington D.C.: U.S. Government Publishing Office (GPO), 2019, pp.886–887.

有限的选择就是为阿富汗游击力量和在巴基斯坦的难民提供直接的或间接的援助。报告特别强调苏联阿富汗战争的直接影响是美国在巴基斯坦有了重大利益关切。[①]

对巴基斯坦而言，苏军进入阿富汗对巴基斯坦的安全构成了现实的威胁。早在 1978 年阿富汗“四月革命”后，巴基斯坦与阿富汗的关系就一直处于紧张状态。阿富汗人民民主党领导人都是普什图民族主义者，支持巴基斯坦俾路支省普什图分离运动。苏联阿富汗战争爆发后，大量的阿富汗难民涌入巴境内，苏军队经常越境攻击，给巴基斯坦造成了巨大压力，阿富汗喀布尔政府和苏联也不断指责巴基斯坦包庇“叛乱分子”，在难民营训练反苏游击队。苏联与阿富汗的威胁加上印度与苏联事实上的同盟关系，使巴基斯坦感受到来自两个方向的巨大压力。

美巴对苏军进入阿富汗造成的威胁有了一致的认知，两国关系开始改善。1980 年 2 月 3 日，美国国家安全顾问布热津斯基（Zbigniew Brzezinski）和副国务卿克里斯托弗（Warren Christopher）率团访问巴基斯坦，与齐亚·哈克等巴领导人会谈。会谈后两国发表共同声明：两国一致认为苏联对阿富汗的干涉不但违反了国际法，而且对巴基斯坦、地区和世界造成了威胁。双方重申 1959 年安全合作协议，决定共同抵抗苏联的侵略。[②] 但两国在应对共同威胁上没有很快形成合力。齐亚·哈克与卡特之间的不信任妨碍了援助协议的达成，再加上美国总统大选年，直到卡特卸任，双方在援助内容和规模及美国对巴基斯坦安全承诺的法律保证等核心问题上没有达成任何协议，特别是巴最为关切的 F-16 战机被卡特政府拒绝，令巴基斯坦认为美国的援助不值得信任。

## 二、“前线国家”与美国对巴援助政策的形成

1981 年 1 月 21 日，里根入主白宫，在阿富汗问题上推行了比卡特政府更为

---

① “Afghanistan: Soviet Invasion and U.S. Response”, January 10, 1980, *Congressional Research Service Major Issues System* (*CRSMIS*), IB60006, pp.14–15.

② “Summary Record of Talks”, February 2–3, 1980, U.S. Department of State, *FRUS*, *1977–1980*, Volume XIX, p.974.

积极和强硬的政策。为了加强与巴的合作关系，里根政府在援助问题上尽可能地满足巴基斯坦的要求。

1981 年 3 月 19 日，国务卿黑格（Alexander Meigs Haig）称巴基斯坦的安全与美国盟友的安全是不可分割的，盟友的生存依赖于波斯湾的石油，而一个更加强大而自信的巴基斯坦可以威慑苏联的扩张主义。①3 月 23 日，国务院负责近东与南亚事务的副助理国务卿库恩（Jane A. Coon）在国会强调巴基斯坦现在是“前线国家”，面对着阿巴边界上的 8.5 万苏联士兵，美国必须帮助巴基斯坦变得更强大和更自信，这对美国及其盟友来说是极为重要的。②

国务院提交了一份援助巴基斯坦的备忘录。备忘录指出对巴必须提供“实质性”的援助，要充分考虑巴军事现代化和对 F-16 战机的需求；对巴要求美国以法律形式提供安全保障应予以积极的回应。备忘录提出了对巴每年 7.5 亿美元的军事和经济援助，军事援助以优惠信贷的方式实施。备忘录建议西欧、日本和国际银行组成对巴援助财团，将当年首批经济援助增加至 9.65 亿美元左右。③

在此基础上，2 月 24 日，国务院提出了一份更为详细的援巴方案，对于巴基斯坦特别关注的军事援助项目做了更为详细的规划。该方案把对巴安全援助分为对外军事销售信贷（FMS）、经济支持基金（ESF）以及军事培训（IMET）计划等。关于巴军事现代化，美国认为最重要的是空军和陆军的现代化。空军现代化包括地面和空中导弹系统以及战斗机；陆军现代重点在于通信工程、机动性强的轻型反坦克武器和其他军需装备。关于经济援助，方案提出要考虑到巴经济面临严重的收支平衡问题。除了债务重组外，巴基斯坦还需要其他的形式来平衡收支。为此，美方还专门提出了“平衡方案”（Balanced Package）概念，即援助的水平在至少要达到现代化需要的同时，把可能引发的经济混乱降到最低。关于援助方式，国务院提出了三种选择，即年均 5 亿美元、6 亿美元和 7.5 亿美元的多

① “Memorandum from Alexander M. Haig, Jr to the Vice President”, April 16, 1981, *USDDO*, CK2349535342.

② US House, Hearings and Markup before the Committee on Foreign Affairs and its Subcommittees, *Security and Economic Assistance to Pakistan*, April 27, 1981, GPO, 1982, pp.4–5.

③ “Action Memorandum, ‘Security Assistance for Pakistan’,” Febuary 16, 1981, *Digital National Security Archive* (*DNSA*), AF01106.

年援助计划。关于援巴的时效性，国务院要求必须尽快在 4 月底或 5 月中旬提交国会审核，并纳入 1982 财年预算案。[①]

美巴两国就该援助方案开始谈判。1981 年 3 月，美国驻巴大使哈默（Arthur Hummel）向巴方通报了美国的援助计划，巴基斯坦表示对此是满意的。4 月，巴基斯坦外长夏希和军方代表阿里夫将军（K.M. Arif）赴美国就具体援助细节进行协商。

4 月 21 日，巴基斯坦代表团与副总统布什（George H.W. Bush）会谈。夏希表示，巴政府不能在短时间对美国的援助计划做出明确表态，但巴基斯坦认为美国本次的援助是令人信服的。夏希邀请美国军事代表团访问巴基斯坦以讨论武器援助清单。夏希也对 1982 财年不可能获得资金或信贷表示理解，但黑格保证会尽量在当年内安排 1 亿美元的经济援助。[②]

6 月中旬，副国务卿巴克利（James L. Buckley）为首的美国代表团访巴，就具体援助内容进行进一步协商，核心内容是军事援助。巴克利与齐亚·哈克、夏希和财政部长伊沙克·汗（ChulamIshaq Khan）等巴基斯坦领导人进行了两天的会谈，双方讨论了援助的具体条款和未来 6 年内的援助计划。双方同意价值约 30 亿美元的援助计划，但美国强调每年的援助额必须通过国会的批准。美国也满足了巴对 F–16 战机的要求，但对战机的具体交付方式、时间和数量再行商讨，并答应为巴提供紧急援助。[③]

美国防部基本认可初步的谈判结果，并希望国务院与国防部之间尽快形成对巴武器装备交付的方案。7 月 4 日，国防部部长温伯格（Caspar Weinberger）在给国家安全顾问艾伦（Richard Allen）的信中表示，对于巴基斯坦要求提供一个中队的 F–16 战机等装备，政府应做出明确的答复。[④]

7 月 13 日至 16 日，由国防秘书拉希姆·汗（M. Rahim Khan）为首的巴基

① "Size and Timing of FY82 Security Assistance Amendment for Pakistan", February 24, 1981, *DNSA*, AF01109, pp.1–4.

② "Visit of Pakistan Foreign Minister," April 25, 1981, *DNSA*, AF01172, p.4.

③ "Joint US–Pakistan Statement," June 15, 1981, *DNSA*, AF01205, pp.1–2.

④ "Letter to Richard Allen from Secretary of Defense Caspar Weinberger Regarding the US Security Assistance Program for Pakistan", July 4, 1981, *USDDO*, CK2349544756.

斯坦军事代表团赴美进一步商谈军事援助事宜。美国防部副部长卡鲁西（Frank Carlucci）、副国务卿巴克利以及其他国防部和国务院官员与巴方进行了会谈。本次会谈主要是讨论巴基斯坦提出的军购清单。

巴基斯坦向美方提交的武器清单是包括F–16战机在内的7亿美元紧急军售计划，美国基本接纳了巴方的计划，只是在具体的交付时间和武器设备的型号上进行了调整。双方协商后的清单如下：40架F–16战斗机、100辆M48A5坦克、1 000万美元的夜视设备、18辆M578A1型和M88A1型装甲救援车、75辆M113A2装甲运输车、108辆M109A2型自行榴弹炮、54架M198榴弹炮、20架AH1S型眼镜蛇直升机、6架侦察直升机、2 000万美元的通讯设施、若干A–10攻击机和F–5E/F战斗机以及型号不定的防空导弹等。[①]

美国承诺在12个月内向巴提供12架F–5E/F或A–10飞机，27个月内提供6架F–16战机，42个月内开始提供其余的34架F–16战机，这些战机价值5亿美元，其余2亿美元用于购买其他陆军装备。[②]

对于巴方急需的防空导弹等，美国防部建议巴基斯坦从其他国家获取。美国的武器如火神炮、小檞树防空导弹（MIM–72 Chaparral）、毒刺导弹（FIM–92）和霍克导弹（MIN–23 HAWK）等因生产周期，交付需要时间，但美国同意提前交付100～150枚红眼睛防空导弹（FIM–43）。[③]

虽然美巴谈判总体顺利，但双方对40架F–16战机的交付日期有不同意见。巴基斯坦认为美国27个月内提供6架和42个月内交付其余34架的计划过于漫长，而巴面临的现实威胁是迫在眉睫的。巴基斯坦想要尽快获得装备至少三个空军中队的战机。F–16战机的交付时间一时成了谈判的焦点。[④]

① "U.S. Military Equipment Slated to Be Sold to Pakistan Includes: Fighter Aircraft, Armored Vehicles and Artillery, Air Defense Missiles and Guns, Armed Helicopters", July 10, 1981, *USDDO*, CK2349544758.

② "U.S. Military Equipment Slated to Be Sold to Pakistan Includes: Fighter Aircraft, Armored Vehicles and Artillery, Air Defense Missiles and Guns, Armed Helicopters", July 10, 1981, *USDDO*, CK2349544758.

③ "U.S. Military Equipment Slated to Be Sold to Pakistan Includes: Fighter Aircraft, Armored Vehicles and Artillery, Air Defense Missiles and Guns, Armed Helicopters", July 10, 1981, *USDDO*, CK2349544758.

④ Shirin Tahir–Kheli, *The United States and Pakistan: the Evolution of an Influence Relationship*, New York: Praeger Publishers, 1982, p.105; Dennis Kux, *The United States and Pakistan:1947–2000: Disenchanted Allies*, Washington D.C.: Woodrow Wilson Center Press, 2001, p.259.

对巴基斯坦而言，F-16战机具有重要的军事和政治意义。军事上，F-16作为当时最先进的战机，可以对巴空军力量产生质的提升。从外交上看，F-16战机能够考验美国对巴是否“足够真诚”，并且F-16战机也是美巴良好的盟友关系的象征，能够增强巴民众对齐亚·哈克政府的支持。①

巴基斯坦强调F-16战机交付日期的另外一个原因是担心美国政策变化而导致F-16战机援助计划被取消。美国虽然再三保证F-16战机延迟交付并不影响整个计划，但这并不能打消巴方的担心。巴基斯坦明白，每年美国国会都要对援助项目进行审核，特别是由于自己的核项目，援助计划存在随时被美国中止的可能。

美国计划的交付日期主要考虑到美军的装配情况以及F-16战机生产周期和昂贵的价格。作为当时最先进的战斗机，F-16战机仍处于早期生产阶段，美军仍在装配之中，对外只向盟友提供。从F-16的生产周期来看，一年内按巴方要求交付战机困难很大。且F-16战机造价不菲，短时间内交付过多会给双方造成巨大的财政压力。美国曾向巴推荐了便宜三分之一的F-5战斗机以为替代，但被巴基斯坦拒绝。②

当双方僵持不下时，《纽约时报》披露了美巴军援会谈的内容，引发轩然大波。7月15日，卡耐基国际和平基金会南亚问题专家哈里森（Selig S. Harrison）在《纽约时报》上抨击里根政府对巴F-16战机军售，认为美国军售巴基斯坦先进武器可能引发南亚军备竞赛，加剧印巴冲突和地区动荡。③

7月25日，巴克利致信《纽约时报》，指出哈里森严重歪曲了政府目前的南亚和西南亚政策，声明政府对巴军售的态度与立场。巴克利说巴基斯坦的安全稳定是地区稳定的关键，巴不但面临着苏联的威胁，而且承受着200万阿富汗难民压力。因此，美国必须给予巴基斯坦包括F-16战机在内的援助，增强其经济和

---

① Dennis Kux, *The United States and Pakistan:1947-2000: Disenchanted Allies*, Washington, D.C.: Woodrow Wilson Center Press, 2001, pp.259–260.

② Judith Miller, “Pakistan Is Being Offered the F–16 as Part of a U.S. Military Aid Plan”, *The New York Times*, June 13, 1981.

③ Selig S. Harrison, “India, and Reagan’s Tilt toward Pakistan”, *The New York Times*, July 15, 1981.

军事信心。[①]

哈里森的批评使里根政府决定尽快达成协议。9月4日，里根亲自致信齐亚·哈克，同意巴F-16战机的交付日期。里根说美国将按照巴方的要求在1982年10月前交付6架，剩余的根据巴方的计划交付。里根还对美巴关系的发展做了进一步的保证："我视我们的新关系为抵御苏联入侵巴基斯坦、维护西南亚和全球安全的关键因素。"[②]里根派巴克利为总统特使赴巴基斯坦，向齐亚·哈克转交自己的亲笔信。巴克利访巴期间，与巴方敲定了F-16战机交付和整个援助计划最后的细节，并重申美国的安全承诺和对巴国家主权的尊重。9月15日，巴基斯坦宣布同意美国为期6年、价值32亿美元的军事和经济援助方案。巴基斯坦驻美大使馆在声明中说："我们感到很放心，因为美国政府全面理解了我们的核心关切，并且希望在信任、相互尊重和主权平等的基础上发展两国的新关系"。[③]

援巴方案提交国会后，参众两院的争论主要集中在以下几点：《赛明顿修正案》、巴基斯坦核项目及F-16战机。此外，议员们也极为关注巴人权和毒品种植等问题。

首先要修正《赛明顿修正案》，以规避美国对外援助的法律限制。1981年4月27日，库恩向国会的相关委员会做了题为《变更外援法第669条，允许对巴援助》的辩词。库恩指出美国应该灵活地与巴基斯坦建立合作关系以应对苏联在这个重要地区造成的危险，巴基斯坦对美国及其盟友的重要性是不言而喻的。他说修正《赛明顿修正案》"是建立新关系的一个重要和必不可少的部分，这是允许我们对这个处于困境中的国家提供援助的必要步骤"。库恩称美国的盟友和朋友们正在看着美国对巴基斯坦的态度，以此来衡量美国是否能够践行对朋友的承诺。[④]库恩向国会保证政府将坚持核不扩散政策的立场。

---

① "James L. Buckley Letter to the Editor to NYT", *The New York Times*, July 25, 1981.

② "Letter to Pakistani President Mohammad Zia-ul-Haq from President Ronald Reagan informing Zia that the U.S. Will Deliver F-16 Aircraft to That Country", September 4, 1981, *USDDO*, CK2349536376.

③ "Pakistan Agrees to a U.S. Aid Plan and F-16 Delivery", *The New York Times*, September 16, 1981.

④ "Change in Section 699 of FAA to Permit Aid to Pakistan", April 27, 1981, *DNSA*, NP01883, pp.2-5.

实际上《赛明顿修正案》无法阻止巴基斯坦的核计划。批评者认为卡特对巴基斯坦的武器禁运和切断援助并没有阻止巴基斯坦发展核武器，事实证明《赛明顿修正案》是一项呆板的法律，它不具备处理与巴基斯坦这种国家关系时所需要的政治、军事和外交上的灵活性。巴基斯坦的常规军事力量落后，缺乏本国国防工业，又得不到先进武器的供应，这促使其追求核武器以与印度抗衡。[①] 早在1979年8月，国会外交关系委员会主席扎布洛茨基（Clement Zablocki）和其他四个委员就指出，如果美国能够给巴基斯坦安全以足够的保证，通过外交与援助的灵活方式，就有可能实现核不扩散目标。巴克利也在听证会上说如果恢复对巴军事援助，“可以消除巴获取核武器的动机”[②]。1981年5月14日，参议院根据外交关系委员会以10票对7票的结果，同意总统拥有对《赛明顿修正案》的豁免权。但是，众议院依然对巴基斯坦核项目不放心。

众议院要求白宫明确其核不扩散政策的立场和对巴基斯坦可能核试爆的态度。巴克利向国会保证本届政府将坚定地遵守美国核不扩散立法，政府深信没有核武器的国家获得核爆炸能力将损害美国的国家利益。巴克利说政府一直将巴核问题置于两国新关系的发展当中来考虑，巴基斯坦政府清楚美国的关切，知道核爆炸带来的严重后果，齐亚·哈克总统向美国保证巴基斯坦没有制造核武器的意图，也不会向第三国转让敏感技术和设备。但巴克利也指出由于巴国内政治因素，美国不可能得到巴不进行核爆炸的法律保证，实际上也不可能获得这种保证。[③]

F-16战机是国会讨论的另一核心话题。议员们担忧巴基斯坦可能用F-16战机对付印度而不是苏联，怀疑巴的经济承受能力以及对美国军备的影响等。在11月12日的参议院外交关系委员会听证会上，巴克利回答了以上问题。他指出政府知道美国的援助不可能使巴基斯坦拥有独自抵抗苏联入侵的能力，美国的目

① Christopher van Hollen, “Leaning on Pakistan”, *Foreign Policy*, no.38, 1980, pp.35–50.

② “A Pakistani Aid Package Vital, Administration Tells Congress”, *The Washington Post*, September 17, 1981.

③ US House, Hearings and Markup before the Committee on Foreign Affairs and its Subcommittees, *Security and Economic Assistance to Pakistan*, Washington D.C.: GPO, 1982, p.297.

的是增加潜在的入侵成本和显示美巴之间强大的安全关系，这使得苏联不得不三思而后行。巴克利进一步指出F-16战机被巴基斯坦视为两国新关系的象征，如果被拒绝，巴政府将不会和美国合作共同应对苏联的威胁。对于巴的购买能力，巴克利称巴基斯坦已准备了必要的资金来购买F-16战机，沙特将会提供资金支持。他还作证美国的军事援助程度和F-16战机不会影响印度在南亚地区的优势，不会在次大陆形成新的不稳定因素。最后，巴克利说40架对巴销售的F-16战机来自欧洲订单，由欧洲公司生产，不会对美国的战备力量造成根本影响。①

1981年9月30日至10月17日，就巴基斯坦核项目、F-16战机影响、巴政治局势、印巴关系和毒品种植等问题，美国国会议员组赴巴基斯坦和印度实地调研，形成了一份评估报告。

关于美援助计划对美国核不扩散政策的影响，该报告指出美国的援助可能放缓巴核计划，但不可能阻止巴秘密核研发。美国必须向巴施压，令其接受国际原子能组织的监督。② 对于F-16战机，报告承认F-16战机对巴的重要性和在美巴关系中的敏感性，且F-16战机与巴核计划紧密相关，拒绝给巴F-16战机援助有可能严重损害核不扩散政策。③

该报告对巴基斯坦政治前景表示担忧。报告认为齐亚·哈克与政治反对派的矛盾很激烈，暂时看不到和解的迹象。另外，巴基斯坦俾路支省在苏联的渗透下政治动荡正在加剧。④

关于鸦片种植问题。该报告指出作为地方组织主要的经济来源，鸦片种植在

---

① US Senate, Hearings before the Committee on Foreign Relations, *Aid and the Proposed Arms Sales of F-16s to Pakistan*, November 12 and 17, 1981, Washington D.C.: GPO, 1982, pp.7–8.

② US House, Committee on Foreign Affairs, *Report Prepared by the Staff Study Mission to Pakistan and India: Proposed U.S. Assistance to Arms Transfers to Pakistan: An Assessment*, Washington D.C.: GPO, 1981, pp.5–6.

③ US House, Committee on Foreign Affairs, *Report Prepared by the Staff Study Mission to Pakistan and India: Proposed U.S. Assistance to Arms Transfers to Pakistan: An Assessment*, Washington D.C.: GPO, 1981, p.3.

④ US House, Committee on Foreign Affairs, *Report Prepared by the Staff Study Mission to Pakistan and India: Proposed U.S. Assistance to Arms Transfers to Pakistan: An Assessment*, Washington D.C.: GPO, 1981, p.4.

巴阿边境地区由来已久。由于巴基斯坦中央政府对边境地区的控制能力有限，解决毒品问题需要长期的努力。[①]

关于印巴关系。报告称美国对巴的军事援助必然遭致印度的不满。对此，报告建议美国应和巴基斯坦公开声明售巴武器只用于抵御苏联的威胁，且美国需向印度提供援助来改善美印关系。[②]

国会的调查评估报告表明，美国对巴基斯坦能否真正遵守核不扩散政策和巴国内政治前景缺乏信心；对巴军售 F-16 战机会影响美印关系，使印度更加依赖于苏联。然而，相比美国对付苏联的阿富汗战略而言，这些问题暂时不再显得那么重要。

11 月 17 日，参议院外交关系委员会以 10 票对 7 票否决了议员哈特菲特（Mark O. Hatfield）等三人反对 F-16 战机销售的联合提议。同一天，众议院外交事务委员会投票否决了部分议员反对 F-16 战机销售的议案。[③]

1981 年 12 月 15 日和 16 日国会参众两院分别通过了美国对巴援助法案。里根于 12 月 29 日签署，该条款新增为《1961 年对外援助法》的第 620E 条，其前言写道："国会认识到苏联军事占领阿富汗给巴基斯坦构成的安全威胁，国会也认识到一个独立和民主的巴基斯坦继续与美国保持友好关系是两国的利益所在。" 620E 条款强调援助的目的是为了抵抗苏联的威胁和巴基斯坦人的福祉，巴基斯坦政府应迅速全面恢复"公民自由社会"，"避免爆炸核装置，或避免生产和获取此种装置可能带来的核扩散风险，这是两国的共同利益所在"[④]。

国会也对总统行使豁免权做出了相应的立法限制。众议院在同意总统拥有对

---

① US House, Committee on Foreign Affairs, *Report Prepared by the Staff Study Mission to Pakistan and India: Proposed U.S. Assistance to Arms Transfers to Pakistan: An Assessment*, Washington D.C.: GPO, 1981, p.6.

② US House, Committee on Foreign Affairs, *Report Prepared by the Staff Study Mission to Pakistan and India: Proposed U.S. Assistance to Arms Transfers to Pakistan: An Assessment*, Washington D.C.: GPO, 1981, pp.4–5.

③ US House, Committee on Foreign Affairs, *Congress and Foreign Policy-1981*, Washington D.C.: GPO, 1982, p.110.

④ US House, Committee on Foreign Affairs, *Congress and Foreign Policy-1981*, Washington D.C.: GPO, 1982, pp.111–112.

巴援助豁免权的同时附加了一条由众议员索拉兹（Stephen Solarz）提出的修正案，即《索拉兹修正案》，该法案规定受援助的国家扩散或是引爆核装置，国会将否决相应的总统豁免权。索拉兹认为，这个修正案强化了美国现行的核不扩散政策，并且可以约束巴基斯坦不要迈出核试爆门槛。[①] 参议院也以 51 票对 45 票通过了参议员格伦（John Glenn）的修正建议，如果印度和巴基斯坦任何一国爆炸核装置就切断援助。参议院最后同意授予总统 6 年的对巴援助豁免权。[②]

美巴之间最终达成的援助计划是一个价值 32 亿美元、为期 6 年、包括军事和经济援助在内的方案。16 亿美元的经济援助中有 10 亿美元是赠款的形式，剩下的 6 亿美元分为优惠利息 2% 的 10 年还款期和利息 3% 的 20 年还款期偿还。16 亿美元军售的还款期限为 30 年，利息 14%，其中有 7 ～ 10 年仅偿还本金的优惠期。[③]

这次的对巴援助计划与以前的相比，在规模、内容以及政治条件等方面呈现出以下几个特点：首先，援助规模大、时间长。1951 ～ 1982 年间援助总额约为 57 亿美元，本次 6 年的援助额度达 32 亿美元。

其次，军事援助大幅度增加，军售以先进武器为主。过去美国对巴经济援助的规模一直高于军事援助，但是，1981 年的援助计划在数额分配上将军事援助提升到了与经济援助同样重要的地位，对巴所要求的购置先进武器的要求基本予以满足。

最后，援助方案没有附加政治条件，体现了双边关系的平等和对巴基斯坦主权的尊重。与以往的主要以赠款为主的援助方式不同，本次美国提供给巴基斯坦的援助主要是优惠性的贷款，特别是军事援助上的零赠款性质，具有很重要的主权平等的象征意义。夏希说："1981 年协议中，巴基斯坦提出美巴关系不能损害巴基斯坦对于不结盟运动和伊斯兰会议组织的责任，美国对此完全同意"[④]。

① Larry Q. Nowels, "Foreign Aid: Budget and Policy Issues for FY82", *CRSMIS*, IB81098, pp.24–25.

② Larry Q. Nowels, "Foreign Aid: Budget and Policy Issues for FY82", *CRSMIS*, IB81098, p.25.

③ US House, Committee on Foreign Affairs, *Report Prepared by the Staff Study Mission to Pakistan and India: Proposed U.S. Assistance to Arms Transfers to Pakistan: An Assessment*, Washington D.C.: GPO, 1982, p.39.

④ "Statement by Pakistani Foreign Minister, Agha Shahi at the Joint Staff Services Seminar", Islamabad, January 28–29, 1984, in Rashmi Jain ed., *The United States and Pakistan 1947–2006: A Documentary Study*, New Delhi: Radiant Publishers, pp.113–114.

1981 年援巴法案是美国朝野对苏联阿富汗战争对美国国家安全利益造成重大威胁的共识的产物，它基本满足了巴方提出的各种要求。但是，美国国会为援助设置的法律限制，成了悬在美巴关系之上的达摩克里斯之剑。

## 三、美国对巴援助政策的实施及成效

随着苏联深陷阿富汗战争，正如美国所希望的，阿富汗正成为苏联“日夜流血的伤口”，因此，对巴援助计划实施相对顺利。1981 年和 1982 年，美国分别对巴提供了 7.88 亿美元和 2 亿美元的紧急援助。1983 财年，在白宫的要求下，国会在 4.69 亿美元的基础上又增加 7 500 万美元，1984 财年达 5.83 亿美元，对巴援助成为美国在亚洲最大的外援项目。[①]

1983 年 2 月，众议院亚洲和太平洋事务小组委员会向对外事务委员会提交报告，肯定了几年来对巴援助的效果。亚太事务小组指出巴基斯坦顽强地抵制着来自苏联的压力，巴仍然坚持苏联军队完全撤出阿富汗是政治解决阿富汗问题的前提。该小组强调对巴六年援助法案是以改变美国核不扩散法律为代价的，国会并没有正式地承诺支持整个六年计划，如果该援助计划明显被证明不能成功地实现其目标，国会就有理由拒绝继续提供资金。小组委员会的结论是目前没有任何中止或减少对巴援助的缘由，继续援助符合美国的利益。[②]1984 年 10 月，美国国家安全委员会的一份报告也指出过去巴基斯坦在支持阿富汗抵抗力量方面起了重要作用，美国应继续强化与巴基斯坦的关系，继续对巴经济和军事援助。报告

① “Foreign Assistance Legislation for Fiscal Years 1984–85(Part 5)”, US House, Hearings and Markup before the Subcommittee on Asian and Pacific Affairs of the Committee on Foreign Affairs, *Economic and Security Assistance in Asia and the Pacific*, February 23,24, March 8,9,14,18 and 23, 1983, Washington D.C.: GPO, 1983, p.229.

② “Foreign Assistance Legislation for Fiscal Years 1984–85(Part 5)”, US House, Hearings and Markup before the Subcommittee on Asian and Pacific Affairs of the Committee on Foreign Affairs, *Economic and Security Assistance in Asia and the Pacific*, February 23, 24, March 8,9,14,18 and 23, 1983, Washington D.C.: GPO, 1983, p.XVII.

还提议两国提前开始商谈六年援助项目完成后新的援助计划。[①]

1985年底，美国国会通过的一项关于平衡预算和削减赤字的法案——格拉姆—拉德曼法案（Gramm-Rudman-Hollings Act），该法案规定了今后5年的财政赤字范围。在预算紧缩的大背景下，美国的对外援助水平在经历了连续5年的增长后，在1986年和1987年出现了连续下滑，但对巴援助没有受到预算紧缩的制约。1986财年，非专项拨款国家的资金被削减了30%，但是对专项拨款国家——以色列、巴基斯坦、土耳其等仅削减了5%，[②]1987财年的外援拨款中，除以色列、巴基斯坦和爱尔兰等，参议院拨款小组委员会对其他国家的经济援助削减了32%，对外军事销售信贷则降低了大约51%。[③]

总之，由于阿富汗局势仍处于胶着中，美国需要继续支持巴基斯坦，白宫与国会的立场是一致的。尽管美巴在核不扩散、禁毒、人权以及印巴关系等问题时有争议，美国还是在1987财年基本按计划完成了为期6年的援助，援助总额为30.556亿美元。援助资金分布情况如下：经济发展援助总金额12.29亿美元，其中赠款8.25亿美元，其余为贷款；粮食援助总额3.138亿美元，其中5 980万美元是赠款；军事援助总额15.129亿美元，其中赠款430万美元，其余为军事信贷。[④]

为期六年的援助计划即将在1987财年结束之际，美国开始考虑对巴基斯坦新一轮的援助。鉴于已有的合作基础，1986年3月24日，美巴双方很快达成了新一轮的援助协议。新的援助总额为40.2亿美元，为期6年，从1988年开始。在新计划中，援助的57%用于经济发展，其余为军事援助。军事援助的方式为

① "U.S. Policy towards India and Pakistan", October 11, 1984, *National Security Decision Directives (NSDD)*, NSDD147.

② Cary J. Pagliano & Kerry Dumbaugh,"The 99th Congress and Foreign Assistance in an Era of Budget Constraints", September 22, 1987, *Congressional Research Service(CRS)*, Washington D.C.: The Library of Congress, 1987, p.23.

③ Cary J. Pagliano & Kerry Dumbaugh,"The 99th Congress and Foreign Assistance in an Era of Budget Constraints", September 22, 1987, *Congressional Research Service(CRS)*, Washington D.C.: The Library of Congress, 1987, p.27.

④ Richard P. Cronin, "Pakistan: U.S. Foreign Assistance Facts", *CRS*, Washington D.C.: The Library of Congress, 1987, p.3.

军事信贷。两国每年将共同审查经济和军事援助的实施情况和效果。[①] 虽然40.2亿美元的援助金额低于巴基斯坦希望的65亿美元，但这已是美国在当时财政政策下所能提供的最大数额，巴基斯坦成了以色列之后的第二大美援接受国。

但是，随着苏联撤军阿富汗和冷战局势的变化，巴基斯坦对美国的战略价值有所下降，新的援助计划并未完全实施。苏共总书记戈尔巴乔夫一直在寻求政治解决阿富汗问题。经多方协商谈判，1988年4月4日，在联合国秘书长德奎利亚尔（Javier Perez de Cuellar）的主持下，苏联、美国、巴基斯坦和阿富汗喀布尔政权在日内瓦正式签署了关于政治解决阿富汗问题的协议，核心是苏联分阶段从阿富汗撤军，其中半数军队将在1988年5月15日至8月15日撤出，全部军队将在9个月内，即在1989年2月15日前完成撤离。1989年2月15日，苏联第40集团军司令格罗莫夫（Boris Gromov）最后一个跨过了阿姆河大桥，苏联撤军阿富汗完成。

苏军撤离阿富汗标志着美国在阿富汗战略目标的完成，美巴“蜜月”的政治共识不存在了，两国关系中暂时蛰伏的问题再次凸显。

1988年6月，一向对美巴援助关系持异议的索拉兹议员在一次听证会上称苏联承诺从阿富汗撤军，美巴关系到了一个十字路口。他说以前每当提及巴基斯坦的民主、毒品和核问题时，政府和国会都以美国需要巴基斯坦向阿富汗“圣战者”提供援助为由而置之不理。但是，现在苏联要离开阿富汗了，这种说辞就不再令人信服了。民主、毒品和核武器才是美巴关系中的重要问题。[②]

在众多问题中，巴基斯坦核项目始终是美巴关系中最敏感的话题。1989年，布什多次警告巴基斯坦，其核行为将严重威胁美巴关系，如果巴基斯坦不停止核活动，他将不再在国会提供证词。1989年6月，中情局已经掌握了巴基斯坦具备制造核弹的信息，美国要求巴基斯坦接受国际原子能组织的全面检查，这显然

① “USCAID/Pakistan Program Week, April 1987”, PD-ACC-496, June 20, 2020, https://pdf.usaid.gov/pdf_docs/PDACC496.pdf.

② US House, Hearing and Markup before the Subcommittees on Asian and Pacific Affairs of the Committee on Foreign Affairs, *The Prospects for Democracy in Pakistan*, June 29, 1988, Washington D.C.: GPO, 1989, pp.1–2.

是巴基斯坦不能接受的。同年 10 月，布什在关于对巴援助的国会听证会上不再为巴基斯坦提供证词。① 根据《普雷斯勒修正案》(Pressler Amendment)，美国将在下一年停止对巴援助。②

1990 年初，印巴在克什米尔爆发武装冲突，有滑向全面战争的风险。美国担忧双方会使用核武器，副国家安全顾问盖茨（Robert Gates）前往调停。盖茨指责巴军方支持克什米尔叛乱，并再次对巴核项目提出警告。美国情报分析认为巴基斯坦离拥有核武器只差把铀装入弹头的最后一步了。③

1990 年 8 月 6 日，巴总统伊沙克 · 汗以腐败为名解散了贝 · 布托（Benazir Bhutto）政府和国民议会，引起了美国的强烈不满，国会决定全面切断援助。9 月，布什致电伊沙克 · 汗，对美国将要切断对巴一切援助表示遗憾。布什在信中说美国对巴核武器发展情况非常清楚，美国对此深深地不安，他必须对《普雷斯勒修正案》负责，而目前的情况不能证明巴方遵守了法律。布什提出巴基斯坦尽快恢复民主进程，停止核武器计划。④

美国驻巴大使奥克利（Robert Oakley）在向伊沙克 · 汗递交布什总统信件时特别强调："没有总统证词，美国对巴的所有军事和经济援助，以及交付和购买的军事设备，包括对外军事销售计划所含的零部件和军事技术都将从 1990 年 10 月 1 日起停止。"⑤

---

① Bhumitra Chakma, *Pakistan's Nuclear Weapons*, New York: Routledge, 2009, p.31; Husain Haqqani, *Magnificent Delusions: Pakistan, the United States, and an Epic History of Misunderstanding*, New York: Public Affairs Books, 2013, p.270.

②《普雷斯勒修正案》是对《1961 年外援法》620E 条款的修正，规定除非总统在每个财政年度向国会证明巴基斯坦不拥有核爆炸装置和美国援助能明显地降低巴基斯坦拥有核爆炸装置的风险；否则，不得对巴有任何援助，不得对巴进行任何军事设备或是技术的售卖或是转让。该修正案 1985 年由联邦参议员普雷斯勒（Larry Pressler）发起。

③ Husain Haqqani, *Magnificent Delusions: Pakistan, the United States, and an Epic History of Misunderstanding*, New York: Public Affairs Books, 2013, p.280; Dennis Kux, *The United States and Pakistan:1947–2000: Disenchanted Allies*, Washington, D.C.: Woodrow Wilson Center Press, 2001, pp.306–308.

④ "Letter by President Bush to President Ghulam Ishaq Khan", September 18, 1990, *USDDO*, CK2349675698.

⑤ "Secretary of State James Baker III Provides Text of President George H.W. Bush's message to Pakistani President Ghulam Ishaq Khan", September 19, 1990, *USDDO*, CK2349644050.

10月，巴看守政府外长雅库布（Sahabzada Yaqub Khan）访美，试图寻求恢复援助。在与国务卿贝克（James A. Baker III）的会谈中，雅库布表示巴愿意停止核计划以求美国恢复援助。贝克回复这样做不够，只有巴基斯坦摧毁其核弹头，且“让核能力退至界线另一边”，总统才能提供证词。雅库布回答让巴放弃核武器是不可能的。[①]

1990年12月11日，巴新政府总理谢里夫（Mian Muhammad Nawaz Sharif）在一次公开会议上宣布巴基斯坦不会接受有条件的外援，巴将利用自身的国家资源来生存，“如果想要恢复援助的话，我们被要求签字保证巴基斯坦不发展核武器，对此巴基斯坦不会接受，除非印度也接受相同的条件”[②]。

从1981年到1989年，美国共向巴基斯坦提供了31亿美元的经济援助和21.9亿美元的军事援助。[③] 这些援助对苏联撤军阿富汗起了重要作用，也在一定程度上促进了巴基斯坦的经济发展、社会稳定和军事现代化。

美国的援助巩固了针对苏联的美巴战略政治军事同盟关系，加快了苏联从阿富汗撤军和冷战的结束。苏联阿富汗战争爆发期间，美国阿富汗战略的目标是尽一切手段增加苏联占领阿富汗的军事、政治和经济成本，迫使其撤军。[④] 要实现这一目标，与巴基斯坦的合作是关键。[⑤] 在战争期间，巴基斯坦政府顶住了国内外压力，与美国的政策保持了一致。

巴基斯坦充当了美国向阿富汗抵抗组织提供资金、武器的渠道和后勤基地。

---

① “Interviews with Yaqub, Oakley, and Schaffer”, in Dennis Kux, *The United States and Pakistan:1947–2000: Disenchanted Allies*, Washington D.C.:Woodrow Wilson Conter Press, 2001, pp.309–310.

② “Statement by Prime Minister Nawaz Sharif at a Public Meeting at Liaquatabad, 11 December 1990”, in Rashmi Jain ed., *The United States and Pakistan 1947–2006: A Documentary Study*, New Delhi: Radiant Publishers, p.245.

③ US Senate, Hearing before the Subcommittees on International Development and Foreign Assistance, Economic Affairs, and International Environmental Protection of the Committee on Foreign Relations, *U.S. Foreign Assistance to Pakistan*, Washington D.C.: GPO, 2008, p.44.

④ US House, Hearing before the Subcommittees on Europe and the Middle East and Asian and Pacific Affairs of The Committee on Foreign Affairs, *United States Policy toward Afghanistan*, March 7, 1990, Washington D.C.: GPO, 1990, p.129.

⑤ “US Policy, Programs and Strategy in Afghanistan”, March 27, 1985, *NSDD*, NSDD166.

1985年，美国国家安全委员会的一份文件阐明了美国阿富汗战略的新目标：通过加强对阿富汗抵抗力量的隐蔽支持来击败苏联，迫使苏联在五年内撤出阿富汗。[①]美国中央情报局实施了代号为"旋风行动"（Operation Cyclone）的秘密支持阿富汗抵抗运动的计划，逐年加大了对阿富汗抵抗力量的资助力度，援助金额从最初每年3亿美元增加到了6亿美元。另外，沙特与中情局和巴三军情报局（Inter Services Intelligence Directorate, ISI）合作，每年向阿富汗抵抗力量秘密援助达3亿美元。到20世纪80年代末，仅美国的秘密援助便超过了20亿美元。[②]由于美国对阿富汗情报依赖于巴情报部门，美国的援助物资都经由巴三军情报局负责分发给阿富汗各抵抗力量，使巴基斯坦和阿富汗的政治势力形成了密切的关系。

巴基斯坦不但为阿富汗抗苏力量提供了政治上的庇护，而且与美国合作，训练阿富汗反苏游击队。巴基斯坦接受了近280万阿富汗难民，是当时世界上最大的难民集中地。美国中央情报局从这些阿富汗难民中招募人员进行作战培训，之后再派这些人员进入阿富汗与苏联作战，这是阿富汗抗苏力量的主要来源之一。据当年亲身参与其事的巴基斯坦军官回忆：苏联阿富汗战争爆发后，巴基斯坦决定开放其西北边境各省边界地区为阿富汗难民提供庇护，为阿富汗游击队提供武器、情报、训练和作战建议。[③]这些训练有素的游击力量使得苏军在身体上和心理上遭受重大伤害。1988年5月15日撤军前夕，苏联官方公布了阿富汗战争苏联的伤亡情况：死亡13 310人，受伤35 478人，失踪311人。[④]长期的战争使苏联国际名誉严重受损，苏军伤亡伤害了国内民众士气，厌战逃战风气弥漫，也恶化了苏联经济。

巴基斯坦前总统穆沙拉夫在其回忆录中提到巴三军情报局一高级官员收藏有联邦德国情报部门赠送的一块柏林墙砖，上书"赠与发出第一击的人"[⑤]。有人相

① "US Policy, Programs and Strategy in Afghanistan", March 27, 1985, *NSDD*, NSDD166.

② Clifford Krauss, "U.S. Renews Hope for Afghan Peace", *The New York Times*, October 16, 1990.

③ Mohammad Yousaf and Mark Adkin, *The Bear Trap: The Defeat of a Superpower*, Philadelphia: Pen & Sword Books Ltd, 2008, p.45.

④ Michael Dobbs, "Soviets Say 13,310 Soldiers Died in Afghan War", *Washington Post*, May 26, 1988.

⑤〔巴〕佩尔韦兹·穆沙拉夫，《在火线上：穆沙拉夫回忆录》，张春祥译，译林出版社，2006，第274页。

信推倒柏林墙的第一击来自巴基斯坦支持的阿富汗“圣战者”。

巴基斯坦的政治和社会稳定是保障美巴关系稳定的前提，而稳定的美巴关系则是美国阿富汗战略的基础。实际上，美国的援助确实促进了巴基斯坦政治、经济和社会稳定发展。在美国的经济援助下，巴政府进行了一系列的经济改革，带来了较高的经济增长率。此外，在美国的带动下，其他西方国家、组织和一些阿拉伯国家也为巴基斯坦提供了重要的经济援助。根据联合国难民事务高级专员办事处记录，仅 1983 年一年，各国政府对巴基斯坦的现金捐赠情况：美国居首位达 2 634 万美元，日本、英国、加拿大、联邦德国分别大约为 682 万美元、445 万美元、406 万美元和 291 万美元。欧共体提供了价值 1 222 万美元的主要以食物为主的援助。[①] 整个 20 世纪 80 年代，巴基斯坦年均 GDP 增速一直保持在 5% 以上的水平，是次大陆经济发展最快的国家。

美国的军事援助对巴基斯坦军事现代化起了重要作用。军事援助中，美国对巴提供的武器和装备包括为眼镜蛇直升机配备的陶式导弹，24 部导弹发射器，2 000 枚反坦克导弹；防空火炮，SAM 自行火炮；M–60 在内的 200 辆坦克；M–113 装甲运兵车，自动雷达以及夜视设备。其中最为重要的是 100 多架 F–16 战斗机，虽然如期交付的只有最初的 40 架 F–16 战斗机，但配备了 F–16 战机的巴空军现代化水平得到了质的提升。巴基斯坦还从美国获得了鱼叉反舰导弹以及美国海军退役的传动级驱逐舰等。[②] 美国的军事援助使巴军事力量实现了质的飞跃，弥补了印巴在常规军事力量方面的差距。

当然，美国希望通过援助让巴基斯坦放弃核武器、禁种毒品等目标并没有实现，这也成为美国终止对巴援助的主要理由。

---

① “Final Tally, 1983 Government Contributions to UNHCR Programs in Pakistan,” March 9, 1984, *DNSA*, AF01556, pp.1–2.

② Devidas B. Lohalekar, *U.S. Arms to Pakistan: A Study in Alliance Relationship*, London: South Asia Books, 1991, pp.62–63.

## 四、余 论

巴基斯坦的地缘战略位置是美国对巴政策的基本出发点，因国际和地区环境的变化，其对美国战略价值亦相应升降，两国关系间存在的新旧问题就会不同程度地凸显，这集中体现在了美国对巴援助的变化上。冷战的20世纪50～70年代，因为上述问题，两国由盟友走向了关系几乎破裂的陌生人，政治互信荡然无存。苏联阿富汗战争爆发后，巴基斯坦的战略地位对美国而言几乎是无法替代的。为此，美国把现实利益置于其他利益之上，对巴基斯坦提供了规模庞大、持续时间长的经济和军事援助，巴基斯坦也与美国在阿富汗问题上保持一致。然而，此时的美巴关系实质上是一种交易关系，特别对美国而言。当苏联撤军阿富汗和冷战终结后，巴基斯坦和中南亚地区被美国从其对外战略主要利益的清单中排除，对巴基斯坦和阿富汗的一切援助被终止。美国在这些地区的战略短视和草率政策导致了极端势力的崛起和地区动荡，并一直持续到当下，但这对21世纪美国对巴关系产生了重要的历史借鉴。

“9·11”事件后，在美国全球反恐战略下，巴基斯坦对美国的战略价值又一次凸显。2004年，美国将巴基斯坦定为“主要的非北约盟友”（major non-NATO ally）。在近20年的“反恐战争”中，美国虽然经常批评巴基斯坦包庇阿富汗塔利班，两国也因为美国无人越境机袭击和本·拉登事件而争吵，但美国并没有因为巴基斯坦在其防恐战略中价值的下降而像过去那样终止对巴援助，而是持续为巴基斯坦提供各类援助总额达341.83亿美元，其中包括先进的武器装备。[①]

随着美国仓促从阿富汗撤军和塔利班重新执政及伊斯兰国在伊朗东部与阿富汗接壤地区建立“伊斯兰国呼罗珊分支”（ISIS-K）基地，中南亚及周边地区局势前景存在不确定性，极端主义势力泛滥和由此联动的地区冲突是最有可能出现的情况。因此，美国不可能再像20世纪90年代初那样一走了之，置身事外。相反，美国可能会以地面军事力量之外的方式继续干预该地区事务。在这种情况

① “Direct Overt U.S. Aid Appropriations for and Military Reimbursements to Pakistan, FY2002–FY2020”, June 4, 2021, https://sgp.fas.org/crs/row/pakaid.pdf.

下，巴基斯坦的港口、领空和地面等对美国依然是不可替代的战略资源，巴基斯坦对阿富汗的政治影响力亦是其他国家无法企及的。

正如前美军驻阿富汗司令彼得雷乌斯（David Petraeus）在2021年8月回答美国为何不严厉制裁巴基斯坦时指出：中南亚周边基本都是与美国不友好甚至敌对的国家，巴基斯坦的领土、领空和印度洋港口是美国唯一能有效利用的。①

［特约编辑：李丽］

① Tunku Varadarajan, “David Petraeus Reflects on the Afghan Debacle”, *The Wall Street Journal*, August 20, 2021, https://www.wsj.com/articles/biden-trump-petraeus-taliban-afghanistan-withdrawal-war-nation-building-jihadist-terrorist-11629488184.

# 1942 年印度教大斋会的“反常”行为及其意识形态动因

何　杨①

**摘　要：**印度教大斋会是印度教民族主义早期代表政党，以反穆斯林和反殖民主义立场而闻名。但在 1942 年，该党却做出两个看似违背自身意识形态的“反常”行为：一方面，反对由印度国大党发起、争取结束英国殖民统治的“退出印度”运动；另一方面，在孟加拉地区与穆斯林联盟前主席法兹尔·乌尔·哈克联合组建政府。本研究从 V.D. 萨瓦卡尔出任印度教大斋会主席入手，勾勒该党在 1937 年到 1942 年间的发展轨迹，通过考察萨瓦卡尔上台后大斋会的组织定位与目标变化、萨瓦卡尔个人对军事化印度教及印度独立自治的相关主张、大斋会对国大党的态度、大斋会与英印政府的关系来解释第一个“反常”行为，通过考察 S.P. 慕克吉领导下大斋会孟加拉地方分支的行动及背后逻辑、慕克吉与萨瓦卡尔的观念与路线之不同点来解释第二个“反常”行为。通过历史梳理与分析可知，1942 年大斋会的“反常”行为实际上是该党内部以萨瓦卡尔和慕克吉为代表的两派展开交锋与“退出印度”运动同时发生的结果。最后，本文简要分析了这种现象所反映的政党意识形态变化的实质，并进一步讨论了这一变化给印度教大斋会带来的后续影响，以此展现印度教民族主义的内部张力。

① 何杨（1998～），北京大学外国语学院 2020 级硕士研究生，主要研究方向为印地语文学、印度近现代史。

**关键词**：印度教大斋会；印度教民族主义；V.D. 萨瓦卡尔；S.P. 慕克吉；意识形态

印度教民族主义（Hindu Nationalism）的思想脉络可追溯至19世纪中后期，但当代印度教民族主义的诞生时间通常被确定为1916年至1925年，这是两个重要组织——印度教大斋会（Hindu Mahasabha，以下简称“大斋会”）和国民志愿服务团（Rashtriya Swayamsevak Sangh）相继建立的时期。1923年，后来出任大斋会主席的V.D. 萨瓦卡尔（Vinayak Damodar Savarkar）发表了政治手册《印度教特性精要》（*Essentials of Hindutva*）①，首次清晰阐释了“印度教特性”（Hindutva）这一概念。他的思想影响到国民志愿服务团创始人K.B. 海德格瓦（Keshav Baliram Hedgewar），该团领导的同盟家族（Sangh Parivar）②后来也一直支持与践行着印度教特性的理念。于是“印度教特性”逐渐成为印度教民族主义的主要形式，以至于现在几乎成为同义词。

“印度教特性”更准确地说是“印度教徒的特质”（the quality of being a Hindu），其倾向是以自己对“印度教徒”的理解去规范或定义印度的民族和民族主义。③萨瓦卡尔对“印度教徒”最著名的定义是“祖地 + 圣地”说，他在《印度教特性精要》中提出：“印度教徒是同时将印度视为祖地和圣地的人”，④并在近20年后担任大斋会主席期间多次于年会上鼓吹这一观点。⑤这种主张明确将锡克教徒、耆那教徒、本土部落民等群体纳入“印度教徒”的概念范畴，而将穆斯林和基督教徒同时排除在外。此后，反穆斯林、反西方化在20世纪一直是印度教

① 该书1928年重印时改名为《印度教特性：谁是印度教徒？》（*Hindutva: Who is a Hindu?*）。

② 以国民志愿服务团为母体的印度教民族主义组织网络，又称“团家族”，包含50多个与该团关联的组织，这些附属组织虽然具有独立的身份和机制，但基本都在意识形态领域受到服务团的启发和影响，主要领导人也多有该团背景。

③ Cheta Bhatt, “Nationalism”, in Knut A. Jacobsen et al. eds., *Brill's Encyclopedia of Hinduism*, Brill Publishers, 2018, http://dx.doi.org/10.1163/2212-5019_BEH_COM_000336.

④ V.D. Savarkar, *Hindutva: Who is a Hindu?* (*Essentials of Hindutva*), Bombay: Veer Savarkar Prakashan, 1969, pp.111, 116.

⑤ V.D. Savarkar, *Hindu Rashtra Darshan*, Poona: Maharashtra Prantik Hindusabha, 1984.

民族主义者的鲜明特征，[①]他们对此也毫不讳言。反西方化在独立前更多反映出反殖民倾向，建国后国民志愿服务团和印度人民党也频频宣扬萨瓦卡尔等人的民族主义者形象，称其为“独立运动英雄”。

大斋会的成立背景是由人口普查和选举政治带来的印穆之间新的冲突，[②]在创立的前15年里，它只是强调印度教徒的教群诉求（communal claims）[③]而非民族诉求（national claims），即渲染穆斯林对印度教徒的威胁和穆斯林特权对印度教徒权利的损害。然而，到了1930年底的第一次圆桌会议（First Round Table Conference）时，大斋会成为全国层面的代表，主张印度人有能力直接接管政权，要求立刻自治。赵鼎新认为，政党是“一个试图通过全部或者部分掌握国家政权来推行在某一意识形态指导下的国家政策的组织”[④]，按照这一标准，可以说自圆桌会议开始，大斋会初具政党形态，且抨击穆斯林和争取自治成为其意识形态的“常态”。

然而，如果将视线聚焦到1942年8月，就会发现“反常”的两幕。一方面，8月7日国大党全印委员会（All India Congress Committee）在孟买召开会议，次日通过“退出印度”决议，甘地发表“退出印度”演讲（Quit India speech），提出“要么行动，要么死亡”（Do or Die）的口号。英殖民当局在几小时后便逮捕了几乎所有国大党重要领导，中央领导机构被击垮。[⑤]随着甘地等人入狱，“八月

---

① 进入21世纪后，随着印度人民党执掌全国政权，加之国民志愿服务团在全印影响力日升，这两种倾向有所收敛，因为印度人民党作为中央执政党，既要照顾到印度国内人口庞大的穆斯林群体，又要与西方国家打交道。

② Bapu Prabhu, *Hindu Mahasabha in Colonial North India, 1915–1930: Constructing Nation and History*, London: Routledge, 2013, p.3.

③ “Communalism”一词在印度语境中指以宗教信仰为核心构建族群认同的尝试，通常伴随着煽动群体之间的纷争与暴力，尤以印穆冲突为代表。中文学界通常将其译为“教派主义”，而在中文里“教派”是指宗教内部的派别，因此由“教派主义”引申出的“教派冲突”“教派骚乱”等易引起歧义。本文将其译为“教群主义”，相应的“communal”译为“教群（间）的”。

④ 赵鼎新：《论意识形态与政党政治》，《学海》2017年第3期，第7页。

⑤ 林承节：《殖民统治时期的印度史》，北京大学出版社，2004，第448～449页。

革命"[①]爆发，很多地区开始进行暴力斗争。在这种"反英最后一战"的形势下，大斋会却明确反对"退出印度"运动，萨瓦卡尔号召所有市政、立法机构和军队中的大斋会成员不要辞职，支持英国的战时政策。[②]另一方面，大斋会在孟加拉竞与全印穆斯林联盟（All-India Muslim League，以下简称"穆盟"）前主席法兹尔·乌尔·哈克（A. K. Fazlul Huq）联合执政，而两年前正是哈克在穆盟拉合尔年会上提交了要求穆斯林独立建国的"拉合尔决议"（Lahore Resolution）。该决议后被称为"巴基斯坦决议"（Pakistan Resolution），本是大斋会最坚决反对、猛烈抨击的。

由此可见，大斋会在1942年8月的行为既与自己的反英反殖民标榜不符，也与一贯坚持敌视穆斯林的立场不符，似乎走向了其倡导的印度教民族主义的反面。意识形态是政党得以存在的合法性基础，[③]大斋会作为选举体制中的政党，在关键时期做出如此重大的"反常"之举，背后原因何在？是否意味着该党意识形态出现重大调整？这种"反常"所反映出的实际变化又对该党产生何种影响？学界目前尚无对此现象的具体分析。本文尝试借助当时的年鉴、报纸、日记等相关材料[④]对该问题进行深入探讨。

## 一、萨瓦卡尔当选主席后大斋会的变化

在成立之初的15年里，大斋会只在北印度大城市发展，且处在从属于国大

① 英殖民当局的大规模逮捕激起了猛烈的反英浪潮，部分由包括国大社会党（Congress Socialist Party）在内的国大党基层组织领导，部分由群众自发行动，仍以迫使英国退出印度为目标，不过非暴力不服从运动很快转变为群众性的暴力斗争，国大社会党称之为"八月革命"。参见林承节：《殖民统治时期的印度史》，北京大学出版社，2004，第449～450页。

② Bapu Prabhu, *Hindu Mahasabha in Colonial North India, 1915–1930: Constructing Nation and History*, London: Routledge, 2013, p.103.

③ 赵鼎新：《论意识形态与政党政治》，《学海》2017年第3期，第6页。

④ 本文使用的一手材料多来自"南亚研究回溯数据库"（South Asia Archive）和编年档案集《走向自由：印度独立运动文献》。参见：South Asian Research Foundation, *South Asia Archive*, Taylor & Francis Group, http://www.southasiaarchive.com/; Bipan Chandra et al. eds., *Towards Freedom: Documents on the Movement for Independence in India, 1942, Part 1*, New Delhi: Oxford University Press, 2015.

党的地位，两个组织的成员多有重合。[①]这一时期的大斋会内部，以拉其帕特·拉伊（Lajpat Rai）为首的改革派与以帕伊·伯尔马南德（Bhai Parmanand）和 B.S. 蒙杰（Balakrishna Shivram Moonje）为首的正统派围绕着废除种姓和政治参与问题针锋相对。直到 1937 年，大斋会都是一个较松散的组织，最重要的功能是为各种地区性印度教社团（regional Hindu Sabhas）提供一年一度的集会机会。[②]

1937 年，萨瓦卡尔当选为大斋会主席，这是该党发展历程中的关键转折点。他不仅解决了上述分歧，而且决心将大斋会建成为代表印度教徒的政党。[③]萨瓦卡尔在他的第一次年会主席演说中表示：

> 印度教大斋会主要不是一个印度教宗教（Hindu Dharma）[④]的大会，而是一个印度教民族国家（Hindu Rashtra）的大会，是一个泛印度教（pan-Hindu）的组织，在社会、政治、文化等各方面塑造着印度教民族（Hindu Nation）的命运。[⑤]

这意味着萨瓦卡尔想要彻底改变原先的组织定位和运作模式，并且转向与国大党正面竞争。虽然，大斋会经过 20 多年的耕耘，在印度教徒中势力日升，但一旦进入议会选举，它根本无法将选票从国大党处吸引过来。在 1937 年各省选举中，国大党凭借其强大的影响力和完备的组织系统拿下了 10 个省中的 8 个，而穆盟也没能在剩下的两个省组建政府。不仅如此，国大党还获得了很多地区性

---

① Richard Gordon, “The Hindu Mahasabha and the Indian National Congress, 1915 to 1926”, *Modern Asian Studies*, vol.9, no.2, 1975, pp.145–203.

② Walter Andersen, “The Rashtriya Swayamsevak Sangh: II: Who Represents the Hindus?”, *Economic and Political Weekly*, vol.7, no.12, 1972, p.633.

③ Nandini Gondhalekar and Sanjoy Bhattacharya, “The All India Hindu Mahasabha and the End of British Rule in India, 1939–1947”, *Social Scientist*, vol.27, no.7/8, 1999, p.50.

④ 萨瓦卡尔主张用“Hindu Dharma”取代“Hinduism”。因为在他看来，“Hinduism”只是“大多数印度教徒”的信仰，而使用“Hindu Dharma”就可以把锡克教、耆那教、佛教等包含在内，这一统一所有印度本土信仰的概念才符合他主张的“印度教”理念。

⑤ Veer Savarkar, *Hindu Rashtra Darshan*, Poona: Maharashtra Prantik Hindusabha, 1984, p.6.

印度教社团成员的选票，[①] 这是萨瓦卡尔做出上述讲话的背景。

第二次世界大战为大斋会尝试改变制造了契机。1939 年 9 月，英国对德宣战，印度总督第二代林利思戈侯爵维克托·霍普（Victor Hope，2nd Marquess of Linlithgow）未与印度政党领袖和省级代表商议，便宣布印度作为英国一方。国大党对此表示不满，要求殖民政府立即移交权力。英方本希望印度舆论领袖在政治和宪法问题上能达成共识，以便统一进行次大陆的战争准备，[②]但交涉无果，国大党省级政府集体辞职，引发政局失序。这一方面给了大斋会和穆盟争取权力的机会，另一方面也给了大斋会与“甘地道路”下的国大党进行区分的机会。[③]

在 1939 年 9 月 10 日的工作委员会会议上，大斋会决议建立军事组织“印度教军事协会”（Hindu Sainikikaran Mandal）。在 1940 年年会上萨瓦卡尔进一步提出要将印度教军事化（Militarizing Hinduism），认为应该将印度教徒再造为一个军事种族（martial race）。[④]他号召青年印度教徒加入各级英印军队，并表示：“保护印度不受任何军事攻击的任务是英国政府和印度人共同关心的问题，由于印度人无法独自履行这一重任，因此印度和英国之间有很大的合作空间。”[⑤]这一表态得到了总督的回应。同年，英印政府历史上第一次正式承认大斋会为在全国范围具有影响力的政党。在萨瓦卡尔看来，英印政府一直将国大党和穆盟分别视为印度教徒和穆斯林的代表是错误的，因为国大党不仅自己否认这一点，还通过实际行动“背叛印度教徒利益”，只有大斋会有权以印度教徒群体的名义发声。因此，大斋会对总督的承认表示欢迎，认为这是“总督和印度事务大臣认识到，如果没有大斋会这个代表印度教群体利益的最杰出组织的合作，国家的政治困境是无法

① Francis Low, ed., *The Indian Year Book 1941*, South Asia Archive, 1941, p.898, http://www.southasiaarchive.com/Content/sarf.144964/213767/.

② Francis Low, ed., *The Indian Year Book 1941*, South Asia Archive, 1941, p.903, http://www.southasiaarchive.com/Content/sarf.144964/213767/.

③ Nandini Gondhalekar and Sanjoy Bhattacharya, “The All India Hindu Mahasabha and the End of British Rule in India, 1939–1947”, *Social Scientist*, vol.27, no.7/8, 1999, p.52.

④ Nandini Gondhalekar and Sanjoy Bhattacharya, “The All India Hindu Mahasabha and the End of British Rule in India, 1939–1947”, *Social Scientist*, vol.27, no.7/8, 1999, p.53.

⑤ Nripendra Nath Mitra, *Indian Annual Register, 1939, vol. II*, Calcutta: The Annual Register Office, 1939, p.70.

得到圆满解决的”[①]。可见，大斋会支持英国战时举措，既符合萨瓦卡尔军事化印度教的路线，又符合取代国大党、代表印度教徒的政党目标，具有一定的实用主义特征，正如萨瓦卡尔毫不讳言地指出：

> 在制定计划时，只要在能力范围内，我们唯一考虑的应是如何最好地利用战争形势来增进我们自己的利益，如何最好地帮助我们维护、甚至促进印度教事业。……利用战争给我们带来机会的最好办法，就是参加政府迫于形势而做出的一切战时举措，只要这些举措有助于实现我国的工业化和军事化。[②]

这是否意味着，大斋会在萨瓦卡尔任主席期间放弃了自治诉求，完全倒向英殖民政府呢？并非如此。1940 年年会讨论了总督对战后自治领地位的提议，并在决议中重申大斋会对完全独立目标的信念，同时准备接受“威斯敏斯特体系”[③]下的自治领地位作为初步步骤。决议敦促英政府立即发表明确声明，承诺“《威斯敏斯特法令》下的自治领地位应在战后一年内授予印度，制定的宪法应保障印度作为一个完整且不可分割的国家和民族”[④]。在这里，大斋会对完整国家的坚持针对的便是穆盟提出的“巴基斯坦”，他们谴责英政府没有明确反对这一建国计划，甚至威胁“如果政府没能在 1941 年 3 月 31 日前针对上述问题给

---

① Francis Low, ed., *The Indian Year Book 1941*, South Asia Archive, 1941, pp.903–904, http://www.southasiaarchive.com/Content/sarf.144964/213767/.

② Francis Low, ed., *The Indian Year Book 1941*. South Asia Archive, 1941, p.904, http://www.southasiaarchive.com/Content/sarf.144964/213767/.

③ 1931 年英国议会通过《威斯敏斯特法令》(Statute of Westminster)，赋予英帝国多个殖民地更大自治权。此法案订明：“以下属地为自治领：加拿大自治领、纽芬兰自治领、澳大利亚联邦、新西兰自治领、南非联邦、爱尔兰自由邦，英国议会及英国政府从此不能再干涉自治领内部事务。”自治领是独立和平等的主权国，共同拥戴英王为国家元首。

④ Tarapada Gupta, *Nalanda Year-Book & Who's Who in India, 1942–43* (*An Indian and International Annual of Current Statistics*, *Events and Personalities*), Nalanda Press, South Asia Archive, 1943, p.361, http://www.southasiaarchive.com/Content/sarf.143763/210518.

出令人满意的答复，大斋会将发动一场‘直接行动’”[①]。可以说，除备战问题外，大斋会并不是英政府的支持者，有时甚至成为麻烦制造者。1941年9月，比哈尔省政府发布公告，决定禁止当年12月至次年1月间大斋会在比哈尔多地可能举行的全印大会。10月，大斋会工作委员会宣布将在比哈尔的帕格尔布尔（Bhagalpur）举行年会且不会变更。12月23日，包括萨瓦卡尔、蒙杰、伯尔马南德在内的一众大斋会元老和领导人在前往帕格尔布尔的途中被捕入狱。此举激起了地方上的同情，很多政党比哈尔分支中的印度教徒都批评政府行动不当。1942年1月5日，萨瓦卡尔和其他约400名大斋会成员从伽耶（Gaya）中央监狱被释放。[②]

## 二、从克里浦斯访印到“退出印度”运动

1942年1月，英国在东南亚节节败退，日本在一周内先后攻下新加坡和下缅甸（Lower Burma），英印帝国统治受到直接威胁。印度东北地区的人们担心英国为了不给日本留下工业设施而实行焦土政策，一时间流言四起，叠加着战争本身带来的经济困难和治安不稳，社会动荡不断加剧。[③] 在这一背景下，团结印度各派势力共同对日作战成为英政府的目标，这也是3月22日斯塔福·克里浦斯（Stafford Cripps）带着新方案抵达印度时想要促成的局面。

相比国大党的否定和印度共产党的赞成，大斋会对克里浦斯使命（Cripps Mission）的反应与穆盟类似，即部分同意。他们同意有关独立的条款，即战后

① Tarapada Gupta, *Nalanda Year-Book & Who's Who in India, 1942–43* (*An Indian and International Annual of Current Statistics, Events and Personalities*), Nalanda Press, South Asia Archive, 1943, pp.361–362, http://www.southasiaarchive.com/Content/sarf.143763/210518.

② Nripendra Nath Mitra, *Indian Annual Register, 1942, vol. I*, Calcutta: The Annual Register Office, 1942, p.32.

③ Bipan Chandra, "Editoras Introduction", in Bipan Chandra et al. eds., *Towards Freedom: Documents on the Movement for Independence in India, 1942, Part 1*, New Delhi: Oxford University Press, 2015, p.xviii.

印度获得自治领地位；但不接受“不加入”（non-accession）条款，该条款允许不愿加入新联邦的省或土邦与英国保持旧有关系或成为单独的自治领。大斋会询问克里浦斯能否只接受部分条款，但得到的回复是该方案只能被完整地接受。于是，大斋会最终表示拒绝。[①]4 月 7 日，萨瓦卡尔和时任孟加拉大斋会执行主席 N.C. 查特吉（Nirmal Chandra Chatterjee）发表声明，对克里浦斯方案表示失望，并强调捍卫大斋会的立场。查特吉拒绝在孟加拉出现建立巴基斯坦的计划，他表示，之前克里浦斯称“地理上的连续”是“敌对联邦”[②]的必要条件时，还有获得大斋会支持的一丝可能，但克里浦斯后来删去了这一条件，因此大斋会别无选择，只能拒绝该方案。查特吉称，“印度教印度”（Hindu India）与大斋会站在一起，虽然对战后自治领地位的承诺是“诱人的”，但方案的起草者没能理解大斋会对“完整印度”的高度忠诚，并表示“肢解印度将摧毁英国从黑斯廷斯（Hastings）[③]到哈利法克斯（Halifax）[④]治理印度的所有成果。”[⑤]萨瓦卡尔在电报中对克里浦斯说：

> 不要指望任何没有大斋会自愿参与而只由国大党和穆盟签订的协定，那都是不可靠的。那样的协定只会疏远大多数印度教徒。相反，如果肢解印度的条款被删去，他们都会欢迎这套方案。[⑥]

---

① Nicholas Mansergh, ed, *The Transfer of Power, 1942–7, Vol.1*, London: HMSO Publisher, pp.513–514, quoted in Bipan Chandra et al. eds., *Towards Freedom, 1942, Part 1*, New Delhi: Oxford University Press, 2015, p.255.

② 指“巴基斯坦”。

③ 沃伦·黑斯廷斯（Warren Hastings，1732 ～ 1818），第一任孟加拉管区总督。

④ 爱德华·伍德，第一代哈利法克斯伯爵（Edward Wood，1st Earl of Halifax，1881 ～ 1959），1926 年 4 月至 1931 年 4 月担任印度总督，在任时被称为“欧文勋爵”（The Lord Irwin）。

⑤ N.C. Chatterjee and V.D. Savarkar, “Hindu Mahasabha’s Disappointment”, *Times of India*, April 7, 1942, quoted in Bipan Chandra et al. eds., *Towards Freedom, 1942, Part 1*, New Delhi: Oxford University Press, 2015, p.345.

⑥ N.C. Chatterjee and V.D. Savarkar, “Hindu Mahasabha’s Disappointment”, *Times of India*, April 7, 1942, quoted in Bipan Chandra et al. eds., *Towards Freedom, 1942, Part 1*, New Delhi: Oxford University Press, 2015, p.346.

可见大斋会在这一问题上反对英国的基点仍是对穆盟建国目标的抵制，这其中还夹杂着对国大党和穆盟占据印度本土政治中心位置的不满。同时，萨瓦卡尔也未放弃他借助备战将印度教军事化的计划。4月9日，他在媒体上声明对克里浦斯使命的拒绝绝不意味着大斋会放弃了武装印度教徒的政策，并号召印度教徒加入政府的武装力量。他认为，必须推进军事化运动，在全印尽可能多地加入海、陆、空军和国民卫队等各种部队，只有这样才能使印度教徒独挑保家卫国之任，镇压国内任何“反印度教的无政府状态”[①]。在萨瓦卡尔心中，军事化印度教是为更长远的目标服务，即在战后面对穆斯林独立势力时能保持强大的军事实力。

与此同时，与国大党争夺印度教代表权的斗争仍在继续。萨瓦卡尔在3月通过媒体发表声明，称国大党不是印度教徒的代表。[②]4月12日，大斋会副主席瓦拉达拉久卢·奈杜（P. Varadarajulu Naidu）在给马德拉斯总督的信中，表达了对战时举措的全力合作意愿，他以全体印度教徒的代表自居，“向政府保证印度教徒不论任何政治派别都会站在英政府的一边，为打赢战争提供一切可能的帮助”[③]。5月10日，大斋会在全印上百个地方组织集会，将当天称为“全印独立日”和“反巴基斯坦日”，萨瓦卡尔在给林利思戈总督的信中宣称，有数百万印度教徒参加了当天的集会。[④]同时，大斋会还将火力对准对穆盟友好的国大党成员，比如主张与真纳（Muhammad Ali Jinnah）对话、考虑穆盟独立建国诉求的查克拉瓦尔蒂·拉贾戈巴拉查理（Chakravarti Rajagopalachari）。

因此，无论是萨瓦卡尔自上任以来数年的军事化主张，还是大斋会与国大党的代表性争夺，都不会支持“退出印度”的策略。国大党工作委员会在7月14日

---

① Government of India, Home Political File, No.222/42, National Archives of India, quoted in Bipan Chandra et al. eds., *Towards Freedom, 1942, Part 1*, New Delhi: Oxford University Press, 2015, p.597.

② *The Tribune*, March 8, 1942, quoted in Bipan Chandra et al. eds., *Towards Freedom, 1942, Part 1*, New Delhi: Oxford University Press, 2015, p.591.

③ *The National Herald*, April 13, 1942, quoted in Bipan Chandra et al. eds., *Towards Freedom, 1942, Part 1*, New Delhi: Oxford University Press, 2015, p.598.

④ Nicholas Mansergh, ed., *The Transfer of Power, 1942–7, Vol.2*, London: HMSO Publisher, pp.85–87, quoted in Bipan Chandra et al. eds., *Towards Freedom, 1942, Part 1*, New Delhi: Oxford University Press, 2015, p.606.

通过了甘地起草的“退出印度”决议。7 月底，大斋会旁遮普委员会否决了国大党的计划，表示印度完全独立的理想绝不与支持国大党的政策挂钩，并宣称：“印度教徒作为一个政治实体，并不信奉甘地倡导的非暴力原则。在大斋会看来，甘地先生也并不代表印度教群体的感情和诉求。”[①]8 月 6 日，即国大党全印委员会在孟买召开会议并最终批准“退出印度”决议的前夕，大斋会副主席伯尔马南德发表声明称，在印度即将遭受侵略的危难关头，国大党的计划是不合时宜的，他抨击公民不服从（civil disobedience）的无效，认为赶走英国后换来的不一定是独立，反而可能是另一种奴役与混乱，而如果手握维护秩序的力量，那么“这一力量也将为我们赢得自治（Swaraj）”[②]。

大斋会采取反对“退出印度”这一实用主义的举措，在短期内确实扩大了自己的影响力。由于国大党高层几乎瘫痪，大部分党派被禁止活动，大斋会和穆盟成为少数能保持活跃的政党。此时，大斋会在事实上成为其梦寐以求的印度教群体代言人。在“八月革命”爆发后，萨瓦卡尔的观点在印度国内外获得了更加广泛的关注，大斋会的声誉到达新高。同时，萨瓦卡尔也没有放弃印度独立的诉求，他在给英国媒体的一封电报中警告称，“英国的刺刀可能会压制住暴力的爆发，但永远无法安抚国民的不满情绪”，并在电报中强调印度愿意合作，但条件是英国议会立即宣布包括“印度被提升为英印联邦中的一个自由国家，与英国享有同等地位”在内的五项声明。萨瓦卡尔的这份声明被《泰晤士报》（*The Times*）、《曼彻斯特卫报》（*The Manchester Guardian*）、《每日先驱报》（*Daily Herald*）、《新闻纪事报》（*News Chronicle*）等多家媒体转载。[③]

---

① *Tribune*, July 29, 1942, quoted in Bipan Chandra et al. eds., *Towards Freedom, 1942, Part 1*, New Delhi: Oxford University Press, 2015, p.639.

② *The Times of India*, August 6, 1942, quoted in Bipan Chandra et al. eds., *Towards Freedom, 1942, Part 1*, New Delhi: Oxford University Press, 2015, p.640.

③ Nripendra Nath Mitra, *Indian Annual Register, 1942, vol. II*, Calcutta: The Annual Register Office, 1942, p.325.

## 三、孟加拉地方分支与大斋会内部调整

既然大斋会此时期并没有对穆盟有任何示好，也没有改变自己的教群立场，那么为何会在孟加拉与哈克领导的穆斯林政党农民工人党（Krishak Sramik Party）联合执政呢？这体现出大斋会内部中央与地方层面的某种龃龉。

虽然大斋会高层一致表示反对"退出印度"运动，但基层的大斋会普通成员却并不完全配合。由于长期以来与国大党错综复杂的关系，大斋会地方成员并不会在他们的国大党同事被捕后无动于衷，尤其是在"八月革命"爆发之后，多地掀起群众抗议，他们作为一线工作者无法不予以回应。因此，大斋会高层抵制国大党方案的呼吁常常被地方忽视，不少大斋会省级领导及各地区的活动者参加了甘地等人被捕后的抗议示威，在中央省（Central Provinces）的大斋会分支甚至与国大党联盟。[①] 所以，地方分会在各省政府中的具体行为与大斋会中央的态度相抵触并不鲜见。

具体到孟加拉地区，在该省主持大斋会工作的正是后来于1943年接替萨瓦卡尔出任大斋会主席的S.P.慕克吉（Syama Prasad Mookherjee）。慕克吉在1929年首次进入孟加拉立法委员会（Bengal Legislative Council）时还是代表加尔各答大学选区的国大党成员，但次年便因国大党抵制该委员会而辞职。《1935年印度政府法案》（Government of India Act 1935）生效后，1937年孟加拉立法议会（Bengal Legislative Assembly）举行第一次选举，慕克吉作为独立候选人当选议员。这场选举后，农民工人党和孟加拉省穆盟联合组建政府，哈克出任总理（Prime Minister）[②]，慕克吉在此届政府中是反对派的代表。1939年，慕克吉加入大斋会，次年便被任命为执行主席。

1941年7月，因为对总督组建国防委员会（National Defence Council）的意

---

① Nandini Gondhalekar and Sanjoy Bhattacharya, "The All India Hindu Mahasabha and the End of British Rule in India, 1939–1947", *Social Scientist*, vol.27, no.7/8, 1999, p.55.

② 孟加拉总理是英印时期孟加拉省的政府首脑，也是孟加拉立法议会（相当于下议院）的领袖。分治之后，该职位分化为印度的西孟加拉邦（West Bengal）首席部长（Chief Minister）和巴基斯坦的东孟加拉省（East Bengal）首席部长。

见相抵牾，哈克与真纳交恶，孟加拉穆盟分裂成分别支持二人的两派。11月28日，哈克带领农民工人党与苏巴斯·钱德拉·鲍斯（Subhas Chandra Bose）领导的前进集团（Forward Bloc）[①]和表列种姓集团共同组建进步联合党（Progressive Coalition Party），寻求单独执政。12月11日，真纳开除哈克的穆盟成员资格。[②]次日，进步联合党组建孟加拉省新政府，慕克吉任财政部长一职。值得一提的是，慕克吉自父辈起便与哈克交往，即使他在上一届政府（即哈克与穆盟联合时）中抨击执政党偏袒穆斯林、激化教群矛盾、损害作为孟加拉少数群体的印度教徒利益，但他的矛头更多指向的是穆盟而非哈克本人。慕克吉在回忆哈克与穆盟决裂时，直言前者为后者所精心利用，因为哈克是“唯一真正具有大众吸引力”和“人们可能想到的最令人喜爱”的领导人。他认为，穆盟冒充是哈克的朋友但实际上是他的宿敌，表示“一批好的朋友和追随者可以帮助他为人民和国家做出巨大贡献。一批坏人可能会把他带入地狱。”[③]慕克吉也颇为自豪地表示，自己曾挫败了哈克的侄子想要拉拢哈克向穆盟靠近的企图。[④]因此，与其说孟加拉大斋会参与穆斯林政党组建的政府，不如说慕克吉有效利用穆盟在孟加拉的分裂，阻止了穆盟在孟加拉的进一步发展。在这一过程中，反穆斯林的教群诉求显然让位于或者说服务于大斋会的现实政治考量。

实际上，慕克吉远比萨瓦卡尔更实用主义，他的目标就是要扩大大斋会的政治实力，强调要吸引劳工和农民的选票，支持在地方与反对党派的合作。当国大党在孟加拉分裂为追随鲍斯的一派和支持中央（即甘地）的一派时，慕克吉表示，正是在这种情形下大斋会“不断前进”，与两派都保持着友好关系，并试图“在需要的时候保持统一战线”。[⑤]与此同时，慕克吉也比萨瓦卡尔更加“温和”。

---

① 印度左翼政党。最初是鲍斯于1939年5月在国大党内成立的前进集团，主要力量在孟加拉。

② Nripendra Nath Mitra, *Indian Annual Register, 1942, vol. II*, Calcutta: The Annual Register Office, 1942, p.43.

③ Syama Prasad Mookherjee, *Leaves from a Dairy*, Oxford University Press, 2000, p.46.

④ Syama Prasad Mookherjee, *Leaves from a Dairy*, Oxford University Press, 2000, p.80.

⑤ Syama Prasad Mookherjee, *Leaves from a Dairy*, Oxford University Press, 2000, p.44. 慕克吉在此提出的“统一战线”指共同应对穆盟在孟加拉煽动的教群主义和穆斯林特权，因为在他看来国大党的支持者主体为印度教徒，理应维护印度教徒的利益。

他赞赏1941年孟加拉新政府是首次基于印度教徒和穆斯林的联合而成立的，期望这种团结能带领孟加拉重回应有的地位。当年年底，在孟加拉印度教大会上，他在致辞中进一步讨论了这种团结：

> 大斋会认为，印度教徒和穆斯林的团结不是通过一方以非理性的方式安抚另一方，也不是通过以邪恶的方式支配另一方，而是通过公开承认以下事实来实现的，即双方都是印度的孩子，尽管在生活中的一些重要方面可能出现分歧，但双方之间存在着基本的团结，维护他们的共同福祉将实现印度的持久繁荣。①

1942年3月底，慕克吉在与克里浦斯的会谈中表达了对孟加拉地区局势和前述"不加入"条款的担忧。他认为，现任孟加拉政府已经采取了适当措施，保持了教群间的冷静克制，现在不应该采取新动作来破坏现状。② 这都体现出他与当时及之前大斋会高层对穆斯林群体敌视态度的不同。此外，在会谈中慕克吉还批评中央行政部门，尤其是关于建立国民卫队、武装印度人的问题，这与萨瓦卡尔军事化印度教的主张截然相反。"退出印度"运动爆发后，慕克吉先是紧跟大斋会的官方决定，致信孟加拉总督表示应阻止孟加拉境内的运动，③但11月20日，他又批评英印政府镇压运动的政策，指责其不惜一切代价束缚印度，甚至因此从孟加拉省政府辞职，这又与萨瓦卡尔对大斋会成员坚守政府岗位的呼吁相悖。

同年，萨瓦卡尔以身体原因为由辞去了大斋会主席一职。但很多人认为，萨瓦卡尔辞职的真正原因是他意识到自己无法完全掌控大斋会，且"萨瓦卡尔派"

---

① Nripendra Nath Mitra, *Indian Annual Register*, *1942*, vol. II, Calcutta: The Annual Register Office, 1942, p.247.

② Nicholas Mansergh, ed., *The Transfer of Power*, *1942–7*, vol.1, London: HMSO Publisher, p.556, quoted in Bipan Chandra et al. eds., *Towards Freedom*, *1942*, Part 1, Oxford University Press, 2015, p.258.

③ Syama Prasad Mookherjee, *Leaves from a Dairy*, Oxford University Press, 2000, p.179.

在该党政策与计划中影响力式微。[①]慕克吉在1943年当选大斋会主席则说明了该党谋求更多群体的支持，与国大党和哈克合作正是慕克吉一派的主张，他们坚持与国大党保持联系，响应“退出印度”运动，这是萨瓦卡尔派无法接受的。萨瓦卡尔卸任后并没有停止发声，他依然号召成员不要从政府中辞职，反对慕克吉与真纳会面，也反对大斋会在1944年年会上向国大党示好，[②]但这只能被视为在野者的怨气，并未产生显著影响。

## 四、结语：从政党意识形态看大斋会的变化

割裂前因后果而只截取历史片段往往会造成曲解，因此本文的设问只是进入历史细节的一种方式。1942年以前，萨瓦卡尔便敦促印度教徒利用战争机会，实现军事化和工业化，同时也显示出单方面欲与国大党争夺印度教徒代表权的倾向，而军事化印度教的道路恰与甘地的非暴力道路相对立。因此，萨瓦卡尔时期的大斋会反对“退出印度”运动成为逻辑自然，但这并不以放弃独立诉求为代价。可以说，萨瓦卡尔依然是印度教民族主义意识形态的典型代表。

但萨瓦卡尔当选主席后的组织变动却带来了该党意识形态上的变化。从世界政党的起源来看，“一个有意识形态支撑的政治派系能够做大成为规模庞大的政党，民主选举范围的扩大是其中的一个关键”[③]。1937年前的大斋会只能说是一群印度教徒基于教群诉求组建的派系或“宗派”（faction），而萨瓦卡尔当选后想要将其打造为有竞争力的“政党”，这就需要拓展该党的选举范围。于是，原本局限于北印度数省的大斋会开始在孟加拉等其他地区扩张势力，1939年慕克吉的加入便是一例。在萨瓦卡尔时代之前的大斋会中，像慕克吉这样的政客而非宗教

① Nandini Gondhalekar and Sanjoy Bhattacharya, “The All India Hindu Mahasabha and the End of British Rule in India, 1939–1947”, *Social Scientist*, vol.27, no.7/8, 1999, p.57.

② Nandini Gondhalekar and Sanjoy Bhattacharya, “The All India Hindu Mahasabha and the End of British Rule in India, 1939–1947”, *Social Scientist*, vol.27, no.7/8, 1999, p.60.

③ 赵鼎新：《论意识形态与政党政治》，《学海》2017年第3期，第6页。

人士担任要职是无法想象的。因此，萨瓦卡尔在带给大斋会一个日趋成熟的政党组织系统的同时，也无形中带来了意识形态上的多元和由此产生的分化。

大斋会在孟加拉与哈克的合作更多是政党分支在省内政治环境变化中的行动，是慕克吉等地方领导人对穆盟在该省分裂局面的利用，不表示大斋会中央在穆斯林问题上的态度转变。之前，萨瓦卡尔派的激进在于对印度教特性的强调，他们在自治问题上的核心立场是反对穆盟的独立建国主张，对自治本身的追求则相对缓和，认为应在现有体制内向英国索取，但是慕克吉派弱化了教群特性，转而在政治上大胆行事，朝国大党路线靠拢，为打破现状、争取完全独立而斗争。因此，1942 年大斋会的悖谬表现是党内两股势力交锋与"退出印度"运动同时发生的结果。表面上的两个问题（与英国战时合作和与哈克结盟）其实可以归结到政党意识形态这一更加根本性的问题上。

那么，大斋会在慕克吉派意识形态指导下发展得怎样呢？值得注意的是，不论大斋会自视如何，英印政府支持它更多是出于借之削弱国大党势力的考量。[①]所以，大斋会若与国大党恢复关系，后果可想而知。一方面，地方成员参与"退出印度"运动引起英政府的不满、警惕与排斥，因为大斋会是运动爆发后为数不多被允许活动的政党，慕克吉作为该党领袖支持甘地、国大党的行为在当时的政治圈显得格格不入。另一方面，一旦大斋会的步调与国大党一致，这便侵蚀了它的"政治独特性"，那么大斋会对英印高层来说又将沦落到其成立初期作为国大党附庸的次要地位。事实正是如此。1945 年，英政府没有让大斋会参加西姆拉会议，这使慕克吉感到挫败。[②]他的实用主义策略本想增加该党在印度的影响力，而情势却走向了相反。原因在于，意识形态对政党的塑造和维持至关重要。没有意识形态依托的政党"在社会上很难取得合法性"，"反过来说，政党的生存和壮大取决于有没有一个意识形态作为依托，并且所持的意识形态是否能被大量的人接受"[③]。慕克吉派冲击了大斋会此前鲜明的教群立场，造成意识形态混乱，进而

① Nandini Gondhalekar, Sanjoy Bhattacharya, "The All India Hindu Mahasabha and the End of British Rule in India, 1939–1947", *Social Scientist*, vol.27, no.7/8, 1999, p.56.

② Syama Prasad Mookherjee, *Leaves from a Dairy*, Oxford University Press, 2000, p.106.

③ 赵鼎新：《论意识形态与政党政治》,《学海》2017 年第 3 期，第 8 页。

削弱了其作为一个政党的吸引力。可以说，从慕克吉派取代萨瓦卡尔派开始，大斋会便逐渐丧失了自身特质，直至影响式微。原本作为“徒弟”的国民志愿服务团，因为坚定地接受并执行“印度教特性”意识形态，逐渐取代了大斋会这个“老师”，成为推动印度教民族主义进程的中流砥柱。

［特约编辑：贾岩］

# 英文摘要

## Areas Studies in the New Era

JIANG Jingkui

**Abstract:** As Area Studies has become a new level-one discipline in China, the importance of related research is dramatically increasing. Essentially interdisciplinary, Area Studies is an area-based field of study. Here, "area" refers primarily to geographical factors which usually play a decisive role in the formation and development of civilizations and cultures, whereas "field" denotes a discipline or a subject of study, such as literature, history, religion, law and sociology, etc. An area or a country can be compared to a lotus pond, in which water and mud are the most significant parts, because they simultaneously determine the growth of lotus flowers and leaves on the top and the quality of lotus roots at the bottom. Therefore, it is necessary for Area Studies scholars to investigate the "water" and "mud" after obtaining a clear view of relevant geographical factors. Otherwise, the results of their research tend to be biased. Ancient ancestors such as Zhang Qian and Xuanzang had conducted Area Studies very successfully, which not only contributed to the people and societies of their time but also had far-reaching influence on later generations. The Area Studies of the new era has several distinct characteristics typical of our time, which manifest in the following aspects: first, it features interdisciplinary endeavors based on fundamental research; second, it emphasizes solid field study based on using the language of the target area as a major tool; third, it embodies the consciousness of a community with a shared future for mankind based on a combination of Chinese horizon and international perspectives, Chinese sentiments and global vision. As the Western countries led by the United States are making continuous attempts to contain China, Cold War mentality keeps rising, and the pandemic and local wars continue to produce negative effects, China, as the second largest economy in the world, should conduct all-inclusive Area Studies in order to develop good relationships with relevant areas and countries, basing on amity, sincerity, mutual benefit and inclusiveness, as well as extensive consultation, joint contribution and shared benefits. Only in doing so can we actualize the blueprint of building a community with a shared future for mankind, maintain the momentum of development, and ultimately realize the Chinese dream of great rejuvenation of the Chinese nation.

**Keywords:** Area Studies, Water and mud, New era

## Lampaka and Kapisa in the Tang Dynasty: The Exchanges between China and Afghanistan in the Seventh and Eighth Centuries

XUE Keqiao

**Abstract:** Located at the crossroads of Central Asia, West Asia and South Asia, Afghanistan was an important transit point and business centre on the ancient Silk Road. From Zhang Qian's exploration of the Western Regions to Xuanzang's journey to India, Afghanistan had remained a crucial region that one must pass through. The seventh and eighth centuries were an active period of cultural exchanges between China and Afghanistan, and it was during this period that Xuanzang entered Afghanistan. Xuanzang's *Great Tang Records on the Western Regions* contains accounts about the region of Tacharo south of the Amu Darya River as well as the general conditions of many tribal countries scattered in the valleys of the Hindu Kush Mountains. Li Wuchan, who came from Afghanistan, took part in translating Buddhist scriptures in Luoyang in the late seventh and early eighth centuries. His homeland is called the country of Lampaka, which has been identified with Laghman in today's Afghanistan. The country of Kapisa in the Tang Dynasty was equivalent to the vast area centred around Kabul in present-day Afghanistan. Wang Xuance, the most well-known envoy of the

Tang Dynasty, also visited Kapisa. Around the period between 723 and 727 AD, the Buddhist monk Huichao travelled to the Indian subcontinent and toured around many tribal countries in Afghanistan, including Lampaka and Kapisa. Wukong, who had been originally sent by Emperor Xuanzong as an envoy to Kapisa, became a Buddhist monk there and returned China in 765 AD to translate Buddhist scriptures.

**Keywords:** Xuanzang, Li Wuchan, Huichao, Wukong, China-Afghanistan exchanges

## Women's Writing in Contemporary Chinese Travelogues of India

WANG Chunjing

**Abstract:** Gender differences in travel writing have received increasing attention from home and abroad, and women's travel writings have shown uniqueness in terms of the author's identity, travel motives, and the content of narratives. Historically, most of the Chinese travelogues of India were written by men, and only after 2000 did the number of female authors gradually increase. In terms of author's identity, most Chinese female authors have shown individuality, with ambiguity in their social roles. As for travel motives, most female authors were dissatisfied or bored with the reality of life, and they went to India to escape from certain entanglements and to experience a new life in the hope of gaining some kind of spiritual enlightenment. Hence, women's travelogues create new images of India that are different from those written by men. In their travel writings, India is beautiful and romantic; the Indians are kind and welcoming. But at the same time, Chinese female authors also experienced strong gender differences and vulnerability. These travel writings both shape new images of India and present the emancipation and independence of contemporary Chinese women. The feminine depictions of India are centrifugal in relation to the collective narratives in contemporary China. They are largely personal accounts that go beyond the generalized understanding of India and thus present refreshing images. Chinese female writers often view India with emotions like admiration and friendliness, rarely with hatred or antipathy. The positive image of India reflects the positive attitudes of Chinese women in the face of foreign cultures, for which they have shown full respect and goodwill. Their portrayal of India is close to a utopia. Although the glorification also implies criticism on reality, women's travel writings function positively in constructing new images of India in China's public sphere and promoting friendly exchanges between the two countries.

**Keywords:** Chinese Travelogue of India, Women's Writing, Comparative Literature, Imagology

## Crossing Imaginary Boundaries: Reflections on Boundary and Colonialism in *The Shadow Lines*

ZHANG Lu

**Abstract:** Amitav Ghosh, a contemporary Indian English writer, presents a world full of violence in his novel *The Shadow Lines*. He reveals that the ideological root of violent conflicts lies in people's imagination and enthusiasm for "boundaries", which are embodied in religious estrangement and prejudice, ultra-nationalism and extreme liberalism. Tracing the political and historical reasons for these erroneous ideas, we can find that the British rule and colonial education in India is one of the key factors. The negative influence of British colonists on the cultural enlightenment and ideological transformation of Indian colonies is as follows: the acceptance of western theory of nation and the concept of single nation-state in the colonies promoted local religious nationalism. The colonies inherited and imitated western historical views and the colonists' historical narrative discourse, demonstrated the characteristics of Hindu nationalism while constructing a history of the Indian nation-state, and unconsciously carried on a colonialist stance. Influenced by the western definition of racial superiority and inferiority, the colonialized people formed a mind-set characterized by national nihilism and national inferiority. *The Shadow Lines* expresses a critique of colonialism and a cosmopolitan stance by focusing on boundaries and colonialism. The boundary between religions, countries, nations and races is only a man-made conceptual construction, which Amitav Ghosh calls "shadow line". It is an imagination rather than a fact; and it is narrow and dangerous. Defending this "shadow line" by means of violence can only make one drift away from freedom and fall into a fruitless cycle of violence.

**Keywords:** Amitav Ghosh, *The Shadow Lines*, Boundary, Colonialism, Indian literature

## A Study of the Origin of Hindi from the Perspective of Language History

MAO Lei

**Abstract:** Hindi is the official language of India and the most spoken language in India. The concept of "Hindi" can be understood in a broad sense and in a narrow sense. The former refers to a collection of Indo-Aryan languages, including several kinship dialects, while the latter refers to the Khariboli dialect written in Devanagari script in the early modern context, and to Hindi as the official language of India in the modern context. The distinction between the two concepts is blurred. In a broad conceptual category, Hindi can be traced back to the period of Vedic Sanskrit. The historical development is divided into the ancient Indo-Aryan period represented by Vedic Sanskrit and Classical Sanskrit, the Middle Indo-Aryan period represented by the inscription language, Prakrit and Apabhramsha, and the Modern Indo-Aryan period. According to the narrow conceptual category, the development of Hindi can be divided into the early period represented by the late Apabhramsha language; the middle period represented by the Braj dialect, the Awadhi dialect, and the Khariboli dialect; and the 19th century, especially after the national uprising, the modern Hindi period of constant contact and interaction with Urdu and English. The approach of language history is conducive to understanding the development of Hindi, describing the facts of the language, and summarizing the path and patterns of the evolution of language morphology. This paper adopts the broad concept of Hindi and traces the origin of Hindi language users, early geographical distribution and genealogical classification from the perspective of genetics and genealogy. From the perspective of diachronic evolution of language, this paper examines the development of Indo-Aryan languages from local spoken languages before Vedic Sanskrit to Abahattha at the end of the development of Apabhramsha. The purpose of this paper is to explore the issues related to the "source" of Hindi in a broad sense, and to lay a historical setting and theoretical foundation for subsequent research that focus on the "flow" of Hindi.

**Keywords:** Language history, Hindi, Indo-Aryan languages, Origin study

## Arab-Islamic Cultural Elements in Indo-Islamic Culture: Taking the Arabic Loanwords in Urdu as an Example

KONG Liang

**Abstract:** Cultural contact happens by means of language contact, and language contact inevitably involves lexical system. Vocabulary embodies the characteristics and differences of national culture and loanwords play a role of carrying cultural information and recording the communication process and results in cultural communication. By analyzing loanwords, we can clearly see the mediums, ways and content of cultural communication. Urdu is an important part of Indo-Islamic culture. In the formative process, it borrowed a large number of words from Arabic. If we review the Arabic loanwords in Urdu from the perspective of meanings of the words, we will understand the ingredients of Indo-Islamic culture deriving from Arab-Islamic culture. In terms of material culture, Arabic loanwords refer to the objects related to diet, dress, utensil and architecture. On the one hand, this fact shows that Urdu lacks corresponding expressions of relevant Arab-Islamic material culture carriers in the above fields, and on the other hand, it shows that Arab-Islamic culture has prominent features or fruitful achievements in these fields, so it was absorbed by Indian culture. As for system culture, Arabic loanwords refer to the objects related to administration, military and justice, and there are also "Persian Arabic loanwords". It is suggested that Arab-Islamic system culture was the dominant culture, and with the participation of Persian culture, it had a profound influence on Indian culture. As far as spiritual culture is concerned, Arabic loanwords mainly refer to the beliefs, assignments, customs, rituals, clergy and ethics of Islam. It suggests that Arab-Islamic spiritual culture extensively participated in the construction of Indo-Islamic spiritual culture in India with the help of religion spread.

**Keywords:** Urdu, Arabic, Loanword, Arab-Islamic culture, Indo-Islamic culture

## Interview with Hindi Writer Geetanjali Shree, the Winner of the 2022 International Booker Prize

JIA Yan YANG Tianqi

**Abstract:** The 2022 International Booker Prize was announced in London on the evening of May 26 (local time). Hindi writer Geetanjali Shree won the prize for her novel *Ret Samadhi* (Tomb of Sand), becoming the first Indian/South Asian native language writer to receive this honor. She shared the prize with the novel's English translator Daisy Rockwell. Judges considered the novel "a book that is engaging, funny, and utterly original, at the same time as being an urgent and timely protest against the destructive impact of borders and boundaries, whether between religions, countries, or genders". A week prior to the announcement, we conducted an exclusive interview with Geetanjali Shree over email in her mother tongue Hindi. She shared with us her recent life under spotlight, explained the consideration behind her choice of themes, imaginaries and styles, and talked about her views on the Partition, feminism, language, translation, Hindi literature, Chinese literature, and China-India literary exchanges, among others. While commenting on literary, social and historical issues, Geetanjali Shree demonstrated an unmistakably deconstructive attitude towards the singular narrative, binary thinking, and the act of labelling. At the same time, she spoke candidly about her dissatisfaction, disappointment and confusion, what she was capable and incapable of as a literary creator, as well as her gain and loss as a common person living in a fast-changing world. This was the first time that Geetanjali Shree was interviewed by Chinese scholars or media since *Ret Samadhi* was longlisted for the 2022 International Booker Prize in March. We publish the interview transcript in full in the hope of increasing the attention to and knowledge of the works of Geetanjali Shree as well as contemporary Indian literature written in local languages in general.

**Keywords:** Geetanjali Shree, *Ret Samadhi* (Tomb of Sand), Contemporary Hindi literature, Indian literature, International Booker Prize

## A Preliminary Study of Christian Universities (Colleges) in India: Development History, System Status and Social Influence

WANG Weijun

**Abstract:** Christian universities (colleges) in India are Christian higher education institutions with Christian nature founded by the Christian denominations in India since the early nineteenth century. The development of these institutions went through three stages, that is the embryonic period (1817–1857), the forming period (1857–1947) and the mature stage (1947 till Now). Meanwhile, they have undergone the processes of liberalization, nationalization and privatization, and have constantly adapted to the adjustment of Indian higher education system policies. They have now become one of the most mature parts of India's higher education system. In the two hundred years' history of development, Christian universities (colleges) in India have always developed along the policy of autonomous college, maintained their emphasis on religious function, and at the same time implemented the basic features of open education. They have been playing an exemplary role in the whole higher education system of India by meeting the country's growing demand for education and serving the greater good of the society and the nation. Christian universities (colleges) had an important and far-reaching influence on the establishment and development of higher education in India, thus occupying an irreplaceable position in India's higher education system. They not only played a forerunner role in the establishment of modern higher education system in India, but also occupied a special position in the development of India's higher education institutions for women. At the social level, Christian universities (colleges) have exerted a significant influence on the modernization of Indian society, especially in terms of the liberation of women and the empowerment of lower-caste groups.

**Keywords:** Christian universities (colleges) in India, Christianity in India, Higher education in India, Women's education, Education for lower-caste groups

# The Evolution, Causes and Influences of Taliban Ideology in Afghanistan

MA Dairui XI Meng

**Abstract:** Due to combined effects of various factors such as political and cultural foundation, geopolitical environment and international system order, the ideology of the Afghan Taliban has changed from radicalization to moderation, from insisting on Pashtun sectarianism to advocating Afghan nationalism, from blind xenophobia and opposition to modern civilization to seeking international recognition and adapting to modernization trends actively. Although there has been a positive change in returning to the tradition of rational speculation and integrating into the international order, factors like the disunity of internal ideology and the dominance of conservatism are still huge obstacles to the stable development of the Taliban regime. How to interpret Islamic political thought and transform the creation of Islamic jurisprudence into concrete and feasible political and economic systems and governance strategies that meet the needs of Afghanistan's political culture and social development? These are the necessary prerequisites for the Taliban to gain political legitimacy and realize the political construction of Afghanistan. It is also a realistic proposition that the Taliban must answer to realize the reconstruction of Afghanistan's economy, the solution of people's livelihood issues and security governance. The US economic sanctions, the isolation and doubts from the international community and the interplay of various political forces home and abroad all have increased the uncertainty of Afghanistan's prospects. The Taliban can only break through the current strategic predicament by fulfilling its promise and proving a "moderate" transition of ideology. The establishment of the Taliban regime has brought a major impact on the Eurasian geopolitical structure, and also brought more instability to the security of thc Asian region. Only by breaking the cognitive barrier and clarifying the ideology of the Taliban regime can we understand its political intentions, predict its political behavior and make more accurate and objective judgments about its ideological spillover effects, diplomatic strategies, and geopolitical influences.

**Keywords:** Afghan Taliban, Pashtunwali, Political Islam, Nationalism

# America's Aid Policy towards Pakistan during the Soviet's War in Afghanistan

TAO Liang LI Min

**Abstract:** Due to its geostrategic position, Pakistan has been an important part of US's regional strategy, and American aid has been a key factor in US-Pak relations. The different interests of the US and Pakistan resulted in the ups and downs in their bilateral relationship. After the outbreak of the Soviet-Afghan War, the US regarded Pakistan as a "front country". Facing threat from both north and south, Pakistan forged a consensus with the US on the issue of confronting the Soviets. Pakistan played a vital role in America's Afghanistan strategy during the Soviet-Afghanistan War. America provided Pakistan large-scale and long-lasting economic and military assistances in order to promote Pakistan's political stability, economic and society development, and military modernization against the Soviet. Pakistan withstood internal and external great pressures to keep with the Afghanistan issues with the United States. During this period, Pakistan was not only the hub where American weapons and money covertly aided Afghan Resistance Forces (ARF), but also the logistics base for the ARF. To some extent, Pakistan acted positively in the Soviet's military withdrawal from Afghanistan. Indian factors, Pakistan's nuclear project and human right issues had been haunting over America's policy towards Pakistan. With the end of Soviet-Afghan War and the Cold War, the US lost interest in this region and suspended its aids to Pakistan. The US's short-sighted strategies have caused serious consequences in Central-South Asia since the 1990s, as what is plaguing this region currently shows. Due to its geographical position as well as its influence in Afghanistan and the Islamic world, Pakistan will remain as an indispensable "non-NATO ally" of the US, in spite of the discords in US-Pak relations.

**Keywords:** US-Pakistan relations, the Soviet-Afghan War, Military assistance, Economic assistance

# The Atypical Behaviors of Hindu Mahasabha in 1942 and Its Ideological Motivations

HE Yang

**Abstract:** The Hindu Mahasabha was the party representative of Hindu nationalism in its early years, known for its anti-Muslim and anti-colonial stances. In 1942, however, the party committed two atypical acts that seemed to contradict its own ideology: on the one hand, it opposed the Quit India Movement launched by the Indian National Congress to end British colonial rule; on the other hand, it entered into a coalition with A.K. Fazlul Huq, former president of the Muslim League, to form his Progressive Coalition government in Bengal. This essay begins with an analysis of V.D. Savarkar's presidency of the Hindu Mahasabha and charts the trajectory of the party's development from 1937 to 1942. The first atypical behavior is explained by examining the changing organizational orientation and goals of the Mahasabha after Savarkar came to power, his personal advocacy of militarizing Hinduism and the independence of India, the Mahasabha's attitude towards the Congress, and the Mahasabha's relationship with the British government. The second atypical behavior is explained by examining the Mahasabha's actions in Bengal under S.P. Mukherjee's leadership and the logic behind them, as well as the differences between the ideas and routes of Mukherjee and Savarkar. Through this historical survey, this paper argues that the atypical behaviors of the Hindu Mahasabha in 1942 were in fact the result of the simultaneous occurrence of the confrontation between two factions within the party, represented respectively by Savarkar and Mukherjee, and the Quit India Movement. Finally, this paper briefly analyses the essence of what this phenomenon reflects, namely the change in political party idcology, and further discusses the subsequent impact of this change on the Hindu Mahasabha as a way of demonstrating the internal tensions of Hindu nationalism.

**Keywords:** The Hindu Mahasabha, Hindu nationalism, V.D. Savarkar, S.P. Mukherjee, Ideology

